W0012110

| Legende | |
|---|---|
| ⊡ | Unbewohnbare Regionen |
| ▨ | Von den Wikingern besiedelte Gebiete |
| ▧ | Fruchtbare Küstenregionen |
| ▨ | Hügel- und Bergland |
| ▥ | Steppe |
| ▬▬▬ | Fluß- und Meeresstraßen |
| ▬ ▬ ▬ | Von den Wikingern selten benutzte Fluß- und Meeresstraßen |
| •••••• | Landwege |
| ▭ ▭ ▭ | Karawanenstraßen |

0    500    1000 km

Kashgar

nach C...

Taschkent

Syrdarja

Samarkand

Wolga

Bulgar

ARAL-
SEE

Buchara

Amudarja

Jaroslaw

Chwaresm

...owo

Wolga    Itil

Merw

KASPISCHES MEER

Gurgan

Dnjepr

Berdaa

Ray

Berezany

SCHWARZES MEER

Maragheh

Tigris

Byzanz

Euphrat

Bagdad

Persischer Golf

Sidon

Piräus

Jerusalem

Kreta

Wikingische
Pilgerroute

Alexandria

Karte: Patrick Mérienne

Erschienen im
Jubiläumsjahr 1997
bei Klett-Cotta

Régis Boyer

# Die Piraten des Nordens

## Leben und Sterben als Wikinger

Aus dem Französischen von Renate Warttmann

Klett-Cotta

Klett-Cotta

Die Originalausgabe erschien unter dem Titel

«La vie quotidienne des Vikings (800–1050)»

© 1992 by Hachette, Paris

Für die deutsche Ausgabe

© J. G. Cotta'sche Buchhandlung Nachfolger GmbH, gegr. 1659

Stuttgart 1997

Fotomechanische Wiedergabe nur mit Genehmigung des Verlags

Printed in Germany 1997

Schutzumschlag: Groothuis + Malsy, Bremen

Gesetzt aus der Palatino isländisch / faröerisch

von topset Computersatz, Nürtingen

Auf säure- und holzfreiem Werkdruckpapier gedruckt

und gebunden von Gutmann + Co., Talheim


Die Deutsche Bibliothek – CIP-Einheitsaufnahme

*Boyer, Régis:*

Die Piraten des Nordens: Leben und Sterben als Wikinger / Régis Boyer

Aus dem Franz. von Renate Warttmann – Stuttgart : Klett-Cotta, 1997

Einheitssacht.: La vie quotidienne des vikings (800–1050) <dt.>

ISBN 3-608-91744-6

# Inhalt

# Besonderheiten der Aussprache
## des Altisländischen

*Vokale*

æ     wie langes ä

ø     wie ö in „öfter"

y     wie u

Der Akzent zeigt Vokallänge an:

      á, é, í, ó, ú, ý

*Konsonanten*

ð     wie englisch the (stimmhaft)

Þ     wie englisch thin (stimmlos)

f     wie deutsch f, im In- und Auslaut wie „w"

v     immer stimmhaft

r     gerolltes r

s     immer stimmlos wie „Fluß"

# Prolog

Übermorgen heiratet Helga Þórólfsdóttir – ein hübsches Mädchen, nicht älter als vierzehn. Sie ist wohlhabend und entstammt einer uralten Familie mächtiger Grundherren (*bœndr\**), die zahllose bedeutende Ämter bekleideten. Der Besitz der Familie, bewegliche Güter und Ländereien, ergibt eine eindrucksvolle Liste. Übrigens kann sie ihre „Ahnenreihe" über eine beachtliche Zahl von Generationen hinweg aufzählen, wie es sich für ein Mädchen aus gutem Hause gehört. Sie hat strahlendblaue Augen, eine zarte Haut und lange, blonde Haare, eine „Schönheit" also, und ihre Kleidung läßt Wohlstand und ihren Rang in der Gesellschaft erkennen.

Die Geschichte, die ich hier erzähle, mag sich um das Jahr 950 irgendwo in Nordeuropa zugetragen haben: vielleicht in Schweden, im Umkreis von Sigtuna, oder in Dänemark, nicht weit von Óðinsvé (dem heutigen Odense auf Fünen), in Norwegen bei Niðarós (heute Trondheim) oder in Island am Ufer des Borgarfjörðr.

„Heiratet" ist allerdings nicht der richtige Ausdruck. „Man verheiratet sie", müßte es richtiger heißen. In der Wikingergesellschaft war die Heirat schon immer der bedeutsamste Schritt im Leben; man überließ sie niemals

---

\* Die Sternchen im Text verweisen auf den Glossar am Ende des Buches S. 336. Dort werden die wichtigsten altnordischen Namen und Begriffe erklärt.

7

dem Zufall; sie war auch keine Angelegenheit der Gefühle – auch wenn diese natürlich nicht völlig ausgeschlossen waren –, sondern sie war einfach ein „Handel" (*brúðkaup*, ganz wörtlich: Brautkauf). Wir dürfen diesen „Handel" nicht ausschließlich im ökonomischen Sinn verstehen; er bedeutet weit mehr im Gesellschaftsgefüge. Aber zu dem „Handel" gehört: Man heiratet nicht in erster Linie zwei vorhandene Familienvermögen; man verbindet zwei Menschen mit einem geheiligten und grundsätzlich unauflöslichen Band, außerdem zwei Familien (oder Clans), unter der Voraussetzung, daß keine von beiden „arm" ist, aber das Wort bezieht sich nicht notwendig und ausschließlich auf fehlende materielle Güter.

Denn die wichtigste Instanz in der Wikingergesellschaft war die Familie: Sie bestimmte das kleinste Detail im menschlichen Leben. Schon Tacitus bemerkte neunhundert Jahre zuvor in seiner *Germania*, wie ungewöhnlich beherrschend in allen Bereichen, auch Krieg und Religion, diese Institution Familie war. Nein, Helga „heiratet" nicht. Ein Ehevermittler, meist ein naher Verwandter des künftigen Ehemannes, wird für diese Gelegenheit bestimmt und erhält den Auftrag, diese Heirat vorzuschlagen und zu arrangieren. Das soll nicht heißen, daß nicht auch die Zustimmung der Betroffenen eingeholt werden kann, aber das ist nicht die Regel, und wenn in einem alten Text von dieser Zustimmung die Rede ist, können wir vermuten, daß er von christlichem Denken „angehaucht" ist. Nein, der Ehestifter bemüht sich in Wirklichkeit, die Ahnenreihe von Þórólfr, Helgas Vater, eng mit den Vorfahren von Björn, dem künftigen Ehemann, zusammenzuschmieden – vielleicht aus politischen Gründen, vielleicht auch, um den endlosen Strei-

tigkeiten ein Ende zu setzen, die seit Jahrzehnten das
Verhältnis der beiden Clans vergiften – so jedenfalls findet manche isländische Saga* ihr glückliches Ende. Vielleicht will er auch die Macht und den Einfluß einer
Grundherrenpartei festigen und stärken (um es in modernen Begriffen zu beschreiben), angesichts des beunruhigenden Machtgewinns der neuen „Könige" nach mitteleuropäischem Vorbild, so der Däne Haraldr Gormsson
oder der Norweger Harald Schönhaar oder wenig später
der Schwede Óláfr Sköttkonungr, ganz abgesehen von
den Ansprüchen einiger norwegischer Herrscher auf Island.

Vielleicht will der Ehestifter auch – was nicht der ge-
ringste Grund ist – ein Familienvermögen aufhäufen,
das jeglicher Rivalität standhält. Wie auch immer. Die
Heirat von Björn und Helga wird ein in jeder Hinsicht
kluger, interessanter, zugleich ökonomischer, gesell-
schaftlicher, oder auch diplomatischer Schachzug sein.
Im übrigen kennt der Ehestifter seine Pflichten. Zunächst
hat er Helgas gesetzliche Vertreter befragt, natürlich mit
dem Einverständnis Björns und seines Vaters, um die
Verlobungszeremonie *(festarmál)* festzusetzen; sie liegt
jetzt schon ungefähr ein Jahr zurück. Als unerläßliche Bedingung galt: Beide Parteien mußten *jafnrœði* (von glei-
chem Rang, Stand und Vermögen) sein. Das war hier
durchaus der Fall, und dieser Punkt bereitete keine
Schwierigkeiten. Außerdem mußten die materiellen Bedingungen der Eheschließung beiden Parteien zusagen,
und hier wurden alle Vertragsverhandlungen vor Zeugen geführt, denn es handelte sich, wie gesagt, um eine
sehr wichtige Angelegenheit. Es wurde also vereinbart,
daß die Ehefrau gemäß dem Gesetz als Mitgift *(heimanfylgja*: „was ihr von zu Hause nachfolgt") eine Samm-

lung verschiedenster Güter in einem festgesetzten Gesamtwert einbringen sollte; dem entsprach das *tilgjöf*, das der Ehemann einbrachte; außerdem sollte er noch einen sogenannten Mundschatz *(mundr)* hinzufügen, dessen Höhe vom Gesetz festgelegt war. (Die Unterscheidung *tilgjöf – mundr* ist möglicherweise nicht sicher; die Gesetzestexte variieren in diesem Punkt.) Obwohl es dem Ehemann nach der Heirat zukam, das gesamte *heimanfylgja – tilgjöf – mundr* zu verwalten und vielleicht auch zu mehren, blieb die Ehefrau im Fall der Scheidung oder Trennung Eigentümerin ihrer *heimanfylgja* und des *mundr*. Deshalb war es so wichtig, daß alles hieb- und stichfest abgesprochen wurde, damit die Sache zur Zufriedenheit aller Beteiligten geregelt war.

Jetzt ist es gerade ein Jahr her, daß man das *festaröl*, das Verlobungsbier, trank. Jedes Fest mündete in ein großes Mahl, das sich in dem Bier *(öl)* ausdrückt, das dort getrunken wurde und für diese Gelegenheit besondere Qualitäten haben konnte: Es wurde eigens für das Fest gebraut und konnte mehr oder weniger stark sein. Der öffentliche und damit verpflichtende Charakter dieser Zeremonie wurde ordnungsgemäß festgesetzt. Alles läßt erwarten, daß die Zeremonie ohne Zwischenfälle verlaufen wird. In zwei Tagen beginnen die „Winternächte" (*vetrnætr*: die drei Tage, die den Winter einleiten. Ganz allgemein kannte man nur zwei Jahreszeiten: Sommer und Winter). Die *vetrnætr* fielen nach unserem Kalender auf die letzten Oktobertage. In weit zurückliegender heidnischer Zeit, lange vor der Epoche der Wikinger, fanden in diesen Tagen wichtige religiöse Feste statt. Das ist der günstigste Augenblick, eine glanzvolle Hochzeit zu feiern. Die Ernte ist eingebracht; das Heu, das kostbarste Bodenprodukt, hat man in die Scheunen gebracht, getrocknet und aufgeschichtet; das Vieh wurde entweder heimgetrieben für den Winter, oder es ist geschlachtet und für den Vorrat haltbar gemacht, der Fisch ist getrocknet *(skreið)* und das „gute Bier" gebraut. Die Arbeiten im Freien können eine Zeitlang ruhen; im übrigen zwingt auch der Winter dazu, der in diesem Land rasch einbricht.

Helga ist bereit. Gerade treffen die Abgesandten des Verlobten ein, um sie in sein Heim zu geleiten. Diese Sitte war zwar nicht obligatorisch – Helga und ihr Ehemann können durchaus, zumindest für einige Zeit, bei den Eltern der Verlobten wohnen –, sie wird aber von wichtigen Zeugen bestätigt. Diese Details liefern uns ganz nebenbei und ohne besondere Betonung die eddischen Lieder\*, die eigentlich von ganz anderen Dingen handeln. In der *Rigsþula* der Lieder-Edda[1] heißt es, daß das Mädchen zum Haus ihres künftigen Ehemannes „reist". Von daher stammt der Begriff *brúðlaup* (Hochzeit), wörtlich: „Lauf der Braut", womit schon in grauer Vorzeit der Brautraub gemeint war, der den Beginn der Hochzeit markierte. Aber in der Wikingerepoche (um 800 – um 1050) kam dieser Brauch ab.

Helga bricht also auf und besteigt eines ihrer Ponys. Diese kleine Pferderasse war damals in Nordeuropa verbreitet und wird auch heute noch in Island gezüchtet. Sie ist besonders trittsicher und kann die gefährlichen Sümpfe überqueren, die damals große Teile Skandinaviens bedeckten.

Helga muß bei ihrem Verlobten spätestens am Vortag der eigentlichen Hochzeit eintreffen, denn an diesem Tag findet das „Bad der Braut" statt. Zweifellos hat hier ein antiker Reinigungsritus überlebt, wie er in allen unseren Kulturen bekannt war, mit dem offenbaren Zweck, die

„Reinheit" der Braut zu sichern, das heißt, sie von allen bösen Geistern und Einflüssen zu befreien, die noch an ihr haften könnten. Dieses „Bad" – in Wirklichkeit ein Gang zu den Dampfbädern – wurde gemeinsam genommen, es betraf die Braut und alle unverheirateten jungen Frauen von höherem Stand. Es konnte eine gute Weile dauern, weil sich die Badenden auch mit allerlei Leckereien erfrischten. Schließlich flochten sie Blumen- und Blätterkränze, um die Braut zu schmücken. Außerdem ändert Helga für die eigentliche Hochzeit ihre Haartracht. Zum einen trägt sie dann einen Leinenschleier. Dieser Brauch geht vielleicht auf antike Vorstellungen von den Kräften des bösen Blicks zurück, vor denen sie geschützt werden soll, oder er soll einfach bedeuten, daß der Ehemann als erster das Gesicht seiner jungen Frau entschleiern darf. Dann faßt sie ihr Haar, das sie bis jetzt offen und lose herunterfallend trug, in einem Knoten zusammen oder befestigt es im Nacken mit einer Schleife oder einer Schmuckspange. Das wird künftig das Zeichen ihres neuen Familienstandes sein, zusammen mit dem Schlüsselbund, den sie als gute *husfreyja* (Hausherrin) am Gürtel trägt. Diese Schlüssel gehören zu den Truhen mit kostbaren Kleidungsstücken und Wertgegenständen, zur Speisekammer und zu einigen Wandschränken, dem „Mobiliar" des Wikingerhauses.

Und dann kommt der große Tag – eigentlich *die* großen Tage, denn eine Hochzeit dauert mindestens drei Tage – meist von Samstag bis Montag in der christlichen Epoche, um das Jahr 1000 – oder noch länger, je nach Rang und Namen der Hochzeitsgäste. Sie wurden ganz nach der Vorschrift frühzeitig eingeladen und fühlen sich hochgeehrt durch die Einladung – allerdings scheint es auch den Brauch gegeben zu haben, unterschiedslos alle

Verwandten bis zum dritten Grad einzuladen! –, und sie sind bitter gekränkt, wenn man sie übergangen hat. Grundsätzlich muß die Zahl der Eingeladenen für beide Sippen annähernd gleich sein. Es kommt sogar vor, daß im Gemeinschaftssaal *(skáli)* des Hauptgebäudes, wo das Festmahl *(brúðveizla)* stattfindet, jede Partei auf eine der Bänke an den Längsseiten postiert wird; in der Mitte jeder Bank und ihr gegenüber stand ein Hochsitz für den jungen Ehemann und seine Frau, vielleicht auch für den Hausherrn und den Vater der Braut. Die Gäste sind natürlich nicht mit leeren Händen gekommen. Die Beschenkten müssen sehr aufpassen, daß sie sich genau daran erinnern, welches Geschenk jeder gebracht hat, weil sie sich bald revanchieren müssen. In der Wikingergesellschaft erlaubt die Regel des Geschenktauschs keine Schädigung, in welchem Bereich auch immer.

Außerdem müssen die Gastgeber sehr genau auf die Sitzordnung der Eingeladenen achten. Die Wikinger waren sehr empfindlich in Sachen Vorrang. Noch im 13. Jahrhundert versäumten die Sagas nie, genau zu schildern, wo jeder seinen Platz hatte, so zum Beispiel näher oder weiter entfernt von der Eingangstür, näher oder ferner von den Hochsitzen und anderes mehr.

Aber wir greifen vor. Am ersten Tag der Hochzeit fand wahrscheinlich die eigentliche Eheschließungszeremonie statt. Wir wissen nur sehr wenig darüber, wie sie ablief, aus Gründen, die ich später erläutern werde. Sicher ist, daß es ein Ritual gegeben hat, das eine Mischung aus der Verehrung des Herdes (oder des Herdfeuers als der eigentlichen Seele des Hauses), einer symbolischen Handlung für den Übergang der Braut von einer Sippe zur anderen - in doppeltem Sinn, denn Helga bleibt die Tochter ihres Vaters: *Þórólfsdóttir* – und möglicherweise einer Reihe von Votiv-, Sühne- und Opferhandlungen war. Wenn wir dem Bischof Adam von Bremen[2] glauben dürfen, wurde ein Opfer für Frigg, die unverkennbare Verkörperung der antiken Muttergöttin, dargebracht und von ihr Wohlergehen, Fruchtbarkeit und friedvolles Zusammenleben für die Brautleute erfleht. Laut Saxo Grammaticus[3] geschah das für Freyr (oder seine Schwester Freyja, ebenfalls wahrscheinlich eine Verkörperung derselben Muttergöttin[4]), den Gott des Glücks, der Freude und der irdischen Güter.

Die *Þrymskviða* der Lieder-Edda[5] erwähnt eine kleine Göttin Vár, sonst wenig bekannt, die die Versprechen erhört und erfüllt. Allerdings spielt eben diese *Þrymskviða* auch auf sehr urtümliche Riten an: Tieropfer (das Gedicht spricht von „Kühen mit vergoldeten Hörnern" und „ganz schwarzen Rindern") und vor allem auf die Weihe durch den Hammer des Þórr. Dieser Brauch könnte sehr alt sein. Noch vor etwa hundert Jahren gab es in Schweden die Sitte, genannt *hammarsäng*, einen Hammer im Brautbett zu verstecken, um die Fruchtbarkeit des Paares zu fördern.

Ich werde weiter unten erklären, warum ich nicht der Ansicht bin, daß es in der Religion der Wikinger eine „Priesterkaste" oder einen „Priesterorden" gab. Viel wahrscheinlicher ist, daß es dem Oberhaupt der Familie oder der Sippe oblag, die eigentlichen religiösen Riten vorzunehmen. Jedenfalls wissen wir nicht, welche Gebetsformeln bei solchen Gelegenheiten gesprochen werden konnten und bei welchen Anlässen der Ritus ausdrücklich anberaumt wurde. Diese Wikingerreligion fügt sich, entgegen der verbreiteten Meinung, nicht in das strenge Schema nach Dumézil[6]; jede bedeutende Gottheit konnte so gut wie die anderen über die Fruchtbarkeit wachen, und im übrigen weiß man gar nicht genau, ob die Ehe wirklich unter dem Schutz einer bestimmten Gottheit stand oder viel eher der Gesamtheit aller hier genannten Götter wie den Disen* oder den Alfen*.

So ist es auch zweifellos das Oberhaupt der Familie oder der Sippe, dem das verantwortungsvolle Amt zukam, das Hochzeitsmahl zu eröffnen, in dessen Verlauf – wie bei allen Festmählern – Reden gehalten wurden, wahrscheinlich zum Lob der Götter – in den Texten werden Oðinn, Þórr, Njörðr, Freyr und „alle Götter" erwähnt (in christlicher Zeit werden sie durch Christus, die Jungfrau Maria und die Heiligen ersetzt), aber zweifellos auch auf die berühmten Vorfahren beider Sippen; sie nannten es *drekka minni* (auf das Andenken [eines Menschen] trinken) oder *drekka full*. Dieser Augenblick ist sehr bedeutsam, weil er die Fortsetzung der Ahnenreihe gleichsam „weiht"; bei den Wikingern waren die Vorfahren niemals wirklich tot, und die oberste Pflicht eines Menschen war es, seinen Ahnen keine Schande zu machen.

Ich habe da etwas erwähnt, das Beachtung verlangt – und Bedauern. Ich werde über den Wert der Quellen sprechen, die wir für dieses Thema heranziehen müssen. Der Wikinger, der direkt oder indirekt in fast allen unseren Quellen auftaucht, ist nicht der einfache Mann; er kommt nicht aus dem niederen Volk. Gerade von ihm, dem einfachen Mann, dem Ruderer des *skeið*, wissen wir so gut wie nichts, und das ist sehr bedauerlich. Die Grabstätten, die Bestattungsschiffe, die eddische und die skaldische* Dichtung und später die Sagas erzählen uns nichts, überhaupt nie etwas vom Mann aus dem Volk (höchstens beiläufig und ein bißchen verächtlich). Helga und Björn stammen aus dem „Adel", wie man sagen könnte, wenn der Begriff in der Wikingergesellschaft dieselbe Bedeutung hätte wie bei uns – aber das ist nicht der Fall. Der Beherrscher der Meere, der bedeutendste Zeuge einer Kultur, die man ohne Übertreibung mit den anderen Hochkulturen vergleichen kann, der Wikinger also ging nicht aus dem gemeinen Volk hervor, wenn auch die sozialen Unterschiede in dieser Hinsicht nicht so kraß waren, wie man sie aus anderen Gesellschaften kennt.

Björn und Helga sind also inzwischen verheiratet – ohne daß wir genau angeben konnten, durch welche Hochzeitszeremonie; vielleicht hat es schon genügt, ihren Bund *til árs ok friðar* (für ein fruchtbares Jahr und für friedliches Zusammenleben) zu weihen, was noch am ehesten der religiösen Denkart der Wikinger entspräche. Sie sitzen beim Mahl und halten gewaltige Reden, sie trinken Met und Bier; der Rausch ist der normale Zustand beim großen Fest, und das in einem solchen Übermaß, daß sie einander zu Beginn schwören, nichts von allem für bare Münze zu nehmen, was einer in der Trunkenheit äußert. Ich habe schon erwähnt, daß die Festmähler sehr lange dauern konnten; sie wurden durch allerlei Zerstreuungen unterbrochen; Gedichte und Erzählungen wurden vorgetragen, Lieder gesungen und Tänze aufgeführt – diese hatten wohl rituellen Charakter. Wir werden noch ein anderes Hochzeitsmahl genauer betrachten (unten S. 303), das im Jahr 1119 in Reykjahólar in Island stattfand; das war leider schon fast ein Jahrhundert nach dem Verschwinden des letzten Wikingers, und Island war christianisiert; außerdem stammt der Bericht von einem Geistlichen, der ihn Mitte des 13. Jahrhunderts niederschrieb. Und doch vermittelt er uns einen wenn auch sehr vagen Eindruck von dem Geschehen.

Nun folgt noch der letzte Übergangsritus, und das in ganz wörtlicher Bedeutung: Am ersten Abend der Hochzeitsfeierlichkeiten werden Björn und Helga zu ihrem Ehebett geleitet. Es wird nicht erwähnt, ob der Vollzug der Ehe von Fachleuten nachgeprüft wurde, wie das in anderen Kulturen üblich war, aber ausgeschlossen ist es nicht. Am Morgen nach der ersten gemeinsamen Nacht überreicht Björn seiner Ehefrau Helga ein hübsches Geschenk: einen fein ziselierten Schmuck, ein Kleid aus kostbarem Leinenstoff, eine Truhe mit Holzschnitzerei – die Morgengabe (*morgingjöf*); noch lange nach der Wikingerzeit gehört die Morgengabe (*morgongåva* in modernem Schwedisch) zur festen Einrichtung.

So gehen die Hochzeitsfeierlichkeiten für Helga zu Ende. Sie wird viele Kinder haben, trotz der Säuglingssterblichkeit, die damals genauso hoch war wie anderswo im Abendland. Wenn sie alle Aufgaben als Mutter und Erzieherin mustergültig erfüllt, wie es wohl bei vielen Wikingerfrauen der Fall war, wird sie ihre Kinder zu tüchtigen Männern und Frauen aufziehen; sie wird sie lehren, die Traditionen beider Sippen in Ehren zu halten; sie wird bestrebt sein, ihnen das Gefühl für die Familienehre einzugeben, die niemals untergehen darf, kurz: Sie wird die Seele des Hauses sein.

Dem Leser werden jedenfalls zwei Dinge auf diesen wenigen Seiten aufgefallen sein: zum einen die eigentlich historischen Vorbehalte, die ich immer wieder eingeflochten habe; dieses Buch soll vom Alltag der Wikinger erzählen, aber es macht sehr oft Mühe festzustellen, ob die Schriftquellen, die uns dazu vorliegen, auch wirklich für die Zeit der Wikinger heranzuziehen sind. Das zweite betrifft die zahlreichen „annähernden" Adverbien (möglicherweise, sicherlich, vielleicht...), mit denen ich meine Erzählung gepflastert habe: Mit Ausnahme ganz seltener statistischer Angaben dürfen die alten Texte nicht wörtlich genommen werden. Zu viele Irrtümer sind schon vorgekommen, weil man lange Zeit kritiklos den Quellen vertraut hat, die man eigentlich mit äußerster Vorsicht interpretieren muß.

Mit anderen Worten: Bevor wir in unser Thema richtig einsteigen, müssen wir zumindest zwei grundsätzliche Vorsichtsmaßregeln beachten: 1. Wir grenzen unser Thema ein; wir wollen etwas über den Alltag dieser Wikinger erfahren.[7] 2. Wir prüfen sehr kritisch die Quellen, die wir darüber befragen. Beides ist unabdingbar, auch wenn der Leser vielleicht der Ansicht ist, es könnte dieses Buch unnötig überfrachten. Den Stoff werde ich in zweierlei Richtung angehen: Ich versuche, so genau wie überhaupt möglich zu berichten, und gleichzeitig trete ich den zahllosen absurden und abwegigen Behauptungen entgegen, die unser Thema eher vernebeln als erhellen.[8]

Schließlich haben die Wikinger nur für kurze zweieinhalb Jahrhunderte die Bühne der Menschheitsgeschichte betreten; das ist an sich schon bemerkenswert, erlaubt uns aber nicht, sie mit den Germanen im allgemeinen, oder genauer, mit einigen ihrer Vorfahren wie zum Beispiel den Goten, Burgunden, Wandalen oder Langobarden zu verwechseln. Ganz wenige Dokumente handeln ganz unmittelbar von den Wikingern, gewissermaßen aus erster Hand, aber die übrigen, die imponierende Masse der übrigen Schriftquellen erfordert schon beinahe deshalb größte Vorsicht.

# Kapitel I

# Was versteht man unter „Wikinger"?

Man hatte sich angewöhnt, einen Händler aus Skandinavien (Dänen, Norweger, Schweden, später auch, seit etwa 900: Isländer) *vikingr*[1] zu nennen, wenn er im Westen Europas umherzog, oder *væringr* (Waräger), wenn er Rußland und Asien zum Schauplatz seiner Aktivitäten wählte. Er war ausgesprochen begabt für Fernhandel und Seefahrt – letzteres dank seinem vortrefflichen Schiff, das er nach jahrhundertelanger Erprobung schließlich vervollkommnete: der *skeið* oder *knörr* (auch *byrðingr*, *skúta* oder *langskip* und anderes mehr, aber keinesfalls die absurde französische Wortschöpfung „drakkar"*!). Dieses Schiff muß es so schon vor dem 9. Jahrhundert gegeben haben, aber ein bedeutsames Zusammentreffen von historischen Bedingungen – insbesondere der Zerfall des Karolingerreiches nach dem Tod seines Begründers und demzufolge keine ernstzunehmende politische Macht, die einen kühnen, entschlossenen Beutemacher hätte abwehren können – schob es plötzlich in den Vordergrund der Ereignisse.

Den Beginn dieses Wikingeransturms setzt man allgemein auf den 8. Juni 793 fest – das war der Tag, als die Abtei Lindisfarne in Northumberland, Aufbewahrungsort der Reliquien des Heiligen Cuthbert, durch die Wikinger in Schutt und Asche sank. Aber, wie ich schon andeutete, zweifellos durchstreiften die Skandinavier schon lange Zeit davor die Meere und Flußläufe. Die „Westroute" übernahmen sie wohl von den Friesen, und die „Ostroute" war den Schweden schon seit geraumer Zeit vertraut. So ist das Jahr 793 zwar ein bequemer Anhaltspunkt, aber keineswegs ein Neuanfang! – Von da an raste ein Naturereignis über Europa und den Osten, das ungefähr zweieinhalb Jahrhunderte (zwischen 800 und etwa 1050) andauerte, im Lauf dieser langen Zeit bedeutsame Umschwünge oder auch kaum merkliche Veränderungen erfuhr, im Grunde aber immer unverkennbar blieb: Die Waage zum Abwiegen des gehackten Silbers* in der einen Hand, das doppelschneidige Schwert in der anderen: Der Wikinger treibt Handel oder plündert, stiehlt und brandschatzt, kauft, tauscht oder raubt – je nach Gelegenheit und Laune. Der Zweck ändert sich nicht; er will „Reichtümer erwerben", wie die Runeninschriften* es nennen, und wohlhabender heimkehren, als er es bei der Abfahrt war. Auf unzählige Wikinger traf wohl zu, was wir auf der Inschrift von Ulunda (Schweden) lesen:

| | |
|---|---|
| *Fór hæfila* | Kühn zog er aus, |
| *féaR afladi* | erwarb Reichtümer |
| *út í Grikkium* | im fernen Griechenland |
| | (= Kleinasien) |
| *arfa sínum.* | für seinen Erben. |

Auf seinen Fahrten hatte der Wikinger reichlich Gelegenheit, andere Völkerschaften kennenzulernen. Es ist schwer vorstellbar, daß er sich nur kriegerisch mit ihnen

auseinandersetzte; sicher hat er auch ihre Lebens-
umstände und die Vorzüge ihrer Wohnstätten genau in
Augenschein genommen: Irgendwann wird er vielleicht
hierher zurückkehren und sich auf Dauer niederlassen.
Als Pragmatiker, Realist und scharfsichtiger Beobachter
zugleich nimmt er alles wahr, was neu für ihn ist und
was er entdecken kann, und übernimmt es nur zu gern
für seine nordische Heimat. Gerade dieser Punkt macht
jeden Versuch wie diesen so zweifelhaft, die Kultur der
Wikinger zu erforschen. Wenn man ins Detail geht, stellt
man rasch fest, daß es häufig sehr schwierig ist, zwischen den eigentlich skandinavischen und den keltischen, gemeingermanischen, slawischen und byzantinischen Elementen zu unterscheiden – ganz abgesehen
von den geistigen Schöpfungen. Nur ein Beispiel: Wenn
wir später zum Thema Kleidung kommen, werden wir
feststellen, daß bei den Wikingern das gebräuchlichste
Kleidungsstück die Hose war (*brók*, Plur. *brœkr*). Trotzdem sieht es ganz so aus, als seien die Hose und das
Hosentragen keltischen Ursprungs. Aber auch das Um-
gekehrte gilt: Andere Völkerschaften übernahmen durch
den Umgang mit den Wikingern häufig deren Sinn für
Organisation, Ordnungsliebe und Gemeinschaftsgeist,
auch deren Tatkraft, die ihnen das harte Klima ihrer Heimat abforderte. So jedenfalls erklärte es Montesquieu.
Und diese fremden Völkerschaften behielten das im
Gedächtnis; teils ahmten sie es nach, teils forderten sie
die Wikinger auf, diesen Lebensstil an Ort und Stelle
einzuführen: So entstand zum Beispiel das Russische
Reich. Genauso verbreitete sich auch im gesamten
Abendland der Gebrauch von bestimmten nautischen
Geräten und das zugehörige Vokabular, das sich bis
heute erhalten hat.

In diesen zweieinhalb Jahrhunderten erlebte das Abendland überhaupt gewaltige Umwälzungen. Die Epoche bietet dem Betrachter kein einheitliches Bild. Das Wikingerphänomen durchläuft vier ganz unterschiedliche Phasen. Die erste (800–850; diese Eckdaten stellen nur allgemeine Tendenzen dar; sie sind eher fließend und können je nach Blickwinkel variieren) ist eine Zeit des Umherschweifens, der raschen Überfälle, eher aufs Geratewohl und auf Orte, die an sich schon verletzlich weil ohne Verteidigungsmöglichkeiten und überdies reich sind: Abteien, Klöster und unbefestigte Städte.

Die zweite Phase (850–900) ist schon bedeutsamer, weil die Leute aus Skandinavien jetzt ihre eigene Schlagkraft kennen und ihre Beutezüge besser planen; sie unterwerfen die angstvolle Bevölkerung; schließlich sind sie unerreichte Meister der „psychologischen Kriegführung". Allerdings – wenn man genauer hinschaut, sind es Kampfgegner, die sich nicht verteidigen können und folglich eher bereit sind, auch zu schlechteren Bedingungen Handel zu treiben; auf der anderen Seite sieht man Nationen, die fest entschlossen sind, sich gegen den Wikingeransturm zu verteidigen (wie Südengland und das maurische Spanien), und so wurden sie auch von den Wikingern in Ruhe gelassen. Man muß betonen, daß romantische Phantasie, eifrig unterstützt von zweifelhaften modernen Theorien, den Wikinger als unbesiegbaren Übermenschen sehen wollte, der überall und allen seine Schreckensherrschaft aufzwingt. Es gibt kein einziges historisches Beispiel für eine größere Schlacht, aus der er als Sieger hervorgegangen wäre; er war, wie ich schon sagte, ein Meister des heute so genannten Kommandounternehmens, des raschen Handstreichs, also kein richtiger Krieger nach traditionellen Vorstellungen.

Allerdings waren die Wikinger auch einfach zu wenig Leute – man denke nur daran, daß die Völker Skandinaviens noch heute zusammen nur knapp 18 Millionen Personen zählen! –, um regelrechte Flotten zusammenzustellen oder Truppen, die durchschlagende Erfolge hätten erzielen können.

Nur die furchtsamen Kirchenmänner und fast ausnahmslos auch die Verfasser von Annalen oder Chroniken, die auf uns gekommen sind, allerdings auch die ersten Opfer der Räuberbanden aus dem Norden, verleiten uns zu falschen Vorstellungen, indem sie spannende Schauergeschichten und rührselige Berichte überall verbreiteten. Natürlich wollen wir jetzt auch kein Muster von Milde und friedfertigem Betragen aus dem Wikinger machen – es genügt, ihn mit seinen unmittelbaren Zeitgenossen, den Sarazenen und den Ungarn, zu vergleichen, um seine angebliche „Barbarei" richtig einzuschätzen.

Außerdem sind wir ja gern geneigt, die Skandinavier des 9. und 10. Jahrhunderts mit den Germanen (darunter auch zahlreiche Skandinavier) des 5. – 7. Jahrhunderts zu verwechseln – diese waren verantwortlich für die „Barbareneinfälle", und man wird rasch einsehen, woher so viele Irrtümer und Übertreibungen kommen. Und doch ist dieser Zeitabschnitt sehr wichtig, vor allem weil sich jetzt allmählich das System des *danegeld* verbreitet; das bedeutet: „Bezahlung an die Dänen", also das Lösegeld, das die Wikinger in immer höheren Summen einforderten, um sich wieder einzuschiffen. Sie erpreßten es von ängstlichen, schwachen Königen wie Æthelred dem Unberatenen und den beiden Frankenherrschern: zuerst Karl dem Dicken, danach Karl dem Einfältigen. Auf die Dauer ruinierte dieser finanzielle Aderlaß die gesamte Wirtschaft des Abendlandes.

Schließlich und vor allem: Im Verlauf dieser zweiten Phase entstehen zweifellos die vier großen „Straßen" mit ihren zahlreichen Abzweigungen, denen die Wikinger durch ganz Europa folgten (s. die Karte im Bucheinband). Wie wichtig diese großen Straßen waren, ist gar nicht zu übersehen: Entlang diesen Achsen entstand der gesamte Komplex von Fernhandel, Kontakten und Informationen, aus dem zum guten Teil unser modernes Europa hervorging. Die Westroute *(vestrvegr)* teilte sich in zwei Hauptstränge; der eine führte genau nach Westen zu den Britischen Inseln, von dort nach Island und schließlich nach Grönland (von da aus vielleicht auch nach „Vinland"[2], das irgendwo in Labrador gelegen haben mag). Der andere Hauptzweig, Richtung West-Südwest, führte an der französischen und spanischen Atlantikküste entlang, durch die Straße von Gibraltar (Njörvasund) entweder nach Nordafrika oder nach Südfrankreich und Italien; sein Endpunkt mag Byzanz gewesen sein. – Die Nordroute wurde vor allem von den Norwegern genutzt. Vom Süden ihres Landes brachen sie auf, fuhren entlang der Küste bis zum Nordkap, überquerten das Weiße Meer und gingen beim heutigen Murmansk oder Archangelsk an Land. Es war eine wichtige, wenn auch gefährliche Route, denn dort holten sie sich die Häute und Pelze – neben den Sklaven das Haupthandelsgut der Wikinger und Waräger. Die dritte Route blieb innerhalb der Ostseeküsten; sie wurde hauptsächlich von den Schweden befahren. Sie unterhielten mit den Finnen so etwas wie ständige Handelsbeziehungen. Ihre beliebteste Handelsware war Bernstein, der an der Ostseeküste massenhaft vorkam. Diese Route mündete übrigens irgendwo in die Ostroute *(austrvegr)*, die in der Rigaer Bucht ihren Ausgang nahm und über das Netz der russischen Ströme und Seen schließlich auf der Höhe des heutigen Odessa zum Schwarzen Meer führte; dieses überquerte sie in voller Breite von Nord nach Süd und endete ebenfalls in Byzanz. Unterwegs kreuzte sie einige uralte Handelswege aus dem Fernen Osten (vor allem die Seidenstraße), und es ist sehr gut denkbar, daß sich die Waräger dort am Asienhandel beteiligten. Schwedische Runeninschriften erwähnen zumindest zwei ruhmreiche Expeditionen in den Fernen Osten, die unsere Vermutung stützen können.

Diese kurze Zeitspanne von 50 Jahren (850 – um 900) ist in jeder Hinsicht von intensiver Aktivität geprägt und wirkt auf den heutigen Betrachter fast wie Marktforschung: Überall suchten die Leute aus Skandinavien auf ihren Fahrten sichere Stützpunkte, bequeme Rastplätze, die Handelsniederlassungen, wo sie haltmachen und ungehindert ihren einträglichen Geschäften nachgehen konnten. So stellt man fest, daß die großen Routen, die wir eben beschrieben haben, buchstäblich abgesteckt sind durch Häfen oder Städte, die für den umsichtigen Kaufmann den idealen Standort bieten.

Und so bringt die nächste Phase (um 900 – 980) feste Niederlassungen und systematische Kolonisation. Dieser Punkt zumindest müßte jeden nachdenklich machen, der noch felsenfest daran glaubt, die Wikinger seien unbesiegbare Krieger oder glänzend organisierte militärische Einheiten gewesen! Überall gründen die Skandinavier feste Siedlungen: in Island (etwas früher und gegen unsere vorgeschlagene Epocheneinteilung; es wurde zwischen 874 und 930 von Norwegern und Kelten gemeinsam kolonisiert), danach auch in Grönland; in der heutigen Normandie; in einem Teil Englands, seitdem Danelaw genannt (weil dort das Gesetz, *law,* der Dänen herrscht); in Südirland (mit dem vor allem die Norweger schon seit langer Zeit regelmäßige Handelsbeziehungen unterhielten) und in den slawischen Gebieten rund um das heutige Novgorod (altnordisch: Holmgarðr) und Kiew (altnordisch: Kœnugarðr). Sie nahmen das Land mehr oder weniger mit Gewalt (Danelaw) an sich oder weil es fast menschenleer war (Island; entgegen einer lange Zeit verbreiteten Ansicht hat die Forschung vor kurzem erst Spuren keltischer Besiedlung entdeckt, die aus der Zeit *vor* der Ankunft der Skandinavier stammt); es kam aber auch vor, daß sie von den Völkerschaften in den Regionen zum Bleiben aufgefordert wurden: Rußland verdankt seinen Namen den Warägern. Man nannte sie Rūs, das soll heißen: rothaarig, fuchsrot. Die seltsame Haarfarbe vieler Waräger hatte wohl seit Beginn der Epoche bei den „griechischen" (byzantinischen, slawischen und arabischen) Betrachtern Staunen erregt.

Auf keinen Fall aber – vielleicht nur mit Ausnahme Islands – handelte es sich um eine Kolonisation im heutigen, abwertenden Sinne. Die Neuankömmlinge mußten sich einigen impliziten und expliziten Bedingungen beugen: Sie mußten das Feudalsystem der Gesellschaft übernehmen, der sie sich anschlossen; zur Verteidigung ihres neuen „Vaterlandes" beitragen, wozu sie allerdings sehr gern bereit waren; und sie mußten sich taufen lassen. Auch dazu gaben sie ohne besondere Schwierigkeiten ihre Einwilligung – sei es aus Überzeugung oder politischem Kalkül; nur für uns ist dies ein entscheidender Punkt: Wir werden reichlich Gelegenheit haben festzustellen, daß der Wikinger mit der Taufe einfach aufhört, ein Wikinger zu sein. Jedenfalls ist man als Beobachter verblüfft, wie leicht und vor allem wie rasch sich der Wikinger an die neuen gesellschaftlichen Verhältnisse anpaßt, die er sich ausgesucht hat. Nach zwei oder drei Generationen gibt es keine Skandinavier mehr – es gibt nur noch Normannen (in der Normandie) oder Russen.

Der Vollständigkeit halber sei erwähnt, daß noch eine letzte Phase (980–1050) der Wikingerepoche folgte; sie ist noch nicht abschließend gedeutet und betrifft nur Dänen (im Nordwesten) und Schweden (im Südosten). Die Dänen versuchen unter Sveinn Gabelbart und seinem Sohn Knut dem Großen, die Vorherrschaft über ein Großreich von Gesamtskandinavien und der Britischen Insel zu erringen. Für einige wenige Jahre ist ihnen das auch gelungen. Die Schweden unternehmen eine oder mehrere geheimnisvolle Expeditionen, die uns nur aus Runeninschriften bezeugt sind, nach Zentralasien, aber offenbar ohne greifbare Erfolge.

Und damit verschwindet das Wikingerphänomen. In diesen 250 Jahren hat sich die Welt so stark verändert, daß die Menschen inzwischen ganz andere Sorgen haben. Dafür gibt es zahlreiche Gründe. Vor allem gestaltet sich der internationale Handel inzwischen vollkommen anders – der *knörr* der Wikinger und seine Spielarten sind außer Gebrauch gekommen; durch die Christianisierung Nordeuropas hat dieser Teil der damaligen Welt ohne Schwierigkeiten in die Gemeinschaft europäischer Nationen hineingefunden, und in Skandinavien selbst haben sich zunehmend nach mitteleuropäischem Vorbild starke zentralisierte Mächte gegen die Politik der individuellen Handstreiche durchgesetzt – wie man die meisten Unternehmungen der Wikinger am besten beschreiben könnte. Die Zeit des Wikingers ist also vorbei. Sie hat ungefähr 250 Jahre gedauert, und sie hat tiefe

Spuren in so manchen Teilen unserer Kultur hinterlassen; sie gehört zu den bewegtesten Epochen der abendländischen Geschichte der letzten 1200 Jahre. Aber wir wollen sie hier weder überbewerten noch ihre historische Bedeutung schmälern.

Die Etymologie[3] des Begriffs *vikingr* scheint inzwischen geklärt: Es ist nicht der Pirat, der in einer „Bucht" (altnordisch *vik*) vor Anker geht und von dort aus das vorüberfahrende Kaufmannsschiff unversehens überfällt, sondern vielmehr der Händler, der von *vicus* zu *vicus* (von Handelsplatz zu Handelsplatz) seinen Geschäften nachgeht; er beschränkt sich auch nicht unbedingt auf irgendeinen Skandinavier in der hier betrachteten Epoche. Auch heute noch sind wir allzu leicht geneigt, unter einer allgemeinen Bezeichnung bestimmte Gegebenheiten zu vermischen, die aber dringend einer genaueren Spezifizierung bedürften. Schon im Mittelalter war diese Tendenz weit verbreitet.

So muß man also auch zwischen den einzelnen Nationen unterscheiden: Die Dänen, durchtriebene Händler und stets Vorreiter des Modernisierungsschocks dieser Epoche, operierten mit Vorliebe in kleinen Gruppen, die durch feste Verpflichtungen verbunden waren (*félag* zum Beispiel) und unter dem Kommando eines Anführers standen – möglicherweise waren das die rätselhaften „Seekönige" (*sækonungar*) in unseren Quellen. Die Norweger waren wohl weniger straff organisiert, aber sie reizte mehr das reine Abenteuer – es wäre ganz verfehlt, diesen Aspekt unseres Themas zu vernachlässigen, insbesondere den „Drang nach Westen", wie er viel später das nordamerikanische Phänomen hervorbrachte –, und sie waren auf familiärer oder „politischer" Grundlage verbunden, verkörpert durch den „König" (*ko-*

*nungr)*, der über die Ufer eines Fjords oder einen Tal-
abschnitt herrschte. Die Schweden waren anscheinend
die friedfertigsten von allen und zugleich die tüchtig-
sten Kaufleute. Sie konnten zwar auch das Beil mit dem
langen Schaft und der breiten Schneide bedrohlich
schwingen, aber die Quellen, arabische vor allem, berichten von ihnen, sie hätten sich hauptsächlich im Handel betätigt. Ein Detail, das nicht im Widerspruch dazu
steht, mag diese Beschreibung bestätigen: Der am höchsten verehrte Gott bei den Dänen war zweifellos Oðinn,
Schutzgott der Schiffsladungen (Farmatýr) und des
Handels (ausländische Zeitzeugen setzten ihn ohne weiteres mit dem römischen Gott Merkur gleich), aber auch
der Gott der List und des Betrugs, der Verschlagenheit
und des Sieges, der durch strategisches Können oder
Kriegslist, auch durch Verrat oder Zauberei errungen
wird. Man könnte kaum besser darstellen, welche Vorstellungen sich die Wikinger – in diesem Fall also die dänische Nation – von ihrem Dasein machten. Die Norweger zogen Þórr vor, eine rohe, aufbrausende Götter-
persönlichkeit – er verkörperte den Donner, dessen
Namen er trägt[4] –, aber doch gutmütig, ziemlich wirr-
köpfig und manchmal sogar hilfreich. Die Schweden gaben unbestritten dem Gott Freyr den Vorzug, der eigentlichen Verkörperung der Fruchtbarkeit. Mit anderen
Worten: Kriegsgötter genießen bei den Wikingern keine
besondere Verehrung, oder sie existieren in dieser Eigenschaft überhaupt nicht. Wir haben gesehen, daß der
listenreiche Oðinn über die Schiffsladungen herrscht;
Þórr versteht sich genauso gut darauf, seine Böcke wieder zum Leben zu erwecken und über den schlauen
Zwerg Alvíss („Allwissend") zu triumphieren wie seine
Keule, seinen „Hammer", zu schwingen. Den Gott Freyr

schließlich könnte man wohl kaum in eine Kriegsgottheit verwandeln.

Von den Isländern spreche ich hier aus einsichtigen Gründen nicht. Die Sagas präsentieren uns häufig die Kriegszüge der Wikinger als Teil der Jugendjahre eines Helden, aber dieses Motiv ist rein literarisch; jedenfalls werden die Isländer, wenn man so sagen darf, den *knörr* in Marsch gesetzt haben! Als sie ihre Sagas niederschrieben – also frühestens im 12. Jahrhundert –, war der „Wikingermythos" schon auf dem besten Wege, erfunden und ausgeschmückt zu werden. Immerhin verdanken wir gerade den Isländern die Entdeckung Grönlands (um 980), und von dort aus erreichten sie die Gruppe Helluland-Markland-Vinland (um das Jahr 1000, falls dies überhaupt eine historische Tatsache ist; bewiesen ist sie nicht). Aber diese Heldentaten gehören ausschließlich zum Thema Entdeckung und liefern kein vollständiges Bild von den Wikingern.

Schließlich möchte ich noch klarstellen, was zwar offenkundig ist, aber selten so zum Ausdruck kommt: Es ist schlicht unmöglich, daß der Wikingersturm aus dem Nichts kam und sich ganz überraschend erhob. In alle Himmelsrichtungen, von Norden nach Süden und von Osten nach Westen raste er durch die damals bekannte Welt, versetzte auch stellenweise die Gebietsgrenzen, riß da und dort die Herrschaft über alte Königreiche an sich, rückte gegen das byzantinische Imperium vor, schuf neue Staaten, steckte sich eigene Provinzen ab und vermachte den modernen Sprachen ein komplettes Seefahrer-Vokabular... Es ist wirklich nicht schwierig zu erraten, daß es einer langen, gemächlichen Entwicklung bedurfte, bis eine solche Hochblüte zustande kam. Das 9. und 10. Jahrhundert markiert nur den Endpunkt dieser

Entwicklung, über die wir hier wenigstens noch ein paar Worte sagen wollen.

Die Völker Skandinaviens waren prähistorische Jäger, Fischer und Sammler; sie lebten in den Gebieten, die heute ihre Namen tragen, etwa 10 000 Jahre vor Christi Geburt. Zweimal hintereinander (um 4000 und danach um 3000 v. Chr.) mußten sie eine indo-europäische Eroberung über sich ergehen lassen. Sie sind der nördliche Zweig der germanischen „Familie"; deshalb war auch die Sprache, die sie zu Beginn unserer Zeitrechnung sprachen und die sich noch nicht so deutlich in Dänisch, Schwedisch, Norwegisch, Isländisch und Faröisch unterschied wie in viel späterer Zeit, direkt verwandt mit dem sogenannten Gemeingermanisch; Sprachwissenschaftler nennen sie die proto-skandinavische Sprache. Allerdings gibt es auch schon frühere Zeugen – die ersten Belege für den hohen Rang ihrer prähistorischen Kultur stammen aus der Bronzezeit (das bedeutet für diese nördlichen Breiten: etwa 1500–400 v. Chr.): verschiedene Fundstücke und vor allem die berühmten Felszeichnungen*, die man insbesondere in Bohuslän (Schweden, nicht weit vom heutigen Göteborg) entdeckt hat. Der künstlerische Wert der Zeichnung, die Vielfalt und die Art der Motive lassen – abgesehen von einem sehr sicheren Kunstgeschmack – religiöse Grundanschauungen erkennen, die aus der Fruchtbarkeit, einer Sonnensymbolik und weitverbreiteter Zauberpraxis hervorgehen. Bemerkenswert ist, daß zahlreiche Darstellungen ganz zwanglos den direkten Vergleich mit den berühmten Edda-Dichtungen nahelegen – und das über 2000 Jahre früher!

In der nachfolgenden Epoche, der Eisenzeit (400 v. Chr. –800 n. Chr.), stand die Entwicklung dieser nordischen Kultur stark unter keltischem (400 v. Chr. – um

31

Christi Geburt), danach unter römischem (0 – 400 n. Chr.) und schließlich unter kontinentalgermanischem Einfluß (400 – 800 n. Chr.). In dieser Zeit wurde Schritt für Schritt das Wikingerschiff entwickelt, das nach und nach zu einem wahren Wunderwerk gedieh. Das Wikingerabenteuer wäre ohne dieses Schiff einfach nicht denkbar gewesen. Und dann, wie auf ein gemeinsames Stichwort, stachen sämtliche skandinavischen Volksstämme in See, Richtung Süd- und Osteuropa (insbesondere die Goten und die Langobarden); und schließlich, um es kurz zu machen, tauchte eine Schrift auf, die zunächst gemeingermanisch war und später allmählich skandinavische Spezialität wurde: die Runen, mit einem Alphabet *(fuþark)* zu 24 Zeichen, die um das Jahr 850 auf 16 reduziert wurden. Entgegen der weitverbreiteten, besonders zählebigen Ansicht handelt es sich nicht um magische Zeichen, sondern um ein Mittel der Kommunikation wie jede andere Schrift.

Um das Jahr 800, gerade als sich die Winkingerbewegung endgültig formierte, besaß Skandinavien also eine hochentwickelte Kultur und Zivilisation. Ich habe nicht versucht, sie genauer zu beschreiben, aber ihren Niederschlag, ihre Auswirkungen wollen wir uns im einzelnen betrachten; sie sind das eigentliche Thema dieses Buches. Und noch ein letzter Punkt: Der Leser war sicher gleich zu Beginn überrascht, wie unbekümmert und offenbar ganz ohne strengere Unterscheidungen ich hier das Dänische, Norwegische, Schwedische und Isländische behandle, auch wenn ich hier und da einige Ausnahmen gemacht habe. Es besteht eine skandinavische Einheit, mit unvermeidlichen, aber in Wirklichkeit sehr kleinen Nuancen. Diese Einheit erlaubt es, den Wikinger-Alltag unabhängig von der jeweiligen „Nationalität" zu behandeln. Auch das Wort „Nationalität" führt schon in die Irre, denn der Begriff „Nation" war in der Epoche, die wir hier betrachten, noch ganz ohne Belang. Damals war man nicht „Däne", sondern man stammte vielleicht aus Sjaelland oder von der Insel Fünen; man war nicht „Schwede", sondern Uppländer oder Gotländer; nicht „Norweger", sondern man kam aus Trøndelag oder von den Agðir. Diese Einheit hat nichts mit ethnischen Kategorien zu tun; diese Phantasievorstellung darf man mit allem Nachdruck in die Mottenkiste für zweifelhafte Theorien verbannen: Es gibt nicht „den Skandinavier", hochgewachsen, blond, dolichozephal, mit blauen Augen. Diesen Menschentyp gibt es zwar, wohlverstanden, aber er hat reichlich Konkurrenz von einem kleinen brünetten Typ mit dunklen Augen und eher mesozephal. Ich hatte mir ausgedacht, daß die hübsche Braut Helga in meinem Prolog blonde Haare und blaue Augen haben sollte wie die berühmte Þorbjörg Glúmsdóttir aus der *Saga der Schwurbrüder*, mit dem Beinamen Kolbrún (mit kohlschwarzen Augenbrauen). Ich habe schon erwähnt, daß die Goten wegen ihrer fuchsroten Haare bei den Slawen Staunen hervorriefen. Das muß aber nicht heißen, daß alle Goten rothaarig waren! Wir können also ganz einfach feststellen, daß es keine skandinavische „Rasse" gibt. Außerdem ist es nicht die geographische Lage, die den Skandinavier ausmacht, zumindest nicht ausschließlich. Welche Verbindung soll da bestehen, wenn sich die eine Gruppe an den zerfurchten Küsten und in den Bergen Norwegens niederläßt, die andere in den ausgedehnten Niederungen Dänemarks und die dritte in den schwedischen Wäldern, die nur von Seen zerteilt werden – ganz abgesehen von den Lavafeldern Islands! Nur eins ist ihnen allen gemeinsam: die Kälte, verbunden mit dem allgegenwärtigen Wasser, in welcher Erscheinungsform auch immer. In geschichtlicher Zeit jedenfalls kann es nicht viel mehr Ähnlichkeiten zwischen Dänemark, Norwegen und Schweden gegeben haben.

Trotzdem gab es einige gemeinsame Nenner für die drei und später vier skandinavischen Gruppen, denn sämtliche ausländischen Zeitgenossen haben sie ja stets unter derselben Bezeichnung zusammengefaßt[5]. Der erste, den wir schon im Prolog kennengelernt haben, gehört in den gesellschaftlichen Bereich und betrifft die überragende Bedeutung der Familie als eigentliche Keimzelle dieser Gesellschaft. Der Wikinger definiert sich zunächst und vor allem durch die Zugehörigkeit zu einer bestimmten Sippe und nicht als Individuum. Man könnte sogar noch weiter gehen: Seine „Karriere" als einzelner ist nur sinnvoll in eindeutigem Kontext seiner Familie. Die zweite Gemeinsamkeit betrifft das öffentliche Leben: Diese kleinen Gemeinschaften schließen sich zu einem *land* zusammen. Dieser Begriff erfuhr im Lauf der Zeit einen Bedeutungswandel, aber er bezog sich auf genau definierte territoriale Einheiten, deren Bewohner sich nach familiären, wirtschaftlichen und eigentlich politischen oder auch religiösen Erwägungen zusammengeschlossen hatten. Das *land* erstreckte sich rund um einen *þing*-Platz. In den regelmäßigen Versammlungen an dieser Stelle trafen sie einstimmig alle Entscheidungen von gemeinsamem Interesse.

Der dritte Punkt ist vielleicht der wichtigste: Er betrifft die Sprache. Wie gesagt, bis auf winzige Varianten sprachen alle Wikinger dieselbe Sprache, das sogenannte Altnordische. Aus historischen und geographischen Gründen ist sie in der Form des Isländischen wunderbar erhalten geblieben. Mit nur kleinen Veränderungen hat dieses Idiom auf dem Stand überlebt, wie es um das Jahr 1000 gesprochen wurde. Diese „dänische Sprache" *(dönsk tunga)* oder „nordländisch sprechen" *(norrænt mál)* ist zum Beispiel die Sprache der isländischen Sagas und hat alle Merkmale des Altgermanischen.

Altnordisch sprechen die Wikinger in Uppsala und Björgvin (Bergen), in Kaupmannahöfn (Kopenhagen; das heißt tatsächlich sehr treffend: „Kaufmannshafen"), in Reykjavik, in Jórvik (das englische York), in Holmgarðr (Nowgorod) oder in Dyflinn (Dublin). Dieser Punkt ist sehr bedeutsam, denn die Wikinger scheinen auf ihren zahlreichen Wanderungen quer durch Europa nicht an die wohlbekannte Sprachbarriere gestoßen zu sein. – Schließlich war da noch eine vierte, im eigentlichen Sinne kulturelle Gemeinsamkeit. An dieser Stelle will ich nicht ausführlicher werden, denn es ist gewissermaßen das Thema dieses ganzen Buches, in allen Einzelheiten darüber zu berichten. Es genügt, hier festzustellen, daß alle Bereiche, die wir im weiteren untersuchen werden – Religion, Rechtsprechung, Gesetzgebung und vor allem die kleinen Dinge des Alltags (noch heute dort unter dem Begriff *kultur* zusammengefaßt) sowie geistige und künstlerische Betätigung –, in sämtlichen nordischen Ländern eine bemerkenswerte Einheitlichkeit aufweisen.

Zu dieser letzten Formulierung „nordische Länder" noch eine wichtige Präzisierung für den Leser: Finnland liegt zwar auch im hohen Norden, aber es wird hier nicht in die Untersuchung mit einbezogen, auch wenn häufige und zeitweise intensive Kontakte zwischen diesen Ländern, insbesondere Schweden, bestanden. Die Finnen unterscheiden sich ethnisch ganz grundsätzlich von den Germanen; sie sprechen eine nicht-indoeuropäische Sprache (das Finno-Ugrische, wie das Ungarische und das Estnische), und ganz abgesehen davon entstammen sie einer Kultur, die außerhalb unserer Thematik liegt. Finnische „Wikinger" hat es nicht gegeben.

Alle diese raschen, summarischen Einschränkungen waren nötig, bevor wir jetzt in unser Thema endgültig einsteigen. Als nächstes müssen wir vor allem einmal sämtliche Quellen sorgfältig prüfen, die uns für die Betrachtung des Wikinger-Alltags zur Verfügung stehen, denn auch da ist ein unerbittlich kritischer Blick vonnöten – gerade aus den Gründen, die wir bisher schon dargelegt haben.

# Kapitel II

# Unsere Quellen

Ganz allgemein und aus Gründen, die wir gleich erläutern werden, müssen wir die – wenn auch zahlreich vorhandenen – literarischen Quellen mit der größten Zurückhaltung behandeln, wenn sie uns helfen sollen, die Geschichte und Kultur der Wikinger zu erhellen. Diese Skepsis gilt eher noch mehr, wenn man ihren Alltag untersuchen will. Wenn man die eddischen Gedichte aufmerksam liest, insbesondere bestimmte Sagas, die zu den sogenannten „Gegenwartssagas" gehören (im 13. Jahrhundert von Autoren verfaßt, die als Zeitgenossen miterlebten, was sie niederschrieben), erfahren wir zwar eine Fülle von hochinteressanten Einzelheiten, aber man darf diese Überlieferung nur dann in Betracht ziehen, wenn sie durch andere Quellen bestätigt wird und wenn sie auch auf eine Epoche zurückreicht, die genau mit der Wikingerzeit zusammenfällt. Zum Beispiel die „ruhmreiche" Schlacht von Ørlyggsstaðir, Island, im Jahr 1238: Wenn wir einmal unterstellen, daß Sturla Þorðarson seinen Bericht nicht noch dramatisch ausgeschmückt hat, könnte er uns doch keinen Eindruck davon vermitteln, wie die norwegischen, dänischen oder schwedischen Wikinger 300 Jahre früher unter denselben Bedingungen vielleicht vorgegangen wären[1]. Fast nirgends können wir mit Sicherheit sagen, ob die Texte, von denen wir ausgehen, nicht durch zahllose unterschiedlichste Einflüsse, denen die Verfasser bewußt oder unbewußt ausgesetzt waren, „verdorben" wurden.

Das Prinzip ist offensichtlich: Die **Archäologie** müßte unsere oberste, ja überhaupt unsere einzige Führerin sein. Ihre Methoden, insbesondere der Datierung, und ihre Techniken haben vor allem in Skandinavien seit mehreren Jahrzehnten beachtliche Fortschritte gemacht. Sie gelangte zu so erstaunlichen Resultaten, daß sie auch den Anspuchsvollsten zufriedenstellen. Und wir hatten auch wirklich Glück: Geradezu „sensationelle" Ausgrabungskampagnen förderten überreiche Fundstätten zutage, wie bei Birka (in Schweden, nicht weit von Stockholm), bei Schleswig (das alte Haithabu), im englischen York (eine dänische Gründung unter dem Namen Jórvik), in Dublin (zwar keine Wikingergründung, aber die Norweger haben sich lange dort aufgehalten), in Jarlshof (auf den Orkneyinseln, die eine regelrechte norwegische Kolonie waren) und an verschiedenen Plätzen in Island[2]. Andererseits machen die hervorragenden wissenschaftlichen Veröffentlichungen, die unser Thema berühren, kein Hehl daraus, daß sie ausschließlich der Archäologie verpflichtet sind. Ich werde sie in diesem Buch häufig heranziehen, weil – oder obwohl – sie von spezialisierten Archäologen stammen und sich fast ausschließlich auf archäologische Erkenntnisse stützen und sämtliche anderen Quellen unberücksichtigt lassen[3]. Der Forscher muß ja zahllose andere Disziplinen beherrschen, wenn er sich über die Wikinger äußern will: von der Runologie bis zur Kunstgeschichte, von der Ereignisgeschichte bis zur Vergleichenden Religionswissenschaft, Philologie, Numismatik und vieles andere. Das ändert aber nichts daran, daß man von diesem Forscher die einzige seriöse Einstellung verlangen muß, und das heißt, er muß alles, was er behauptet, anhand von archäologischen Zeugnissen beweisen können. Denn, um es hier zu wiederholen, es gibt einen unausrottbaren Wikingermythos, der uns nun schon seit gut 1000 Jahren nahezu alle Ansichten über dieses Thema verdreht. Ein besonders absurdes Beispiel: Kein Wikinger hat jemals einen Helm mit Hörnern getragen! Es handelt sich dabei um ein möglicherweise rituelles Attribut, das auf den Beginn unserer Zeitrechnung zurückgeht, also ungefähr 800 Jahre vor dem Erscheinen des ersten Wikingers. Betrachten wir aber alle Texte seit dem 17. Jahrhundert bis zu den modernen Comics: Da sucht man vergeblich einen Wikinger *ohne* den gehörnten Helm: Andererseits haben die Archäologen nie etwas dergleichen ausgegraben.

Aber die Schwierigkeiten, denen diese Fachdisziplin gegenübersteht, sind wohlbekannt. Der Leser wird sich erinnern, daß der zeitliche Rahmen unserer Untersuchung genau eingehalten werden soll: 800–1050. Aber sogar mit den modernsten Methoden (wie zur Zeit der verbesserten Carbon-14-Methode) bleibt für die Datierung der Fundstücke eine Unsicherheit, die bis zu mehreren Jahrzehnten betragen kann. Das ist an sich recht wenig, aber es wird wichtig bei einem historischen Phänomen, das nur zweieinhalb Jahrhunderte lang auftrat und sich in dieser kurzen Zeit auch noch beträchtlich veränderte. Darüber hinaus wurden die meisten Plätze, wo die Wikinger sich aufhielten, vor und nach der Wikingerzeit von vielen anderen Völkern aufgesucht, und es ist mitunter äußerst schwierig, einer bestimmten Erdschicht den einen oder anderen Fundgegenstand zu-

zuordnen; auch bei den Plätzen, die uns durch gesicherte wissenschaftliche Erkenntnisse als bevorzugte Niederlassungen der Wikinger bekannt sind, wie etwa Quentovic in der Nähe von Étaples in Nordfrankreich, ist es schwierig, in einer Region, die heute dicht besiedelt ist, die genaue Stelle zu ermitteln, und demnach auch fast unmöglich, eine Rekonstruktion der Originalplätze ins Auge zu fassen. So gesehen ist es ganz klar, daß sehr viele Überreste noch im Boden der Ausgrabung harren. Zum Beispiel ist es doch ziemlich überraschend, daß in Frankreich, vor allem in der Normandie, nur so dürftige Spuren der Wikinger wiederentdeckt wurden[4]. Allerdings waren kleine Gegenstände und Gerätschaften des täglichen Gebrauchs nicht für die Ewigkeit hergestellt, und ihr Erhaltungszustand ist häufig beklagenswert.

Ich folge hier Ph. Sawyer[5], dem bedeutenden Fachkenner auf diesem Gebiet und entschiedenen Verfechter der Lehrmeinung, nichts zu behaupten, was nicht durch die Archäologie gestützt ist, bei seinen Überlegungen zu den Funden in Haithabu. Von diesem Ort wissen wir, daß er zu den bedeutendsten Handelszentren der Wikingerzeit gehörte. Obwohl nur 5 Prozent der Fundstätte bisher freigelegt wurden, sind schon die vorliegenden Resultate eindrucksvoll. Auf der Grundfläche der alten Stadt hat man Überreste von 250000 Tieren, davon 100000 Schweine, 3400 Stücke Speckstein im Gesamtgewicht von 540 Kilogramm und etwa 4000 Sprossen oder Hörner gefunden. Das vermittelt also eher den Eindruck einer ungeheuren Müllkippe, wo wertvolle Objekte und charakteristische Fundstücke nur selten auftauchen. Wie soll man genau bestimmen, was nun eigentlich aus dem Wikingerhandel stammt? Andererseits wurden im Hafen der Stadt 69 Münzen und in einem Lederbeutel 42 verschiedene bronzene Gesenke entdeckt, die dazu dienten, Gegenstände aus Silber, Gold und anderem herzustellen. Also wäre es der Hafen, der wirkliche Erkenntnisse bietet, und nicht die Stadt! Ebenfalls nach Sawyer ist es auch schon vorgekommen, daß man in über 100 Metern Entfernung Scherben desselben Tongeschirrs entdeckte, und das in Erdschichten, die in 2 Metern Abstand übereinander lagen. Die äußerst feine stratigraphische Einteilung, mit der man hier vorgehen muß, erbringt keinerlei überzeugende Ergebnisse. Die Dendrochronologie (Jahresringforschung) erlaubt zwar, bestimmte Holzkonstruktionen zu datieren, aber die Resultate können nur eine Größenordnung liefern. Bei bestimmten Töpferwaren hat man übereilt auf die slawische Herkunft geschlossen, aber das Material, aus dem sie hergestellt sind, stammt eindeutig aus der nahen Umgebung, und so fort.

Gebrauchsgegenstände wanderten von Ort zu Ort, aus verschiedenen Gründen und in erster Linie durch den Tauschhandel – eine hinreichend bekannte Tatsache, die ich nicht genauer ausführen muß. Genauso geläufig ist die Geschichte von der weiten Reise, die man einer Pfeilspitze aus Quarzit und einer Truhe aus Lärchenholz andichten wollte, um zu beweisen, daß Leute aus Skandinavien um das Jahr 1000 in Nordamerika lebten. Noch einmal: Erst wenn ein ganzes Bündel von Beweisen zusammenkommt, darf man sich erlauben, endgültige Schlüsse zu ziehen. Denn, um nur das selbstverständlichste Beispiel zu nehmen, die Wanderungen einer Münze oder eines Schmuckstücks wirken häufig wie ein Märchen, und es wäre lächerlich, eine ganze Theorie auf der Tatsache aufzubauen, daß man in Helgö (Schweden) eine kleine Buddhastatue gefunden hat.

Wie dem auch sei: Der Archäologie jedenfalls verdanken wir unsere genauen Kenntnisse über das Wikingerschiff: Zahlreiche Schiffe wurden in Norwegen (Oseberg und Gokstad) und in Dänemark (Roskilde) entdeckt. Allerdings könnten wir uns auch bei aufmerksamer Lektüre der *Saga von Óláfr Tryggvason* (in der *Heimskringla*[6]) mit den notwendigen Auskünften versorgen. Außerdem hat die Archäologie die Möglichkeit eröffnet, uns eine gut begründete Meinung von den bedeutendsten Handelszentren Skandinaviens gerade in der Wikingerzeit zu bilden: Birka, das zur Zeit systematisch freigelegt wird, dazu Haithabu und Helgö. Archäologen heben und analysieren zahlreiche Schätze, die ihre Besitzer einst vergruben, zweifellos der Sicherheit wegen, so in Torslev (Dänemark) und Kaupangr (Norwegen); sie inventarisieren mit Fleiß und Geduld Einzel- und Gemeinschaftsgräber wie in Jelling oder, besonders eindrucksvoll, die Gruppe von Lindholm Høje (beides in Dänemark), ganz abgesehen von den berühmten Heerlagern, die schon hier und da in den literarischen Quellen erwähnt werden (so in der *Saga der Jómsburg-Wikinger*), darunter die Lager von Trelleborg (Schweden), Odense, Aggersborg, Fyrkat (alle in Dänemark). Als die Archäologen den Sarkophag des Bischofs Páll entdeckten (eines Isländers, gest. 1211) und feststellten, daß der Fund genau der Beschreibung in der Saga über diesen Bischof entsprach (*Sagas der Bischöfe*, eine Abteilung der Gegenwartssagas), hatten sie allen Grund, sich zu beglückwünschen, und wir tun es mit ihnen. Ein ähnlicher Glücksfall war es, als sie in Island den Hof von Stöng entdeckten und mit großer Sorgfalt rekonstruierten[7]; sie konnten damit beweisen, daß dieser Hof tatsächlich den verschiedenen Angaben entsprach, die man bei genauem Lesen den Sagas entnimmt, die Anordnung und Bestimmung der Gebäude in einem Hof *(bœr)* betreffend. Island ist gewissermaßen ein besonders günstiger Fall: Das Land ist dünn besiedelt; menschliche Ansiedlungen kann man seit den ersten Anfängen lokalisieren, und sie sind durch einzigartige Dokumente bezeugt, wie es die Landnahmebücher (*landnámabœkr*[8]) darstellen; also ein richtiges Paradies für Archäologen. Aber auch die Wikingerfundstätte von York, sorgsam restauriert und in ein Museum verbracht, vermittelt eindrucksvolle Bilder vom Alltag an diesem Ort um das Jahr 1000. Im übrigen bieten uns heute die meisten bedeutenden historischen Museen Skandinaviens in einer Überfülle sämtliche Beweisstücke, anhand deren wir uns eine klare Vorstellung von den Lebensgewohnheiten der Wikinger bilden können.

Schließlich haben sich die Publikationen aller Fachrichtungen in den letzten Jahrzehnten gehäuft, die bestrebt sind, diese Kultur auf der Grundlage der archäologischen Erkenntnisse möglichst getreu wiedererstehen zu lassen[9], und wir verfügen sogar mit dem *Kulturhistoriskt Lexikon för nordisk medeltid*[10] über ein Nachschlagewerk in 22 Bänden; seine Artikel wurden für unsere Zwecke reichlich herangezogen; sie sind eine unerschöpfliche Quelle für Informationen. Seine Angaben sind insgesamt von einer wissenschaftlichen Genauigkeit, wie sie die Grenzen dieses Buches überschreitet, das ja eher für den interessierten Laien als für den Fachmann gedacht ist, aber der Gesamtrahmen der Untersuchungen in den Artikeln paßt sehr gut zu unserem Thema, insofern der im Titel genau eingegrenzte Inhalt des monumentalen Werkes genau mit dem unseren zusammenfällt und nicht Gefahr läuft, wie bei anderen vergleichbaren Nachschlagewerken in allgemein germanische Themen oder in weniger genau abgegrenzte Gebiete auszuufern. Nur ein Beispiel: Es gibt vorzügliche Untersuchungen zur Normandie, die aber beträchtlich in andere Bereiche ausgreifen (Feudalsystem, Frankenreich), und das führt immer wieder zu ganz ärgerlichen Mißverständnissen.

An zweiter Stelle steht die **Numismatik**. Münzen wurden zu Tausenden sorgsam verglichen und untersucht, ebenso vergrabene Schätze und Sammlungen, die auf die Epoche zurückgehen, von der hier die Rede ist[11]. Mit Hilfe von statistischen Aufstellungen kann der Numismatiker häufig sehr genaue Datierungen vornehmen, und graphische Darstellungen der Befunde erlauben dem Kenner in der Regel Rückschlüsse auf die unterschiedlichen Aktivitäten ihrer ehemaligen Besitzer. In sehr vielen Fällen liefert sie ein genaues Datum. So kann man zum Beispiel von der arabischen Münze, die im Grab Nr. 581 in Birka gefunden wurde, auf das Datum, *bevor* dieses Grab ausgehoben wurde, schließen. Außerdem liefert allein die Numismatik den Beleg für das jähe Ende der Handelsaktivitäten der Wikinger gegen Ende des 10. Jahrhunderts, das heißt, für den Zeitpunkt, den wir für den Beginn der dritten Phase in der Wikingerzeit festgesetzt haben, also um das Jahr 980. Denn damals versiegten tatsächlich die ehemals reichen arabischen Silberminen, und der wichtigste Anlaß für die Vorstöße der Wikinger war nicht mehr vorhanden. Um irgendwie zu überleben, mußte das Wikingerphänomen in eine neue Phase eintreten, in die Phase der eigentlichen Kolonisation.

Das Studium der Brakteaten – das sind Münzen, die nur auf einer Seite geprägt sind, so daß ihr Bild auf der Vorderseite als Relief und auf der Rückseite vertieft erscheint[12] – liefert überzeugende Aufschlüsse über den Reichtum wie auch über einige religiöse Bräuche. Mehrere hundert Brakteaten wurden gefunden und sorgfältig katalogisiert. Die Bildmotive sind in der Regel von beachtlicher künstlerischer Qualität; bei der Deutung der Bilder ist man sich allerdings ganz uneinig. Häufig sind ihnen ganz kurze Runeninschriften beigefügt, die wohl Votivcharakter haben oder ein Schutzgebet bedeuten sollen; jedenfalls sind sie unabdingbarer Teil der Münzforschung.

Über die Runen habe ich schon gesprochen (Einzelheiten dazu unten S. 273 ff.). Die **Runenforschung** gehört zu den grundlegenden Wissenschaften, mit denen sich jeder Wikingerforscher befassen muß, und das aus einem sehr einfachen Grund: Die Runeninschriften sind tatsächlich die einzigen „schriftlichen" Zeugnisse, die uns die Wikinger selbst hinterlassen haben. Sie wurden in dem neuen *fuþark* von 16 Zeichen (also seit 850, mit zahlreichen Varianten) geschrieben und stammen unmittelbar aus der Zeit, als die Männer und Frauen lebten, deren Lebensgewohnheiten wir hier untersuchen wollen, und sie waren es auch, die diese Runen eingeritzt haben. Es gibt keine besseren Zeugen vor allem für ihre geistigen Aktivitäten; die eddische und skaldische Dichtung könnte in dieser Hinsicht genauso aufschlußreich sein, aber sie kommt uns erst reichlich viel später zu Hilfe, in der Form, wie wir sie kennen. Die Runenforschung hat inzwischen beachtliche Fortschritte gemacht[13], was die Form und die Inhalte der Inschriften betrifft: Mit Hilfe der Philologie haben wir gelernt, die Inschriften genau zu datieren, ihre Bedeutung mit immer weniger Fehlerquoten zu entschlüsseln oder ihre Herkunft zu bestimmen. Durch die hervorragenden Pionierleistungen des Runenforschers S.B.F. Jansson[14] ist uns jetzt bekannt, was diese Runen uns mitteilen, unter anderem über die Wanderungen der Wikinger, über ihre kriegerischen Aktivitäten, ihre Religion und ihren Alltag, ihre Rechtsprechung und Politik, über die Wertvorstellungen dieser Gesellschaft und sogar über ihre literarischen und künstlerischen Interessen. Dank diesen Runenschriften verfügen wir über ideale Dokumente, die uns ein sicheres Urteil erlauben.

Allerdings tauchen hier Schwierigkeiten in zweierlei Hinsicht auf, die den Gegenstand komplizierter werden lassen. Zum einen gibt es Runen seit dem Ende des 2. Jahrhunderts unserer Zeitrechung im gesamten germanischen Siedlungsbereich; sie waren in einem Alphabet von 24 Zeichen, dem sogenannten alten *fuþark*, geschrieben, das, wie ich schon sagte, um das Jahr 850 aus verschiedenen Gründen auf 16 Zeichen reduziert wurde. Im mittleren Germanien verschwanden die Runen allmählich; die lateinische Schrift, die sich hier viel früher durchsetzte als in der übrigen Germania\*, wurde übernommen. Die Runen überlebten schließlich nur noch in den angelsächsischen Regionen und vor allem in Skandinavien. Man ist nur zu leicht geneigt, Inschriften im alten und im neuen *fuþark* zu vermengen und von dem einen auf das andere zu schließen. Die älteren Inschriften sind oft wegen ihrer lakonischen Kürze sehr schwer zu entziffern, und sie betreffen, wie man deutlich betonen muß, nicht die Welt der Wikinger, es sei denn im Sinne einer Vorwegnahme.

Wie heikel die Debatte ist, mag ein Beispiel zeigen. Die Inschrift auf dem Stein von Nordhuglen (Norwegen) stammte höchstwahrscheinlich aus dem 5. Jahrhundert und lautet:

*ek gudija ungandiÞ ih . . .*

das heißt vermutlich: „Ich, der *goði*, unverwundbar durch den Zauberstab..." Wir lesen hier das Wort *goði* (es wird weiter unten S. 70 ausführlicher erläutert) und *gandr*, „Zauberstab", zumindest in einer seiner verschiedenen Bedeutungen, und eine Wortfolge, die sehr wohl eine Beschwörungsformel sein könnte. Es ist nicht ausgeschlossen, daß die gesamte Formel magischen Charakter hat; es kann aber auch sein, daß sie schlicht eine Art Prahlerei wiedergibt. Aber wie dem auch sei, keinesfalls sind die Worte und die Praktiken, die diese Inschrift erkennen läßt, im 9. Jahrhundert noch in Gebrauch. Es ist einfach völlig abwegig, von diesem frühen Zeugnis Praktiken und religiöse Vorstellungen abzuleiten, die 500 Jahre später im Schwange waren. Auf der anderen Seite ist eine Inschrift im neuen *fuþark* wie die in Haddeby I (Sonderjylland, Dänemark, 10. Jahrhundert) aufgefundene eine wahre Fundgrube für Informationen:

> *Þurlf rispi stin þansi himþigi suins eftiÞ erik filaga*
> *  sin ias uarp:*
> *tauþr þa trekiaÞ satu um haiPa*
> *bu ian: han: uas: sturi: matr:*
> *tregÞ harþa: kuþr*

In rekonstruiertem Altnordisch heißt das:

> *Þórólfr reisti sten þaensi, heimþægi svens, æftiÞ Erik,*
> *felaga sin, æs warþ döþr, þa drengiaÞ satu um Heþaby.*
> *Aen han vas styrimannr, drængÞ harþa goþr.*

Þórólfr, Mitglied der Mannschaft von Sveinn, errichtete diesen Stein zur Erinnerung an Eiríkr, sei-

nen *félagi*, der den Tod fand, als die jungen Krieger Hedeby belagerten. Er befehligte ein Schiff
und war ein hervorragender junger Krieger.

Abgesehen von der Erwähnung des dänischen Königs
Sveinn Gabelbart und der Belagerung von Hedeby (Haithabu), die historisch sind und hier nicht zum Thema gehören, außer daß sie eine genaue Datierung der Inschrift
erlauben, entdecken wir hier wertvolle Erwähnungen
von Begriffen, die wir eingehend untersuchen werden.
Um nur einige zu nennen: *heimþægi*, eine Art königlicher
Beamter, *félagi*, ein Geschäftspartner, *styrismaðr*, der „Kapitän" eines Schiffes und vielleicht auch Regierungsver-
antwortlicher, außerdem den Begriff *drengr*, ein sehr gut
bezeugtes Mannesideal in der Wikingergesellschaft[15].
Die zweite Schwierigkeit ist leider viel banaler. Trotz
fortschreitender Erkenntnisse in der Forschung hält sich
zäh der alte Irrglaube, man müsse die Runen als magische Zeichen sehen und sämtliche Inschriften mit einer mehr oder weniger kultischen Bedeutung ausstatten.
Das trifft vielleicht, wie wir sahen, auf die archaischen
Formeln im alten *fuþark* zu, wenn überhaupt. Aber es ist
geradezu lächerlich, diese ganz einseitige Deutungsart
auf die Wikingerepoche zu übertragen, zumal sehr viele
Inschriften zu dieser Zeit schon durchaus christliche Inhalte haben. Die Kirche setzte diesem Brauch kein Ende,
ganz im Gegenteil; ein Beweis, daß sie sich, wenn es sein
mußte, „harmlos" geben konnte. Lucien Musset hat es,
A. Baeksted folgend, im wesentlichen auf den Punkt gebracht, als er sagte, die Runen seien eine Schrift wie jede
andere gewesen, ein Kommunikationsmittel, das die unterschiedlichsten Botschaften auf den Weg bringen konnte. Aber das Vorurteil von Magie und heidnischen Ge-

bräuchen hindert sehr oft daran, das Richtige zu erkennen. Im übrigen gehören diese Inschriftenzeugnisse
zu den kostbarsten, die für unser Thema überreichlich
herangezogen werden. So ist es zum Beispiel unendlich
wertvoll für unsere Erkenntnisse, wie die ländliche Gesellschaft damals zusammenlebte, wenn wir auf der Inschrift von Nora (Uppland, Schweden, 10. Jahrhundert),
die zur Erinnerung an einen gewissen Óleifr von seinen
Brüdern errichtet wurde, lesen können, daß der Hof
(oder das Lehen, *býr*), den er bewohnte, ihr *oðal* und ihr
väterliches Erbgut *(ætterfi)* ist. Wir besitzen damit ein
Rechtsdokument – die Beurkundung von Familienbesitz –, in dem der Begriff *óðal* auftaucht, das bedeutet:
unteilbarer Besitz, der von einem Erben auf den anderen
übergehen muß.

Bei der **Philologie** werde ich etwas vorsichtiger sein,
insbesondere bei ihren Unterdisziplinen Anthroponymie
und Toponymie, weil sie viel weniger zuverlässig sind.
Wir kennen alle Schwierigkeiten von Namensableitun-
gen, insbesondere bei der sogenannten „Volksetymo-
logie". Unsere Landsleute aus der Normandie leiden
häufig und geradezu wie angeboren unter dem Wahn,
ihren Familiennamen aus einem „Wikinger"-wort abzuleiten. So scheint es ausgemacht, daß alle Franzosen,
die Anquetil heißen, im 10. Jahrhundert Asketill ge-
heißen haben müssen, und alle mit Namen Tostain, Tou-
tain oder Toustain hießen Þorsteinn[16]; dabei darf man
aber nicht vergessen, daß Herzog Rollos Lehen viele
Sachsen zur Ansiedlung hereinzog, gut 500 Jahre vor
dem Vertrag von Saint-Clair-sur-Epte, wonach es von
den Franken überlagert wurde. Das Altsächsische und
das Fränkische standen als germanische Sprachen zudem in dieser Epoche dem Altnordischen sehr nahe, und

es ist ganz unmöglich zu entscheiden, auf welchen Wortstamm etwa der Name Angot zurückgeht. Zum gleichen, wenn nicht noch differenzierteren Ergebnis gelangt man bei Ortsnamen. Ohne an dieser Stelle ausführlicher zu werden, zitiere ich meinerseits, was Jean Renaud zu Recht bemerkte: „Die Anthroponymie erlaubt nicht, das nordische Element in der heutigen Bevölkerung der Normandie schlüssig zu beweisen, aber ihre Angaben darüber bestätigen andere... Nur die Gesamtheit dieser Angaben liefert uns ein hinreichend genaues Bild von der Niederlassung der Skandinavier in der Normandie".[17] Damit ist wieder der Punkt angesprochen, der schon mehrfach erörtert wurde: Nur eine Verbindung unterschiedlicher Disziplinen erlaubt gesicherte Erkenntnisse.

Manchmal gelingen mit Hilfe der Toponymie auch überzeugendere Resultate. So kann man auf einer Karte von ursprünglich skandinavischen Ortsnamen in Ostengland die Grenzen des Danelaw mit hervorragender Genauigkeit abstecken. Wenn man in Skandinavien selbst auf die alte Form bestimmter Ortsnamen zurückgeht, macht man die interessante Entdeckung, daß das moderne Höör in Südschweden aus dem alten Wort *hörgr*, ein Kultort unter freiem Himmel, entstand. Odense in Dänemark war ursprünglich Óðinsvé, heiliger Ort Óðinns, und Oslo kommt zweifellos vom alten Áslundr, heiliger Hain des Asen*, und anderes mehr.

Interessant ist auch, wie einige Namen die Zeiten überdauert haben. Aus den historischen Quellen ist uns bekannt, daß die Wikinger in Irland die Städte Cork, Limerick, Waterford oder Wexford gründeten und ihnen ihren Namen gaben. Aber trotz der altnordischen Form Dyflinn-Dublin stammt dieser aus dem Keltischen

(Dubh-Lin, die schwarze Bucht), und es ist bezeichnend, daß die Waräger vom Namen Novgorod nur -gorod (oder *garðr*, Einfriedung, Einzäunung) beibehielten; ihr eigener Name Hólmgarðr hat das slawische Novgorod nicht verdrängt. Mit den gefälligen Etymologien, die man über das sagenhafte Vinland ausgegossen hat, will ich mich nicht weiter aufhalten[18].

Bis hierher habe ich die vier Quellentypen aufgezählt, die wir – wenn auch in unterschiedlichem Maß – für zuverlässig halten dürfen. Zum Schluß betrachte ich nun eine Gruppe von Quellen, die weitaus mehr Fingerspitzengefühl im Gebrauch erfordern. Wir können sie hier nicht einfach übergehen, aber Tatsache ist, daß man sie bisher mit einem solchen Mangel an Unterscheidungsvermögen herangezogen hat, daß wir die Ursache für unsere zahlreichen Irrtümer und unsere Märchen über die Wikinger gerade dort zu suchen haben: Ich spreche von den **literarischen Quellen**, die zwar skandinavischen, aber nicht altnordischen Ursprungs sind.

Alle diese Quellen gehen mit wenigen Ausnahmen auf ein Schrifttum zurück, das man allgemein auch als „das isländische Wunder" bezeichnet. Bekanntlich machten sich die Isländer, die im Jahr 999 zum Christentum übertraten, im Lauf des 12. Jahrhunderts aus nie ganz geklärten Gründen daran, geradezu alles schriftlich niederzulegen, was man sich nur vorstellen kann: von der Kalenderberechnung bis zu den Sagas, von Weltkarten bis zu den *rímur* – das sind höchst originelle erzählende Gedichte, und sie setzten dies ohne Unterbrechung durch das gesamte Mittelalter fort. Diese umfangreiche schriftliche Produktion ist noch lange nicht vollständig durchgesehen und veröffentlicht. Sie hat eine Fülle von wissenschaftlichen Untersuchungen und erbitterte Kontroversen ausgelöst, die aber nicht alle das Thema dieses Buches berühren. So ist es für uns nicht von höchstem Interesse, ob ein großer Teil dieser Texte auf eine uralte mündliche Überlieferung zurückgeht oder ob sie in Anlehnung an Vorbilder entstanden, die außerhalb Islands zu suchen sind, nicht einmal, ob man sie für zuverlässige historische Dokumente halten soll, wenn es sich um Chroniken handelt. In gewisser Hinsicht ist die gebotene Skepsis des Historikers nicht immer angebracht, wenn es sich zum Beispiel nur darum handelt, bestimmte Grundzüge der Kultur oder der Zivilisation zu verfolgen. Diese können sehr klar zutage treten, vielleicht sogar ohne Wissen und Absicht des Verfassers und zwischen den Zeilen.

Wir werden also in diesem Buch eddische und skaldische Gedichte, Sagas und die gesamte zugehörige Literatur an uns vorüberziehen lassen (weiter unten, im Kapitel über das geistige Leben). An dieser Stelle wollen wir nur überlegen, wie weit wir sie als echte Quellen einschätzen dürfen. Wie ich schon andeutete, sind die berichteten Fakten aus der *Saga von Egill, Sohn Grimrs des Kahlen,* historisch nicht für bare Münze zu nehmen, aber das berühmte Schmähgedicht *(níðvísur),* das der Held dem König Eirikr „Blutaxt" widmet, gehört nicht zu den hübschen Fabeln – auch wenn andererseits die Personen und der Schauplatz mehr oder weniger erfunden wären (und das sind sie wahrscheinlich nicht einmal; das Prinzip und die Tatsache allein sind interessant). Erfunden ist sicher auch nicht das ganz beiläufig erwähnte Detail im 78. Kapitel, daß man Egill getrocknete Algen zum Essen vorsetzte!

Man hat sich bemüht, die Bewaffnung oder die Kleidung des Wikingers zu rekonstruieren, auch das Pferde-

geschirr und anderes mehr, indem man nur die entsprechenden Details verglich, wie sie in den beiden Eddas* auftauchen. Damit soll allerdings nicht gesagt sein,
daß man alles, was in den Gedichten erzählt wird, unbe-
sehen glauben darf.

Um nur ein bekanntes Beispiel zu nennen: In der
*Rígsþula* (Lieder-Edda) wird der Eindruck erweckt, es
hätte drei streng getrennte Gesellschaftsschichten gegeben – was mit Sicherheit nicht der Realität entspricht; ich
werde das später noch genauer erklären. Der Text ist keltischen Ursprungs, und das ist zweifellos der Grund.
Umgekehrt ist es höchst aufschlußreich, die beiden wunderbaren Heldengedichte aufmerksam zu vergleichen,
die von Atli/Attila und vom Untergang der Niflungar
Gunnar und Högni handeln. Das eine heißt *Atlakviða*
und wurde von einem begnadeten Dichter für ein an-
spruchsvolles und gebildetes Publikum geschaffen – für
den Adel, würden wir sagen, wenn wir mit diesem Begriff nicht Gefahr liefen, den Leser in die Irre zu führen;
das andere, *Atlamál*, ist offensichtlich mehr für „einfache
Leute" von niederem Stand gedacht. Damit ist zwar bewiesen, daß es verschiedene Gesellschaftsschichten gab,
aber es läßt nicht auf eine strikte Trennung in einer gesellschaftlichen Hierarchie schließen, wie sie uns die
*Rígsþula* vermittelt.

Man muß die Entstehungszeiten im Auge behalten. Einige eddische (wie etwa *Hamðismál*) und zahlreiche skaldische Gedichte stammen womöglich aus der Wikingerepoche, ja, einige wurden vielleicht von den Wikingern
selbst oder für sie geschaffen, aber sehr viele andere
wurden erst im 12., 13. oder sogar 14. Jahrhundert verfaßt, wenn auch mit Themen, Strukturen und Bildern
aus der alten Zeit. Man konnte nachweisen[19], daß die

Þrymskviða aus der Lieder-Edda in der Form, wie wir sie heute kennen, aus dem 13. Jahrhundert und vielleicht sogar von Snorri Sturluson stammt[20]. Es handelt sich hier um ein Gedicht aus dem grotesken, derb-urwüchsigen Genre: Þórr, der Donnergott und große Maulheld, tritt auf – als Braut verkleidet. Möglicherweise gehen die Wurzeln diese Genres und überhaupt das Thema auf die alte Zeit zurück, aber darin einen hervorragenden Ausdruck von „Wikingerhumor" zu sehen erscheint doch recht gewagt; die Þrymskviða entstand in der uns heute bekannten Form 200 Jahre nachdem die letzten Wikinger ausgestorben waren! Andererseits müssen wir einen für uns sehr wichtigen Punkt besonders herausstellen, weil er zur Zeit der Abfassung des Gedichts offenbar so selbstverständlich war, daß sich der Verfasser überhaupt nicht damit aufhält: Der Text stellt eine geradezu organische Verbindung zwischen Heirat und Weihe durch den „Hammer" (des Þórr) her, der dem Donnergott folglich eine Qualität als Bringer von Fruchtbarkeit, die wie der Blitz plötzlich einschlägt – gerade das ist Mjölnir, der „Hammer" – verleiht; das paßt gut zu der bekannten, zweifellos magischen Formel, die wir am Schluß einiger Runeninschriften lesen: „Þórr möge diese Runen weihen" *(Þórr vígi rúnar)*.

Das ändert aber nichts daran, daß die eddischen und skaldischen Gedichte und die Sagas zum größten Teil hauptsächlich aus dem 13. Jahrhundert stammen; das war das Goldene Zeitalter dieser ganz einzigartigen Literatur. Zum einen kann man vernünftigerweise nicht erwarten, daß sich die Traditionen und Gebräuche aller Arten mindestens zwei Jahrhunderte lang ungebrochen erhalten haben, zumal es damals keinerlei Mittel gab, sie in irgendeiner Form festzuhalten, wie sie uns heute im

Überfluß zur Verfügung stehen; zum andern ist es ganz selbstverständlich, daß der *sagnamaðr* (Verfasser der Erzählungen) seine eigenen Gewohnheiten, Reaktionen, Vorlieben und Abneigungen überliefert.

Wenn uns die isländischen Sagas, soweit sie zu dieser Kategorie gehören[21], eine bestimmte Mentalität vermitteln, so ist es die Mentalität der Menschen im 13. Jahrhundert und nicht der eigentlichen Wikinger – auch wenn diese Sagas bemüht sind, das Leben und die Taten von Persönlichkeiten wiedererstehen zu lassen, die wirklich gelebt haben, wie etwa Egill, Sohn Grímrs des Kahlen, von dem schon die Rede war, oder Óláfr Haraldsson (der heilige Olaf) oder sogar die Hauptpersonen aus einigen „Märchensagas" *(fornaldarsögur)* wie Jörmunrekkr-Ermanarich oder Þjóþrekr-Þiðrikr – Theoderich – diese beiden haben, um genau zu sein, sogar *vor* der Wikingerepoche gelebt!

Ich habe schon erwähnt, daß es die besondere Kategorie der sogenannten Gegenwartssagas gab *(samtiðarsögur)*. In unserem Zusammenhang verdienen sie natürlich noch größere Beachtung als die übrige Überlieferung, hier vor allem die Gruppe *Sturlunga saga – Sagas der Bischöfe*. Die Ereignisse, von denen sie berichten, spielten sich im großen und ganzen um das Jahr 1000 (in den *Sagas der Bischöfe*) und im Jahr 1264 (die *Sturlunga saga*) ab, also immerhin zwischen den letzten Tagen des Wikingerphänomens und zwei Jahrhunderte nach seinem endgültigen Verschwinden. Bekanntlich verändern sich die Bräuche und alles, was mit dem Wohnen, der Kleidung, den Waffen und der alltäglichen Arbeit zu tun hat, zwar sehr langsam, aber es ist doch kaum denkbar, daß sich im Lauf von 300 Jahren überhaupt nichts und mitunter von Grund auf verändert haben sollte! Übrigens bestätigen die bemerkenswerten Rekonstruktionen, die B. Almgren und seinen Schülern in *Vikingen* gelangen – einer Arbeit, die ich für dieses Buch immer wieder zu Rate gezogen habe –, nur zum Teil die Angaben in den Gegenwartssagas. Die *Saga von Guðmundr dem Mächtigen* stellt zum Beispiel im Kapitel XXIII (in der *Sturlunga saga*) eine Armbrust *(lásbogi)* vor. Diese Waffe tauchte aber erst im 12. Jahrhundert in Nordeuropa auf, und es versteht sich von selbst, daß sie bei den Wikingern noch unbekannt war. Auf der anderen Seite wird in den Gegenwartssagas *vaðmal*, ein grober Wollstoff, sehr häufig erwähnt. Dieser Stoff hatte eine so ausgezeichnete Qualität, daß er lange Zeit als Zahlungsmittel im Handel diente. Höchstwahrscheinlich wurde er im Lauf der Jahrhunderte zum wichtigsten Produkt der Heimweberei. Es gibt noch eine Fülle von Hinweisen dieser Art.

Und doch besitzen wir kein einziges längeres Schriftdokument, das von den Wikingern selbst verfaßt wurde; über die Gründe haben wir schon gesprochen. Die einzige Ausnahme stellen die Runeninschriften dar, aber wir sahen schon, wieviel Skepsis auch sie auslösen.

Auch ohne nun ganz ins Nörgeln zu verfallen[22] – den Gesetzestexten muß man überhaupt mißtrauen. Ich selbst glaube zwar nicht, daß sie einfache Kopien von biblischen Vorbildern oder des Römischen Rechts waren, oder zumindest nicht in allen Teilen, aber auch wenn sie in ihrem Geist nur Denkgewohnheiten, ehrwürdige Traditionen und zweifellos ein spezielles Recht widerspiegeln – ihre Formulierungen sind häufig mit Vorsicht zu interpretieren; außerdem gilt auch hier, daß die älteste Version dieser Texte weit später als das Ende der Wikingerepoche anzusetzen ist. Meine Leser verstehen sehr wohl, daß wir immer wieder vor derselben Schwierigkeit stehen: Wieviel Wahres und Echtes verbirgt sich in den Schriftzeugnissen, die uns heutzutage noch zur Verfügung stehen? Wie ein Wandschirm oder zumindest ein Filter stehen zwischen uns und den tatsächlichen Ereignissen und der Glaubwürdigkeit der Zeugnisse: das Christentum im hohen Norden und, wie ich immer wieder betone, diese beträchtliche Zeitlücke. Das trifft besonders und in gewisser Hinsicht auch ganz selbstverständlich im religiösen Bereich zu: Das Heidentum mußte herausgerissen, mit allen Mitteln schlecht gemacht werden. Sogar in Bereichen, die davon nicht berührt zu sein scheinen, wie zum Beispiel der Alltag, der uns hier größtenteils interessiert, ist es wohl ein vergebliches Unterfangen, erfahren zu wollen, wie es wirklich gewesen ist.

Zum Schluß noch ein paar Worte über ausländische, also: nicht-skandinavische Quellen, die uns von den Wikingern berichten. Die fränkischen, irischen und angelsächsischen Annalenschreiber und Chronisten übergehe ich hier; ich habe mich an anderer Stelle[23] über sie geäußert. Ihre Parteilichkeit ist einfach so augenfällig, daß wir sie nicht für ernstzunehmende Zeitzeugen halten. Sie sind nämlich die Haupterfinder unseres „Wikingermythos". Im übrigen liefern sie einem Forscher, der sich mit dem Alltag der Wikinger befaßt, herzlich wenig Informationen. Aber ich will zumindest solche Beobachter heranziehen, die unparteiischer sind, weil sie nicht unmittelbar in die Ereignisse verwickelt waren und als Zeitzeugen eher neugierig als wirklich betroffen, wie die arabischen Diplomaten „im Dienst" Ibn Fadhlan, Ibn Rustah, Ibn Kordadhbeh und andere oder ein byzantinischer Herrscher wie Konstantin Porphyrogennetos, ein slawischer Chronist wie Nestor, der über die Rūs aus der Nähe zu berichten weiß, ja sogar ein angelsächsischer König wie Alfred I. von Wessex im Bewußtsein seiner Überlegenheit und, nicht zu vergessen, Adam von Bremen: Er lebte, zeitlich gesehen, in nächster Nähe zu seinem Thema, und er bedeckte die Ränder seiner *Gesta Hammaburgensis ecclesiae pontificum* (Die Geschichte der Bischöfe der Kirche Hamburgs) mit gelehrten Scholien über Skandinavien und seine Bewohner; dazu noch Rimbert: Bei der Abfassung seiner *Vita des heiligen Ansgar* (Anscharius), der Skandinavien missionierte, warf er hin und wieder einen neugierigen Blick auf das, was er am Wege antraf.

Es hat wenig Sinn, diese Untersuchung noch weiter voranzutreiben. Der Leser wird begriffen haben, daß es geradezu verwegen ist zu versuchen, den Alltag der Wikinger zu rekonstruieren, wenn allein die archäologischen Funde einigermaßen glaubwürdig sind. Und trotzdem will ich mich hier dieser Aufgabe unterziehen, nach dem Grundsatz, daß wir dann, wenn verschiedene Arten von Quellen übereinstimmen oder einander ergänzen und zusammen verständlich werden, annehmen dürfen, ein Bruchstück der Realität in Händen zu halten. Ich weiß sehr wohl, daß am Schluß ein Bild vom Wikinger herauskommen wird, das höchstwahrscheinlich nicht zu dem Bild paßt, das unser schwärmerisches Gemüt gern sähe und das im übrigen gerade die Romantiker aus Skandinavien so wundersam entworfen haben. Aber ich glaube nicht, daß unsere zu erwartende Bewunderung für die „kühnen Söhne des Nordens" wieder schwindet. Sie wird sich vielleicht nur ein wenig verlagern, ihre Aufmerksamkeit auf andere, neu auftauchende Aspekte richten, die sicherlich der Mühe wert sind, besonders herausgestellt zu werden.

# Kapitel III

# Die Wikingergesellschaft

Nicht von ungefähr standen am Anfang dieses Buches verschiedene Überlegungen zur Familie bei den Wikingern[1]. Die Familie im weitesten Sinn *(ætt, kyn)* war die Grundeinheit dieser Gesellschaft; sie schloß außer den Blutsverwandten auch die engen Freunde und die Schwurbrüder* mit ein, außerdem adoptierte Verwandte und Arme, die als Hausangestellte dazugehörten. Mindestens 50 Personen – soweit solche Zahlen überhaupt sinnvoll sind, denn es handelte sich um sehr kleine Gemeinschaften, in denen unsere modernen Zahlenangaben wenig Bedeutung hatten – waren mehr oder weniger vom Oberhaupt der Familie *(húsbóndi)* und seiner Ehefrau *(husfreyja)* abhängig.

Da die *Rígsþula* („Merkgedicht von Rig") aus der Edda, wie schon gesagt, beweisen würde, daß die Gesellschaft in drei Schichten, „Sklaven", Freie und Jarls oder Könige, aufgeteilt war, nimmt man gern an, daß die Wikinger sich in drei deutlich voneinander getrennte „Klassen" oder Gesellschaftsschichten gliederten, und zahlreiche Stellen in den Sagas könnten diese Ansichten zweckmäßig bestätigen.

Gerade die „Sklaven" *(þraell)* bereiten Schwierigkeiten. Ich will damit nicht sagen, daß Sklaven in Nordeuropa völlig unbekannt waren, aber ich vermute, daß sie nicht den Vorstellungen entsprachen, die wir üblicherweise von Sklaven haben. Zunächst besitzen wir keinerlei Hinweis darauf, daß die Gesellschaft in Skandinavien vor der Wikingerepoche eine „Klasse" kannte, die unfrei war. In der Folgezeit, nach den ersten Überfällen, die mit Menschenraub ebenso wie mit Viehdiebstahl und Plünderung endeten, ist es immerhin wahrscheinlich, daß die Wikinger Sklaven nahmen. Offenbar entdeckten sie schon nach sehr kurzer Zeit, daß Sklaven zur begehrtesten Handelsware in dieser Epoche gehörten, und, wie wir auch gleich hinzufügen, so wurde der Sklavenhandel rasch zur Hauptbeschäftigung dieser Kaufleute, die sich in den Gesetzen des europäischen und asiatischen „Marktes" perfekt auskannten. Schließlich waren sie auch schon vor Beginn der eigentlichen Wikingerzeit mit dem übrigen Europa in ständigem Kontakt, und es ist ganz unwahrscheinlich, daß ihnen die Existenz dieser Kategorie von Menschen verborgen blieb. Ihr Handelskontor von Haithabu gehörte denn auch später zu den bedeutendsten Umschlagplätzen für den Sklavenhandel und konnte sich in dieser Hinsicht durchaus mit Byzanz messen. Es scheint sogar festzustehen, daß die Ostroute als eine der wichtigsten Handelswege für diese Seefahrer das Handelszentrum Haithabu unmittelbar mit Byzanz verband. Sie durchquerten die südliche Ostsee und vom Innern der Rigaer Bucht aus das Netz der russischen Ströme und Seen nach Süden, und quer über das Schwarze Meer erreichten sie die kaiserliche Metropole. So war es also in der Epoche, von der hier die Rede ist (11. und 12. Jahrhundert), absolut üblich, daß auch die Wikinger einige ihrer Kriegsgefangenen für sich zurückbehielten, sie in das Leben auf ihren Höfen eingliederten und sie auch ziemlich roh behandelten. Die Verfasser der Sagas im 13. Jahrhundert kannten diese Gepflogenheiten nur vom Hörensagen oder aus der Lektüre von antiken, vor allem hagiographischen Texten und machten diese „Sklaven" zu Stereotypen in ihren Erzählungen und entwickelten sogar eine so stereotype Thematik daraus, daß sie völlig überzeichnet wirkt und zu den literarischen „Tics" zu gehören scheint, auf die diese Erzähler so versessen sind: die schamlose Feigheit der Sklaven, ihre Bestechlichkeit oder ihre heillose Dummheit – so zu lesen in der *Saga von Snorri dem Goði* – all das ist ja hinreichend bekannt.

Man muß sich immer vor Augen halten, daß eine Saga ihre literarischen Topoi in jedem Fall aus der antiken Geschichtsschreibung und aus mittelalterlichen Heiligenviten bezieht; beide waren in lateinischer Sprache geschrieben, beiden war der Begriff „Sklave" wohlbekannt, und das hieß: ein minderwertiges Wesen, das ausschließlich als Handelsware einen Wert hatte. Die jüngste Forschungsrichtung im Umkreis der Sagas in Island selbst befaßt sich mit der Tatsache, daß die isländischen Verfasser dieser Texte mehr oder weniger bewußt dasselbe beabsichtigten, wie Hákon Hákonarson dies für sein Land Norwegen tat: Sie wollten sich selbst die Sitten und die Mentalität einer Adelsgesellschaft zuschreiben, und da ist es verständlich, daß sie sich nur zu gern über dieses Sklaventhema verbreiteten.

Wir können aber mit guten Gründen behaupten, daß der Begriff „Sklave" im üblichen Wortsinn nicht der Denkart im altnordischen Bereich entsprach, soweit wir das heute beurteilen können. Andererseits wollen wir auch nicht in unangemessene Sentimentalität verfallen, aber die Ideale der Wikinger, wie ihre ganze Geschichte zeigt, standen einer solchen menschenverachtenden Haltung entgegen. Dieser Gesinnung entspräche in gewisser Hinsicht auch, daß sie zwar recht gern Menschen töteten, aber nicht folterten.

Um nun aber wieder auf unser eigentliches Thema zurückzukommen: Man bemerkt erstaunt, wie leicht ein „Sklave" – eine Person also, die auf irgendeinem Kriegszug den Wikingern in die Hände fiel, oder ein „Ausländer", wie wir heute sagen würden, aus einer anderen Region Skandinaviens – seine Freiheit wiedererlangte. Er konnte sich freikaufen, in dem er eine vereinbarte Geldsumme bezahlte; in diesem Fall war er ein *leysingi*, vom Verb *leysa*, (sich) befreien. Oder er wurde frei aufgrund geleisteter Dienste (*frjálsgjafi*, vom Verb *gefa*, geben, *frjáls* bedeutet „frei"). Deshalb kommt mir häufig der Gedanke, ob nicht vielmehr die Sagas oder die Gesetzestexte das Wort *þraell* gebrauchten, um damit einen Fremden beliebiger Herkunft zu bezeichnen, der aus irgendeinem Grund nicht in eine Familie oder Sippe aufgenommen wurde, oder einen „kleinen" *bóndi* – fast so, wie im Süden der Vereinigten Staaten zu Beginn des 20. Jahrhunderts geradezu zwischen den „normalen" Weißen und den „kleinen" Weißen unterschieden wurde, deren Schicksal keineswegs beneidenswerter war als das der Schwarzen. Wohlverstanden: Ich will jetzt nicht behaupten, es habe gar keine „Sklaven" bei den Wikingern gegeben, sondern nur, daß das Wort und die Sache ganz sicher nicht dem entsprachen, was wir heute darunter verstehen, und daß wir unseren literarischen Quellen und den alten Gesetzestexten ganz besonders mißtrauen müssen, wenn sie sich mit diesem Thema befassen, weil man den Eindruck gewinnt, daß sie in dieser Hinsicht wohlbekannte Einstellungen aus der Antike zum Thema Sklaven kritiklos übernehmen.

Denn die Skandinavier ganz allgemein, alle Wikinger, ob sie nun aus der niederen, der mittleren oder der oberen Schicht stammen, sind *bœndr*. Hier müssen wir einen Augenblick anhalten. *Bóndi* ist eine wohldurchdachte Wortbildung, die kontrahierte Form eines substantivierten Partizip Präsens *bóandi*, vom Verb *búa*, dessen eigentliche Bedeutung ist: „den Boden vorbereiten, damit er Ertrag bringen kann". Die Bedeutung „wohnen, siedeln" ist sekundär. Alle unsere Quellentexte sprechen durchweg von diesem freien Bauern-Fischer-Grundbesitzer. Er lebt nicht für sich allein, er definiert sich nur als Angehöriger seiner Familie; darauf deutet schon die Wahl seines Namens hin, die niemals dem Zufall überlassen wurde; der Name hatte häufig alliterierend denselben Anfangsbuchstaben wie der Vatersname: *B*jörn, Sohn des *B*öðvarr, Sohn des *B*jarni, oder er wiederholte einen Teil des Namens eines Elternteils: *Sig*frðr mag der Sohn von *Sig*geirr sein; wenn es der älteste Sohn war, konnte der Name auch den eines berühmten Vorfahren wieder aufnehmen: Egill im Geschlecht der Borgarfjörðr, Sturla bei den Sturlungar und ähnliches mehr. Erinnern wir uns: Es gab keinen „Familiennamen"; man war Sohn oder Tochter des Vaters: Jón Oláfsson, Ástríðr Óláfsdóttir, wie es noch heute in Island gebräuchlich ist. Der *bóndi* mußte übrigens nach dem Gesetz auch in der Lage sein, seine Ahnenreihe über mehrere Generationen hinweg auswendig herzusagen. Im Prolog habe ich schon erwähnt, daß keinem Wikinger der Gedanke gekommen wäre, eine Mesalliance einzugehen, also eine Frau zu ehelichen, die aus einer niederen Schicht als seiner eigenen stammte; das wäre ein *mannamunr*, ein Unterschied zwischen den „Männern", den Leuten, gewesen. *Bóndi* bedeutet in erster Linie eine bestimmte gesellschaftliche Stellung, die nicht ausdrücklich in Begriffen von Besitz und Vermögen definiert wird, aber sehr wohl und fast noch eher auf das hohe Alter der Sippe begründet ist.

Es verstand sich von selbst, daß der Wikinger ein freier Mensch war, auch wenn ihm die Möglichkeit offenstand, sich bei einem anderen zu verdingen, sich sozusagen zum Pächter bei einem anderen zu machen. Deswegen ist er aber kein Untertan oder Knecht. Noch einmal: Vor allem die Freiheit der Rede zeichnet ihn aus. Auf dem *þing*, der regelmäßig einberufenen öffentlichen Versammlung, hatte er das Recht, seine Meinung bekanntzugeben, ohne daß ihn irgend jemand von Gesetzes wegen daran hindern konnte. Sogar einen König konnte er hin und wieder offen tadeln oder ihm widersprechen. Ein hervorragendes Beispiel hat uns die *Saga vom heiligen Olaf* aus der *Heimskringla* von Snorri Sturluson überliefert. König Óláfr von Schweden wollte nicht mit Óláfr Haraldsson (dem späteren heiligen Olaf) Frieden schließen noch diesem seine Tochter zur Frau geben, wie es der Norweger verlangte. Seine Untertanen hielten das für falsch und waren damit überhaupt nicht einverstanden. Der angesehene *bóndi* Þorgnýr erhob sich und sprach:

„Wir *bœndr* wollen, daß du mit Óláf dem Dicken, König von Norwegen, Frieden schließt und ihm deine Tochter Ingigerðr zur Frau gibst. Und wenn du die Länder an der Straße nach Osten, die deine Eltern und Vorfahren dort besaßen, zurückerobern willst, so sind wir alle bereit, dir zu folgen. Wenn du aber nicht willst, daß es so geschieht, wie wir es sagen, dann werden wir dich angreifen und töten und weder Feindseligkeiten noch Ungerechtigkeit von dir hinnehmen. So haben es auch unsere Vorfahren gehalten. Beim *þing* von Múli warfen sie fünf Könige in einen Sumpf, weil sie sich voller Hochmut zeigten, genauso wie du heute zu uns. Antworte jetzt gleich, welchen Teil du zu wählen gedenkst." Darauf gab es einen Heidenlärm und Waffenklirren in der Versammlung. Der König erhob sich und ergriff das Wort. Er sagte, er werde alles befolgen, wie die *bœndr* es wollten und wie alle Könige der Schweden es gehalten hatten: Sie ließen die *bœndr* alles unter sich ausmachen, was sie wollten. Darauf verstummte das Geschrei der *bœndr*[2].

Nicht zu überhören sind in dieser Erzählung die ständigen Hinweise auf die Vorfahren und die Tradition, ja, sie sind eigentlich das einzige Argument, das Þorgnýr vorbringt.

Kehren wir zurück zum normalen *bóndi*. Vor allem anderen hatte er das unbestrittene Recht, ein Gerichtsverfahren anzustrengen, und war deshalb allgemein ein hervorragender Kenner des Rechtswegs und der Gesetze. Wenn ihm eine Beleidigung angetan wurde, war er berechtigt, vollständige Genugtuung *(bót, mannbœtr)* einzufordern. Die Gesetzgebung kannte keine Todesstrafe im eigentlichen Sinn, aber sie sah Wiedergutmachung in jeder denkbaren Form bei Übertretungen vor.

Der *bóndi* war insgesamt einer, der sämtliche Leistungen erbringen konnte, die man von einem ganzen Mann erwartete: Er war also Bauer, außerdem Fischer, Handwerker, Schmied, Weber und vieles andere, aber auch Rechtskenner, wie wir gerade gehört haben, mitunter auch Arzt (jedenfalls Heilkundiger), und er führte die religiösen Riten des häuslichen Kults aus, dazu war er noch Skalde (Liederdichter), ganz abgesehen von seinen „sportlichen" Fähigkeiten und seiner Geschicklichkeit bei verschiedenen Spielen. Er war ein begabter Kaufmann, gewohnt zu rechnen, zu taxieren, zu verkaufen und zu kreditieren! – Ein ganzer Mann, ohne jeden Zweifel. Wenn der Zeitpunkt gekommen war, bestieg er sein Schiff *(skeið)* und zog aus *í vikingu*, in den Wikingekriegszug. Er war also auch ein guter Navigator, wohl mehr oder weniger bewandert in der Sternkunde und in jedem Fall ein ausgezeichneter Seemann; gerade dort liegt vielleicht seine größte Begabung; man ist beeindruckt, wie gut er das Ruder seines Schiffes beherrschte. Gewöhnlich hebt man seine Verdienste besonders hervor, weil er von Südnorwegen aus in langen Etappen auf Island landete, vielleicht sogar über Island hinausgelangte. Wie dem auch sei, auch die Küstenroute entlang der endlosen, gefährlichen Küste von Norwegen, die Überquerung des Weißen Meeres vom Nordkap aus bis zum heutigen Murmansk oder die ungeheure Reise nach Süden vom heutigen Sankt Petersburg bis nach Odessa ringen jedem Bewunderung ab, wenn er sich der Mühe unterzieht, diese Wegstrecken in allen Einzelheiten zu verfolgen.

Ganz offenbar war der Wikinger auch zu großen Kriegstaten fähig, im eigenen Land wie in der Fremde. Er war zwar kein besonders streitlustiger Zeitgenosse, noch weniger ein Haudegen und Angeber, aber er hatte sehr empfindliche Ehrbegriffe, und wenn er „in der Fremde" war, geriet er doch sehr oft in die Situation, die Waage für das gehackte Silber gegen das lange, zweischneidige Schwert zu tauschen. Trotz allem, wie ich

schon sagte, war er ein glänzend begabter Kaufmann –
seine späten Nachfahren in Nordeuropa heute haben
noch einiges von ihm bewahrt!

Wir können mit absoluter Sicherheit annehmen, daß
die Wikinger auch schon im eigenen Land den Handel
als bevorzugte Tätigkeit betrieben. Die Dänen verkauf-
ten ihr Korn und ihre Schweine (auch hier eine amüsante Kontinuität bis heute!), die Norweger Speckstein und
Holz, die Isländer ihren Wollstoff *(vaðmál)* und getrockneten Fisch. Denn zweifellos gab es auch Wikinger in
Island. Die Insel wurde wohl im Verlauf der zweiten Wi-
kingerphase kolonisiert, aber es steht fest, daß sie seit
Anfang des 10. Jahrhunderts ihr eigenes Kontingent in
den Flotten der „Nordmänner" stellte. Felle und Leder
ebenso wie Bernstein setzten die Wikinger vorzugsweise
bei ausländischen Interessenten ab, aber nicht ausschließlich. Ihr oberstes Ziel, das auf vielerlei Art
bezeugt ist, war, Silber zu erwerben, reich zu werden. Es
gibt bestimmte Redewendungen in den Sagas, die wie
Leitmotive immer wieder auftauchen: *„hann var í viking á
sumrum og fékk sér fjár"* (es fand im Sommer ein Wikingerzug statt, und er brachte viel Silber ein); *„þeir fóru um
sumarit í viking í Austrveg, fóru heim at hausti ok höfðu aflat
fjár mikils"* (im Sommer begaben sie sich auf einen Wikingerzug über die Ostroute; im Herbst kehrten sie heim
und hatten viele Reichtümer erworben), oder noch viel
unmißverständlicher: *„Björn var nú í vikingu at afla sér fjár
ok frægðar"* (Björn befand sich damals auf dem Wikingerzug, um Reichtümer und Ruhm zu erwerben).

Insgesamt paßte zu den Wikingern, woher sie auch
stammen mochten, ausgezeichnet die Beschreibung, die
uns Snorri Sturluson in seiner *Saga von Óláfr Tryggvason*
von einem gewissen Þórir Klakka liefert. Kurz zusam-

mengefaßt: Er teilte seine Zeit zwischen Wikingerzügen und Handelsreisen auf. Und doch ist die Unterscheidung zwischen beiden Tätigkeiten nicht ganz zutreffend, denn auch der Wikingerzug war eine Art Handelsreise, in deren Verlauf es vorkommen konnte, daß die Kriegslust die Wikinger von den Handelsinteressen wegriß. Im fünften Kapitel über das Leben auf dem Schiff werde ich noch einmal darauf zurückkommen. An dieser Stelle will ich nur festhalten, daß es keinen Bereich menschlicher Aktivitäten gab, den der *bóndi* nicht ausüben konnte. Nicht einmal das Künstlerische schließe ich da aus: Lange Winterabende boten sich für Feinarbeiten im Bereich dekorativer oder ornamentaler Kunst an.

Trotz allem mag es vielleicht drei oder vier Spezialberufe gegeben haben, so zum Beispiel den Arzt *(læknir)*, den wir auch als Chirurg bezeichnen könnten. In den Zeiten gewaltsamer Auseinandersetzungen, wie sie die Wikingerepoche auszeichneten, brauchte man verständlicherweise seine Hilfe dringend – oder besser ihre Hilfe, denn dieser Beruf wurde offenbar sehr oft von Frauen ausgeübt[3]. War die ärztliche Kunst eine eigene Errungenschaft, oder wurde sie von den Samen (Lappen) übernommen? Hatten die Wikinger die Kältebehandlung schon im Lauf der Jahrhunderte entdeckt, oder muß man die Quellen für das Wissen um die Anwendung eher in Italien (Salerno) oder im Kloster Saint-Gilles bei Montpellier in Frankreich suchen? Und wieder besteht die Gefahr, daß uns die Sagas, die *Saga der Schwurbrüder* oder die *Saga von Hrafn Sveinbjarnason*, in die Irre führen. Fest steht, daß es den *læknir* gab, sei es als eigener Beruf oder als ein *bóndi*, der sich bei Gelegenheit zum Heilkundigen ausbildete (*mire* hätte man ihn damals in Frankreich genannt), denn die Gesetzestexte beziehen sich häufig auf ihn, insbesondere um die Höhe des Lohns festzusetzen, der ihm für seine ärztlichen Bemühungen zustand.

Dasselbe gilt für den Juristen. Der Wikinger entwickelte, wie ich schon mehrfach erwähnt habe, eine regelrechte Leidenschaft für Recht und Gesetz – beides wurzelte in der Religion. Die Sagas zeigten dies später in den verschiedensten Formen, aber hier haben wir gute Gründe zu der Annahme, daß sie uralte Traditionen wiedergeben – Unkenntnis des Gesetzes schützt nicht vor Strafe, und mehr noch: Wer die Gesetzestexte am besten kennt, hat recht und nicht unbedingt der, von dem sich erweist, daß er im Recht ist! Wenn man die *Njállssaga* aufmerksam unter diesem Blickwinkel liest, könnte man meinen, Minuten eines endlosen Prozesses mitzuerleben – eine in dieser Hinsicht erbauliche Lektüre. Daraus folgt sehr einsichtig, daß sich einige *bœndr* spezialisieren und versiert in der Kenntnis der Gesetze werden konnten und daß sie in strittigen Rechtsfragen und anderen Dingen konsultiert wurden. Es ist bezeichnend, daß sich die unabhängigen Isländer sehr bald, zusammen mit einem allgemeinen *þing*, dem *alþing*, eine Art Präsident dieser Versammlung, den *lögsögumaðr*, gaben. Seine Aufgabe bestand, wie der Titel besagt, darin, das Gesetz *(lög)* laut vorzutragen (*segja*, sagen, davon abgeleitet *sögu-*), in jeder Sitzung ein Drittel des gesamten Textes, also im Zeitraum von drei Jahren.

Auch der *smiðr* – das bedeutet „Schmied", konnte aber auch auf jeden anderen Handwerker mit Spezialkenntnissen angewendet werden, soweit man eine Spezialisierung unterstellen muß – genoß zweifellos eine besondere Stellung in dieser Gesellschaft, vielleicht weil er den einzigen Beruf ausübte, der so etwas wie göttliche

Weihen in der Person des wunderbaren Schmieds Völundr hatte, dem Schmied, Lehrer und Zauberer, der – wie Mircea Eliade gezeigt hat, die Macht hatte, durch das Feuer zu „binden". Schon ein kurzer Gang durch die Museen in Skandinavien genügt, um zu erkennen, zu welch unglaublicher Geschicklichkeit der *smiðr* gelangt war, und das Wikingerschiff ist ein einziger Beweis seiner staunenswerten Handwerkskunst. Ich werde in verschiedenen Zusammenhängen noch mehrfach auf ihn zu sprechen kommen, weil man *smiðr* auch genausogut mit „Zimmermann", „Schreiner", „Goldschmied" und anderem übersetzen kann.

Schließlich bleibt noch der „Priester" (zweifellos die Bedeutung von *goði*), von dem ich allerdings vermute, daß er niemals so im eigentlichen Sinn und nach allgemeiner Auffassung existiert hat, vor allem weil er nie zu einem speziellen Orden, einer Kaste oder einer Gemeinschaft angehörte und demgemäß weder eine spezielle Ausbildung noch eine Weihe empfing. In dieser Religion ohne Dogma, ohne „Glauben", ohne heilige Texte, die bekannt wären, und auf ein schlichtes Ritual beschränkt, das bei seltenen Gelegenheiten (wichtigen Ereignissen im Leben, Feiern der Sommer-, vielleicht auch der Wintersonnenwende) begangen wurde, bestand kein echter Bedarf an einem eigens dafür ausgebildeten Priester. Nur ein Weihepriester wurde gebraucht, der bestimmte kultische Gesten ausführen, vorgegebene Formeln aufsagen (das müßte übrigens noch untersucht werden) und bei kultischen Feiern den Vorsitz führen konnte. Diese Zeremonien waren wohl nicht in Einzelheiten festgelegt, es genügte sicherlich, wenn das Familienoberhaupt im häuslichen Kult oder der „König" oder einer seiner Stellvertreter im öffentlichen Kult den religiösen Zusammenkünften vorstand. Um nur ein Beispiel zu nennen: Ich bin ganz sicher, daß wir (und vor uns die Dichter der Sagas) die Neigung haben, dem *goði* die Eigenschaften eines Druiden aufzudrängen – die altnordische und die keltische Kultur waren in ständigem Kontakt – oder ihn auch mit einem Priester aus der Bibel oder der klassischen Antike zu verwechseln.

Immerhin taucht das Wort *goði* in unseren Quellentexten manchmal auf. Ich habe schon gesagt, daß es auch für einen Würdenträger ganz anderer Art angewendet werden konnte. Andererseits ist der Begriff, wenn er auftritt, häufig mit dem Namen eines Gottes verbunden: *Freyrsgoði* zum Beispiel, das bedeutet *goði* des Freyr, und das könnte man nur so verstehen, daß dieser *goði* gerade dann einen besonderen Kult für Freyr stiftete aufgrund sehr genau bestimmter und sehr charakteristischer Beziehungen, die, wie ich später darlege, der Wikinger mit seinem göttlichen „Freund" *(vinr)* unterhielt. Jedenfalls, um wieder auf unser eigentliches Thema zurückzukommen, standen diese möglichen Privilegien sicher einem *bóndi* oder einigen *bændr* zu. Der Stand des Zauberers, soweit man diesen Begriff getrennt betrachten muß, ist sicher genauso zu deuten, mit dem geringen Unterschied, daß offenbar überwiegend Frauen dieses Amt ausübten.

Aber noch einmal: Dieser Spezialisierungswahn gehört in die Moderne. Der echte *bóndi*, der richtige Wikinger konnte jeder Eventualität die Stirn bieten. Betrachten wir nur Gunnar von Hliðarendi in der *Njállssaga*: Er versäumte keinen Wikingerzug, als er jung war; es wird berichtet, daß er mit der Hilfe seines Freundes Njall einen schwierigen Rechtsfall aufklärte; er verstand sich auf Traumdeutung so gut, daß das Geträumte auch wirklich

71

eintrat, und er wird uns gezeigt, wie er die grundlegenden bäuerlichen Arbeiten ausführt: Er sät sein Feld ein, macht Heu und vieles andere mehr. Oder lesen wir doch das Charakterbild von Hrafn Sveinbjarnarson in der Saga, die ihm gewidmet ist und mit Sicherheit aus dem 13. Jahrhundert stammt:

> Schon in der Jugend war Hrafn unglaublich tüchtig. Ein Völundr auf dem Gebiet der Handwerkskunst, bearbeitete er das Holz genauso kundig wie das Eisen; ein Skalde, wenn wir auch recht wenig über seine Dichtkunst wissen; der bedeutendste Arzt, der je gelebt hat; dazu ein Geistlicher, der für das Priesteramt studierte, bis er die Tonsur erhielt. Er kannte sich sehr genau in den Gesetzen aus, redete sehr gut, besaß ein erstaunliches Gedächtnis und wußte sehr viel über Geschichte. Hrafn war hochgewachsen, hatte wohlgestaltete Gesichtszüge und braunes Haar. Er war behende bei allem, was er unternahm: ein guter Schwimmer, kraftvoller Bogenschütze und besser als jeder andere im Speerwerfen.

Zweifellos gab es verschiedene Kategorien von *bœndr*, und ich nehme an, daß unsere Schwierigkeiten beim Interpretieren unserer schriftlichen Quellen darauf zurückzuführen sind. Die Sagas sprechen zum Beispiel von *stórbœndr* („große" *bœndr*) und *smábœndr* („kleine" *bœndr*). Weiter oben haben wir schon überlegt, ob man die letzteren vielleicht mit den „Sklaven" gleichsetzen kann, die in der Literatur und in den Gesetzestexten erwähnt werden. Zwischen den beiden Extremen „Großbauer" und „Kleinbauer" muß es eine ansehnliche und mehr oder weniger gleichförmige Gruppe „mittlerer" *bœndr* gegeben haben, die das Gros der Wikingergesellschaft ausmachten – die Schiffsbesatzung, wenn man so will. Leider wissen wir von ihr sehr wenig, denn für sie interessierten sich weder die Dichter der Sagas noch die Runenschreiber. Es liegt auf der Hand, daß die Völker Skandinaviens nicht ohne sie auskamen, aber sie trat niemals in den Vordergrund. Aus unserer modernen Perspektive ist das mit unser größter Vorwurf an die Sagas und die verwandten Texte! Sicher wollten diese Schriften die prominentesten Vorbilder ihrer Epoche nachahmen, und das waren die großen Ritterromane in Frankreich und Deutschland. Deshalb kommen bei ihnen auch die kleinen Leute überhaupt nicht ins Blickfeld – das Fußvolk der Glücklosen; ihre Anschauung von der Welt und der Gesellschaft, auf dieser Kulturstufe wohlgemerkt, war strikt „aristokratisch" – diesen Punkt hat man zu häufig übersehen.

Im Vordergrund also residiert der „große" *bóndi*. Diesen Rang kann er beanspruchen, weil er einer sehr alten und bekannten Familie angehört. Diesem Umstand verdankt er bestimmte Privilegien, die sicher nicht in den Texten erwähnt werden, weil sie zu offensichtlich waren, um ihnen auch nur den kleinsten Kommentar zu entlocken. So ist er also fest in seine lange Ahnenreihe aus uralter Zeit eingebunden; das macht schon sein Name kenntlich: Végarðr von Veradalr, Hallr von Síða, und es legitimiert seine allodialen Rechte, die im Verlauf dieser Epoche zum Zankapfel erster Ordnung aufsteigen. Schließlich und vor allem: Der große *bóndi* ist reich.

In der Wikingergesellschaft spielten die materiellen Werte, wenn auch nicht allein ausschlaggebend, eine bedeutende Rolle. Man mußte Vermögen haben, um zum Beispiel ein Schiff zu bezahlen. Das verursachte so beträchtliche Ausgaben, daß man sich für diese Art von Besitzerwerb zusammenschloß. Ein Wikinger, der Kommandant und alleiniger Eigentümer oder Teilhaber eines *knörr* oder *langskip* war, kann auf keinen Fall ein armer Schlucker gewesen sein. Wenn er über die Meere zog, um „Reichtümer zu erwerben" *(afla sér fjár)*, wie es so oft in den Runeninschriften heißt, dann bedeutet das nicht, er sei „arm" gewesen. Vielleicht war er noch nicht reich genug, oder er wollte sein Vermögen mehren, um sein Ansehen zu untermauern, „Ruhm zu erwerben", wie man dort ebenfalls lesen kann. Das Bild vom hungrigen Wegelagerer, der sein schäbiges Boot besteigt, um dem reichen slawischen Kaufmann oder dem prunkliebenden Abt irgendeines Klosters im Westen Europas den Bauch aufzuschlitzen, hat jedenfalls keinen Bestand. Nur das eine ist wahr, daß eine sicher sehr alte Überlieferung, durch zahlreiche skaldische *kenningar* (Kennwörter, schmückende Beiwörter) bezeugt, aus dem Wikinger einen „König des Meeres" *(sækonungr)* machte; ich vermute, daß damit ein besonders angesehener Schiffskommandant der Wikinger gemeint war.

Die „Könige" wurden im übrigen aus den Reihen der großen *bændr* gewählt. Hier betreten wir ein sehr weites Feld, das schon viel zu viele Kontroversen ausgelöst hat[4]. An dieser Stelle habe ich nicht die Absicht, sie alle im einzelnen zu behandeln. Nur das eine stelle ich fest: Die Wikingergesellschaft kannte tatsächlich „Könige", die aber nicht von ferne unseren landläufigen Vorstellungen von diesem hohen Amt und Stand entsprachen. Der „König" (*konungr*, Plural *konungar*) wurde von den großen *bændr* aus der Mitte einiger weniger Familien (*kyn*, daher das Wort *konungr*) gewählt oder ausersehen, ohne daß man genau angeben könnte, welche Kriterien

für dieses hohe Privileg erfüllt sein mußten. Die Königs-
weihe bestand darin, daß man ihn einen heiligen Stein
besteigen ließ (wie der Stein in Mora, Schweden; auch in
der St. Pauls-Kathedrale in London befindet sich noch
ein heiliger Stein); danach mußte er über eine bestimmte
Wegstrecke (die er durch seine Anwesenheit „heiligte"
(Eiríksgata in Schweden), einen Krönungsumritt absol-
vieren, wodurch er ebenso wie vor dem lokalen *þing* als
König anerkannt wurde. Wenn er aber aus dem einen
oder anderen Grund die Erwartungen nicht erfüllte,
dann wurde er „gestürzt" – ganz wörtlich: Er wurde von
dem Weihestein heruntergestoßen, auf den man ihn zuvor bei der Krönung erhoben hatte, – oder sogar aufgehängt! Denn sie hatten ihn gewählt vor allem *til árs ok
friðar* „für ein fruchtbares Jahr und für den Frieden". Aus
unseren Quellen geht nicht eindeutig hervor, welche gesetzgeberischen oder magischen Herrscherrechte oder
Befehlsgewalt im Kriege dieser König hatte, auch wenn
man sich ausmalen kann, daß diese eng mit dem Charis-
ma seines Auserwähltseins verknüpft waren. So verstand es sich, wie ich schon sagte, von selbst, daß er als
großer Opferpriester der Riten im öffentlichen Kult fun-
gierte, in gewisser Parallelität zum Familienoberhaupt,
das dem häuslichen Kult vorstand. Aber man darf nicht
übersehen, daß ein „König" nur über einen Fjord oder
ein *fjell* („Gebirge" in Norwegen), also über eine Region
herrschte, die nicht größer war als ein Landkreis bei uns
heute. Die revolutionäre Neuerung von Herrschern wie
Harald Schönhaar und nach ihm Óláfr Tryggvason und
Ólafr Haraldsson (dem heiligen Olaf) in Norwegen bestand ja später darin, ein großes Königreich nach Vorbildern im damaligen Südeuropa anzustreben – dasselbe
versuchten Haraldr Gormsson in Dänemark und Ólafr

75

Sköttkonungr in Schweden. In der Wikingerepoche stehen wir allerdings erst am Anfang dieser Entwicklung. Auch hier wieder darf man, wie ich meine, die *Rigsþula* nicht allzu wörtlich nehmen und aus den *konungar* einen besonderen gesellschaftlichen Stand machen. Zu den Neuschöpfungen der Wikingerepoche gehört ja, daß im Lauf der Zeit Könige nach westeuropäischem Vorbild eingesetzt wurden. In gewisser Hinsicht bedeutete der Abschluß dieser Entwicklung auch das Ende der Wikingergesellschaft.

Auch an die sogenannten *jarls* muß man vorsichtig herangehen. Über diesen Begriff ist noch weniger bekannt als über die *konungr*, aber er könnte noch älter sein und dynastischen Charakter haben. Die *Rigsþula* tut sich immer sehr schwer, wenn sie König und *jarl* unterscheiden will. Der *jarl* taucht in zahlreichen Runeninschriften im alten *fuþark* auf. Dort wird er als ein Kenner der Runen (oder der Magie?) dargestellt. Hat er also ursprünglich einem bestimmten Volksstamm (den Herulern?) angehört, der auf die Kenntnis dieser Schrift spezialisiert war, und bezieht er vielleicht aus diesem Wissen seine Adelstitel? Oder stammt er aus einem echten „Adel", der in grauer Vorzeit begründet wurde? Ich werde nicht versuchen, diese Fragen zu beantworten. In der Wikingerepoche ist allerdings nicht zu erkennen, daß der *jarl* eine privilegierte gesellschaftliche Stellung eingenommen hätte. In den Sagas zum Beispiel wird mehrfach und wiederholt berichtet, daß ein „König" einen *bóndi* zum *jarl* einsetzte als Dank für geleistete oder erwartete Dienste (so wie das insbesondere Snorri Sturluson selbst widerfahren wäre); das könnte auch zeigen, daß die ursprünglich sakrale Bedeutung der Jarlswürde verlorenging und dieser Stand dem mitteleuropäischen Ritter angenähert wurde.

Insgesamt spielte der „König" wohl keine so gewichtige Rolle in der Wikingergesellschaft, und genauso wie ich schon die Figur des „Sklaven" relativiert habe, muß ich auch den Einfluß des *bóndi* entschieden zurücknehmen: Aus unterschiedlichen Gründen, die ich zum Teil schon erläutert habe, war der *bóndi* nicht in der Lage, ein freies, unabhängiges Leben zu führen; die Behausungen waren im Land zerstreut, das Klima feindlich und die Ressourcen dürftig. Deshalb war auch der Gemeinschaftsgeist schon durch den Zwang der äußeren Umstände in diesen Gesellschaften so hoch entwickelt, und deshalb halten sie sogar heute noch an uralten Bräuchen fest. Jeder einzelne legte (*leggja*, davon abgeleitet *lag-*) sein Wohl oder sein Vermögen (*fé*) in die Hände der Gemeinschaft (*félag*), und das mit allen nur denkbaren Zielsetzungen: Von dem Schiff habe ich schon gesprochen, aber dies betraf keineswegs nur das Materielle oder den allgemeinen Brauch. Jeder Vertragspartner (*felagi*) fühlte sich durch ein ganz starkes Band an die anderen gebunden, das sogar zur Blutrache verpflichten konnte. Übrigens weiß man auch von Frauen, die einen Vertrag (*felag*) abschlossen. Diese Praxis führte mitunter zu recht verwickelten Ergebnissen. Eine bestimmte Einzelperson konnte ein Viertel des Schiffes und ein Drittel der Ladung besitzen, und anderes mehr. Diese Handelskompanie wurde möglicherweise, da sie eine solch bindende Verpflichtung darstellte, mit symbolischen Gesten besiegelt, die mehr oder weniger religiöse Bedeutung hatten. So könnten die Waräger (*væringjar*) – das waren, wie erinnerlich, die Wikinger, die ausschließlich entlang der Ostroute operierten – ihren Namen von *várar* (feierlicher Schwur) abgeleitet haben; in diesem Fall würde sich der Name auf eine Bruderschaft von Kaufleuten beziehen, die durch heilige Eide verbunden war, wie man sie damals in ganz Europa kannte, und die Benennung würde ausgezeichnet zur Mentalität der Wikinger passen. Darüber hinaus gab es noch andere, halb-kaufmännische, halb-religiöse Formen von Zusammenschlüssen wie etwa die Gilden[5], die wohl friesischen Ursprungs sind. Wahrscheinlich bestanden sie bei den Wikingern in Skandinavien weiter, bis sie danach schließlich in christlicher Zeit zu hoher Blüte aufstiegen.

Vielleicht habe ich diesen Aspekt unseres Themas noch gar nicht deutlich genug hervorgehoben: Es liegt auf der Hand, daß die Bedingungen, unter denen man im Mittelalter Handel treiben mußte, für die Sicherheit des Kaufmanns nicht zuträglich waren. Zweifellos schlossen sich überall Kompanien von Kaufleuten zusammen, die durch feierliche Eide aneinander gebunden waren, mit dem Ziel, sich gegenseitig behilflich zu sein. Sie richteten „Kontore" und genau festgelegte Raststationen an den bekannten Handelsstraßen ein. Ich halte es für ausgemacht, daß die Wikinger, von denen ich nach wie vor glaube, daß sie in erster Linie Handel betrieben, „Ketten" dieser Niederlassungen einrichteten, die es sicherlich schon vor dem 8. Jahrhundert gab. Denn man kann sich ohne romantische Schwärmerei nur sehr schwer vorstellen, wie der kleine Händler, aus Uppsala oder Niðaros kommend, sich ganz allein ohne irgend jemandes Hilfe seinen Geschäften auf den verschiedenen ungeheuer gefährlichen, langen Handelsstraßen widmen konnte; man denke nur, auf welche Schwierigkeiten die Rūs in der Auseinandersetzung mit den Petschenegen stießen.

Soviel nur dazu, daß der *bóndi*, der Wikinger, für sich allein nicht existieren konnte. Im Umkreis seiner Familie oder Sippe und im weiteren Umfeld seines Distrikts (*land* genannt; über die Bedeutung des Begriffs besteht noch wenig Klarheit) genoß er nur relative Freiheit. Das gehört andererseits zu den inneren Widersprüchen dieser Gesellschaften, wie sie beim Lesen der Sagas ins Auge fallen: Sie lassen starke Persönlichkeiten, wie es ihre Helden sind, zu und verpflichten sie dann wieder ganz und gar, sich den Regeln der Gemeinschaft zu unterwerfen. In diesem Punkt haben die Sagas sicher die Mentalität der Wikinger genau wiedergegeben.

Dieselben Quellen werden mir auch helfen, einen anderen weitverbreiteten Irrtum auszuräumen. Die Wikingergesellschaft war keineswegs eine reine „Macho-Gesellschaft", oder zumindest zählten nicht allein die Mannesideale, auch wenn die Männer selbstverständlich privilegiert waren; immerhin befinden wir uns im europäischen Mittelalter! Es wäre absurd, mit Opernphantasien wie der Wagnerschen *Walküre* aus der Wikingerfrau eine frühe Vorkämpferin der modernen Frauenbewegung zu konstruieren. Genauso verfehlt wäre es aber, die Frau als zarte Silhouette hinter dem Wikinger-Superman zu zeichnen. Mit anderen Worten: Wenigstens ein paar Anmerkungen zur Lage der Frau gerade in diesen Ländern sind angebracht, die heute zur spektakulärsten Avantgarde der Gleichberechtigung gehören[6]. Wir sollten nicht den Fehler begehen, entweder unbedingt an den altnordischen Superman zu glauben oder ganz der stimmgewaltigen Frau, die dem Tacitus so zusagte – der Anachronismus im einen wie im anderen Fall ist offensichtlich. Die Frau des *bóndi*, die *húsfreyja*, – auch wenn sie, wie gesagt, als Hausherrin nur eine Minderheit vertrat – genoß eine ausgesprochen privilegierte Stellung, das zeigen schon die Schlüssel an ihrem Gürtel. Sie hatte zwar nicht das Recht, vor Gericht aufzutreten, und war von allen öffentlichen Angelegenheiten ausgeschlossen, dies aber vor allem, wenn man der *Saga von Snorri dem Goði* glauben darf, eher aus Gründen der geringeren Körperkraft (sehr oft mußte man dem Gesetz auch mit Gewalt nachhelfen, damit man zu seinem Recht kam!) als aus Erwägungen, daß Frauen etwas Minderwertiges seien. Darüber hinaus vermehrte eine wohlüberlegte Heirat, wie wir schon im Prolog sahen, mitunter ihren Besitz beträchtlich, auch für den Fall, daß sie sich später zu einer Scheidung entschloß, was aber insgesamt nicht so oft vorkam.

Tatsächlich versetzt uns vor allem ihre moralische Autorität in Erstaunen. So war es berechtigt, wenn ich sagte, sie sei die Seele dieser Gesellschaft gewesen, aber der Mann war nur der Arm. Sie war die Hüterin der Familientraditionen – ihrer eigenen Sippe und der ihres Mannes – , die sie ihren Kindern weitergab. Sie verteidigte die Ehre ihrer Sippe und erinnerte die Männer ihres Hauses an deren Recht, Vergeltung zu üben, wenn sie beleidigt wurden, mit hochsymbolischen Gesten oder unerträglich sarkastischen Reden. Daraus konnten Tragödien entstehen mit großen Heldinnen wie vor allem Guðrún Gjúkadóttir in der Lieder-Edda: Sie war hin- und hergerissen zwischen dem Gebot der Rache für ihre Brüder und dem Verlangen, Gerechtigkeit für ihren Ehemann zu finden (im allgemeinen stellt man fest, daß die Heldinnen zuerst dem Gesetz ihrer eigenen Sippe treu blieben). Die Frau konnte auch die langen Ahnenreihen mit den alliterierenden Namen auswendig aufsagen, und so kann man mit einigem Recht behaupten, sie sei die eigentliche Erfinderin der Poesie gewesen. Genauso kann der intime Umgang mit dem Andenken an die berühmten Vorfahren und ihrem damit verbundenen Totenkult etwas über ihren geheimen Bezug zur Magie verraten. Zauberei und Hexenkunst gehörten viel häufiger zum Erbteil der Frauen als der Männer.

Man kann weit in die Geschichte vor der Wikingerepoche[7] zurückgehen: Ganz sicher genoß die Frau im skandinavischen Raum beträchtliches Ansehen, auch wenn sie keinen Sitz im *þing* hatte und nicht an kriegerischen Auseinandersetzungen teilnahm. Die Gegenwartssagas zum Beispiel belegen, daß sie niemals als reines Lustobjekt galt, daß man ihr Respekt entgegenbrachte und ihren Ansichten stets Gehör schenkte, weil sie die unbestrittene Herrin *innan húss*, im Hause war oder genauer: *innan stokks*, innerhalb der Türschwelle, denn die Türschwelle begrenzte nach dem Gesetz den häuslichen Bereich. Außerhalb dieser Schwelle *(útan stokks)* befinden wir uns im Reich des Mannes; er besorgte die Arbeiten unter freiem Himmel oder verwaltete sie zumindest, und alle öffentlichen Angelegenheiten *(þing)*, Krieg und Handel waren seine Sache. Aber *innan stókks* herrschte die *húsfreyja*, und niemand machte ihr dieses Vorrecht streitig – trotz der Anwesenheit von Konkubinen, die in dieser Gesellschaft geduldet wurden. Dieser Umstand hatte keinerlei Folgen: Die Konkubinen hatten keine gesetzlichen Rechte, keinen Anteil an der Erbschaft, und ihre Kinder wurden grundsätzlich nicht als legitim anerkannt. So war es die Aufgabe der Hausherrin, mit der Hilfe von mitunter sehr zahlreichem Personal darüber zu wachen, daß die Mahlzeiten besorgt und vorbereitet wurden und daß das gesamte Haus in Ordnung gehalten wurde. Sie zog die Kinder auf und unterrichtete sie (oder ließ sie unterrichten). Kinder waren in der Regel sehr zahlreich vorhanden; zum Teil die eigenen, aber auch Kinder von Freunden oder Verwandten; nach der Sitte des *fóstr* (s. S. 187) nahm sie diese Kinder für eine Weile bei sich auf. Innerhalb des Bauernhofs übernahm sie Aufgaben, die ihr sozusagen als frauengemäß zustanden, wie etwa die Milchverarbeitung; sie nahm sich der Armen und Notleidenden an, die zweifellos zu den Plagen dieser Epoche gehörten, und in Augenblicken der Muße, die weder lang noch zahlreich gewesen sein dürften, webte und strickte sie und vieles andere mehr. Man braucht nicht viel Phantasie, um sich vorzustellen, daß ihre Tage angefüllt waren mit Arbeit und Pflichten, und so ist es nur natürlich, daß ihr in der kleinen Gemeinschaft ihrer Familie Liebe und Bewunderung sicher waren. In der *Njállssaga* lesen wir, wieviel Verehrung und Respekt in jeder Hinsicht einer Frau wie Bergþóra Skarpheðinsdóttir zuteil wurde.

Allerdings war Bergþora, wie ich schon sagte, nach unseren Begriffen von der damaligen Gesellschaft eine Frau aus dem Adel, wie die meisten Heldinnen der Sagas – hier kommen wir noch einmal auf die Einschränkungen und Vorbehalte zurück, die wir schon im Zusammenhang mit dem *bóndi* vorbringen mußten. Über die „Frau aus dem Volk" in Skandinavien im 10. Jahrhundert ist nichts bekannt, aber wir haben keinen Grund anzunehmen, ihr Los sei völlig anders als das der großen Frauengestalten in den Sagas gewesen. Insgesamt räumen alle Schriftquellen, die uns heute zur Verfügung stehen, der Frau einen viel bedeutenderen Platz ein, als man ihn den Frauen im Westen und Süden Europas in dieser Epoche zugestand.

Auch zu den Armen, die ich eben beiläufig erwähnte, muß noch ein Wort gesagt werden. Die skandinavischen Länder waren nicht reich. Ich habe schon festgestellt, daß auch gerade die Armut zu den wichtigsten Motiven der Wikingerzüge gehörte. Aber auch der Gemeinschaftsgeist dieser Gesellschaften wurde hervorgehoben. Die Armen (*fátœkisfólk*) und die Bedürftigen (*umagi*, wörtlich: die nicht können [= für ihre Bedürfnisse aufkommen]) waren zugleich zahlreich und eine Last. Aber die Gemeinschaft wandte sich keineswegs von ihrem Elend ab; die Gesetzestexte und die Sagas lassen dies deutlich erkennen. Es gab ein System, das sogar bis in unser Jahrhundert hinein überlebt hat und darin bestand, einen oder mehrere Arme für eine bestimmte Zeit einer Hausgemeinschaft anzuvertrauen; danach wechselten sie in ein anderes Haus über und so fort. Unklar ist, ob die ganz einzigartige Einrichtung, *hreppr* genannt, in ganz Skandinavien existierte (bezeugt ist sie nur für Island) und ob sie schon in der Wikingerepoche bekannt war. Möglicherweise ging sie erst aus der christlichen Kirche hervor und verbreitete sich erst im 11. Jahrhundert. Sie umfaßte zugleich (in modernen Begriffen) eine Versicherung gegen alle Gefahren (Feuer zum Beispiel), soziale Sicherheit und juristischen Beistand. Ohne hier in Einzelheiten zu gehen, sei nur angemerkt, daß die Sorge um den Mitmenschen, die wir weiter unten auch noch als mitunter negativen Effekt (Aufpassen auf den anderen) bezeichnen werden, gleichzeitig auch durchaus ihre guten Seiten haben konnte.

Zum Schluß dieser Untersuchung über die Wikingergesellschaft noch ein paar Worte über die Kinder. Sie waren, wie auch heute noch, Gegenstand einer zwar nicht übertriebenen, aber doch sehr wachsamen Fürsorge. Die Sagas schildern uns mitunter ausführlich ihre Spiele und ihr Auftreten in der Erwachsenenwelt, was in der abendländischen Literatur des Mittelalters gar nicht so üblich war. Ihr „Stand" als Kinder war nur von sehr kurzer Dauer; mit zwölf Jahren war man „erwachsen", später mit vierzehn, je nach Ort und Epoche unterschiedlich, und dann mußte der junge Mensch sämtliche Pflichten übernehmen, die zum Erwachsenenalter gehören. Trotzdem ist es in diesen rauhen, um nicht zu sagen düsteren Texten, wie es die Sagas sind, ein richtiger Lichtblick, wenn ganz nebenbei geschildert wird, wie ein Knabe und ein kleines Mädchen mit ihren Spielsachen (kleinen Tieren aus Metall zum Beispiel) Spaß haben – genauso wie alle Kinder zu allen Zeiten.

# Kapitel IV

# Der Alltag auf dem Land

## Das Wohnen

Durch die archäologischen Funde in Skandinavien wie auch in den Gebieten, die mehr oder weniger von den Wikingern kolonisiert wurden, können wir uns ein sehr genaues Bild davon machen, wie die Wohnstätten der Nordmänner aussahen. Das Grundmuster der Ansiedlung in Skandinavien selbst (Birka oder Haithabu) oder in den von den Wikingern eroberten Gebieten (Jarlshof auf den Shetland-Inseln, Ribblehead in Yorkshire oder vor allem in Stöng, Island[1] war immer das gleiche: Die Wohneinheit war der Hof *(bær)* bestehend aus verschiedenen Gebäuden, deren Mauern meist schräg oder gekrümmt waren und aus Torfblöcken bestanden, die man in Reihen aufeinandersetzte, die eine nach rechts und die andere nach links geneigt; aufschlußreiche Spuren davon hat man in Island entdeckt. Jedes einzelne Gebäude hatte seine besondere Bestimmung. Die Menschen lebten in der *skáli* oder *stofa,* dem Haupt- oder Wohnhaus; es hatte einen rechteckigen Grundriß von unterschiedlicher Länge und Breite. Der Hof von Stöng, den wir hier heranziehen, hatte eine *skáli* von 12 m Länge und 4 m Breite, wenn man nur die eigentlichen Gebäude betrachtet. Man betrat die *skáli* durch einen schmalen Durchgang, und sie war mit Nebengebäuden ausgestattet, die man durch enge Flure erreichte. Fenster gab es keine, höchstens Dachluken, die mit Schweinsblasen bespannt waren. Auch ein Kamin war unbekannt, statt dessen ein simples Loch für den Rauchabzug auf dem Dachfirst. In der Mitte der *skáli* diente ein langgestreckter Feuergraben von etwa 10 m Länge zum Heizen, als Beleuchtung und zum Kochen der Speisen, wenn kein eigenes Küchengebäude *(eldhús, eldaskáli)* unmittelbar neben der *skáli* stand. Gezimmerte Pfosten grenzten zwei parallele Zwischenräume ab, entlang der Längswände, die meist mit einer Täfelung, die im Abstand von wenigen Zentimetern auf der Wand verteilt, bedeckt waren, um die Feuchtigkeit abzuhalten.

Diese Zwischenräume wurden von „Bänken" eingenommen; das waren Sitztruhen, deren Deckel zu öffnen waren: sie enthielten das Bettzeug. So diente die Bank tagsüber als Sitzgelegenheit und nachts als Bett, wenn nicht, was auch vorkam, die *skáli* mit Alkoven *(lokrekkja)* ausgestattet war. In der Mitte der beiden Bankreihen befand sich jeweils ein erhöhter Sitz, auf dem man sich hin und wieder niederlassen konnte. Der eine war für den Hausherrn bestimmt, und ihm gegenüber konnte ein besonders geehrter Gast Platz nehmen. Dieser Hochsitz, ursprünglich sicher von halb juristischer, halb religiöser Bedeutung, war Gegenstand allseitiger Aufmerksamkeit und Achtung. Die Pfosten, die ihn umgaben, waren ursprünglich geschnitzt, – vielleicht als Götterfigur, wenn man den Berichten des *Landnámabók*[2] glauben darf. Es war wohl auch üblich, am unteren Ende der *skáli* eine Art Estrade *(þverpallr* oder *hápallr)* zu errichten, die der Hausherrin und den übrigen Frauen vorbehalten war.

Möbel im eigentlichen Sinn gab es nicht, höchstens einen oder zwei Wandschränke *(klefi)*, wo man Lebensmittel und insbesondere getrockneten Fisch *(skreið)* aufbewahren konnte. Die Tische waren am Boden befestigt. Sie bestanden aus einem großen schwenkbaren Brett auf zwei Füßen, die man jedesmal zu den Mahlzeiten in den Fußboden versenkte, auch wenn dieses Detail nicht unerläßlich war. Der Fußboden bestand aus festgestampfter Erde; darüber lang wohl eine Art Dielenboden *(gólf)*, der aber keineswegs die gesamte Fläche des Raumes bedeckte. Zur Beleuchtung dienten Lampen, die aus einem langen, dünnen Eisendraht hergestellt wurden, der oben zur Spirale gedreht war und in den Fußboden gesteckt wurde. Er trug oben eine halbrunde Schale, in der Talg oder Fischöl verbrannte. Diese Lampen gaben sicher kein sehr helles Licht ab! An langen Ketten hingen von den Dachbalken die Kochkessel über dem Herdfeuer herab – das Feuer entfachte man jedesmal aufs neue durch Reiben von Steinen, die in eine Fassung eingelassen waren. Auf den Bänken waren Felle und Pelze ausgebreitet, häufig kostbare Stücke und der Stolz des Hausherrn, ebenso die wunderschönen Wandbehänge; einige sind gut erhalten, und man kann sie im Nationalmuseum von Reykjavik oder im Musée de Cluny in Paris bewundern. Der Skalde Ulfr Uggason beschrieb im 10. Jahrhundert liebevoll einen solchen Wandbehang im Haus Óláfrs des Eitlen[3].

Nebenbei bemerkt: Diese Tapisserien geben manches Rätsel auf, zum Beispiel ihr Kunststil oder der Stich, in dem sie ausgeführt wurden. Im modernen Isländisch heißt er „Augenpunkt" *(augnsaumur;* Perlstich, der feinste Gobelinstich). Es kam auch vor, daß die gesamte Wandtäfelung mit Holzschnitzerei verziert war, wie es in

Flatatunga (Island) der Fall war; übrigens war auch dort unzweifelhaft byzantinischer Einfluß festzustellen![4] Dazu kamen die kostbaren Waffen, wie die wunderbar gearbeiteten Schwerter, die Streitäxte aus inkrustiertem Eisen und die herrlichen illustrierten Rundschilde, die auch von den Skalden in allen Einzelheiten liebevoll beschrieben werden, so etwa in der *Ragnarsdrápa* des Norwegers Bragi Boddason.

Dieses Haupthaus war also von mehreren anderen Gebäuden abgetrennt, mit denen es durch gepflasterte oder mit Holzlatten gedeckte Verbindungswege oder auch durch überdachte Durchgänge – wie in Stöng – verbunden sein konnte, aber es sieht so aus, als wäre diese Einrichtung erst am Ende der Wikingerepoche in Gebrauch gekommen. Auf den wohlhabendsten Höfen gab es mitunter bis zu zehn Nebengebäude, darunter Schafstall, Viehstall, Molkerei, Schmiede, Bootshaus, Scheune, Vorratshaus und anderes mehr, auch Abtritte, die immer in einiger Entfernung von der *skáli* lagen. In besonders komfortablen Gebäudegruppen war auch ein Gartenhaus für die Frauen *(skemma)* vorgesehen. Aber im allgemeinen waren nur die Molkerei, ein Gebäudekomplex für das Vieh mit besonderem Raum für das Futter und die Schmiede (oder die Werkstatt) von der *skáli* (oder *stofa*; die Unterscheidung ist nicht immer ganz klar) abgetrennt. Dort in der Schmiede oder Werkstatt war das Reich des Hausherrn, hier stellte er seine Geräte her und reparierte sie mit drei Grundwerkzeugen, die sicher aus viel älterer Zeit stammen und im übrigen seitdem kaum weiterentwickelt wurden: einem Hammer, mit Zangen und einem kleinen Amboß, der sich an einem Ende stark verjüngte.

Das Haus, wie wir es hier betrachtet haben, stellt nur eine, wenn auch bei weitem die häufigste Form der Behausungen dar. Auch Gruppierungen im Viereck mit einem Innenhof oder Gebäude mit langen gebogenen Mauern und Dächern, die unwiderstehlich an ein kieloben liegendes Schiff erinnern und von einer Reihe schräger Stützen gehalten werden wie in Trelleborg (Schweden), hat es in Skandinavien gegeben. Im allgemeinen bestand dieses Dach aus Holzlatten, die man mit begrünten Torfstücken bedeckte. Noch in den Dramen von Ibsen *(Peer Gynt)* findet man diese sehr niedrigen Dächer, auf die mitunter die Schafe hinaufsprangen, um dort zu grasen.

Insgesamt kann man mit einigem Recht sagen, daß die Wikinger mit diesem Haus wie mit vielen anderen Dingen nur viel ältere Traditionen fortsetzten. Sie richteten in der Nähe einen Platz für Bäder, oder besser: für ihr Dampfbad ein, für das sie eine auffällige Vorliebe hatten. Bekanntlich war das Mittelalter keineswegs eine Epoche, in der es nur Schmutz und keine Hygiene gab. Auch Skandinavien bildete davon keine Ausnahme. Die Dampfbäder befanden sich meist in einem eigenen Gebäuden (*baðstofa*, kontrahiert in modernem Schwedisch zu *bastu*; das Wort *sauna* stammt dagegen aus dem Finnischen), aber das war nicht unbedingt nötig; es genügte, im Feuergraben der *stofa* einige Steine zu erhitzen, die man mit Wasser übergoß, um den gewünschten Effekt zu erzielen. Dieser Brauch und der Raum für das Dampfbad erfreuten sich offenbar großer Beliebtheit, denn heute heißt im Isländischen *baðstofa* die gute Stube!

Die Häuser standen fast nirgends in größeren Gruppen beieinander, es sei denn in einigen Verwaltungs- oder Handelszentren. Der *bær* stellte in Skandinavien die Basis menschlicher Ansiedlung dar. Das Dorf oder gar die Stadt waren unbekannt. Nur in Dänemark hat es vielleicht Dörfer gegeben, weil die Bewohner dort in natürlichem Kontakt mit dem europäischen Festland standen, was sie dazu bewogen haben mag, sich den ausländischen Gebräuchen anzupassen. Deshalb stellte der *bær* auch eine juristische Einheit dar: Es war der Ort, wo nach dem Gesetz ein *bóndi* mit seinem Hausstand *(hýbýli)* residierte. Darüber hinaus hatte der *bær* auch eine religiöse Bedeutung. Im Zusammenhang mit der Hausherrin habe ich schon über die halb juristische, halb religiöse Bedeutung der Türschwelle *(stokkr,* genauer *treskjöldr)* gesprochen. – Ich gehöre zu denen – wie ich schon sagte –, die nicht glauben, daß es in Skandinavien so etwas wie Tempel gegeben hat, auch wenn uns das die Sagas aus dem 13. Jahrhundert *(Saga von Snorri dem Goði)* schmackhaft machen wollen oder der vielbefragte Zeuge Adam von Bremen im Hinblick auf den großen Tempel von Uppsala. Der Bischof hat ihn nicht selbst gesehen; ganz offenbar verläßt er sich hier auf den Bericht eines Augenzeugen.

Allerdings glaube ich, daß der *bær* selbst juristisch und religiös geheiligt war – in der Wikingergesellschaft braucht man nicht so scharf zwischen diesen beiden Qualitäten zu trennen; das Recht beruhte auf der Religion, oder anders gesagt: Die Religion begründete das Recht. Das wird an verschiedenen charakteristischen Merkmalen deutlich: zum einen gab es den *tún*, ein abgezäuntes, unzugängliches Stück Wiese vor dem Eingang der *skáli*; dort wurde das Tier gemästet (Pferd, Stier oder vor allem ein Schwein), das als Opfer für die Feierlichkeiten zur Wintersonnenwende *(jól)* vorgesehen war. Als das Christentum eingezogen war, wurde der *tún* einem Heiligen geweiht. Deshalb hat auch der *garðr*, die Einfriedung, die zumeist aus einer kleinen Steinmauer oder aus Torfblöcken bestand und den gesamten Hof mit allen Gebäuden umgab, den Charakter des Unberührbaren. Diesen *gárðr* zu versetzen galt als Sakrileg, wie die *Saga von Glúmr dem Mörder* beweist; sie entspinnt sich überhaupt erst aus einem solchen Frevel[5]. Außerdem war wie gesagt der *húsbóndi*, der Herr des Hauses wahrscheinlich der Priester-Opferpriester, dem es oblag, die großen Riten auszuführen. Dadurch wurde der *bœr*, insbesondere die *skáli*, von Zeit zu Zeit in den Rang eines „Tempels" erhoben, und der Hochsitz des Hausherrn verwandelte sich in den Ort, wo das Ritual stattfand. Natürlich hat man den Platz, an dem angeblich der „Tempel" von Uppsala stand, ausgegraben und schließlich festgestellt, daß man nur die Löcher für Holzpfosten gefunden hatte, die ein viel zu kleines Areal für einen echten Tempel abgesteckt hätten, aber zum Hochsitz eines möglichen Herrn dieses Ortes passen würden. Der isländische Skalde berichtet im 11. Jahrhundert, wie ihm auf einem schwedischen Gehöft das Gastrecht verweigert wurde, weil die Bewohner gerade im Begriff waren, dort den Alfen zu opfern[6].

## Die Kleidung

Sie sah zwar der Kleidung zahlreicher Zeitgenossen in anderen Ländern sehr ähnlich, aber nicht im mindesten der beliebten Vorstellung, die wir heute von ihr haben. Der Leser sollte jetzt unbedingt und endgültig die Bilder aus amerikanischen Filmen oder aus den Comics, die er auf unseren Gegenstand überträgt, ins Kuriositätenkabinett verbannen!

Im Haus trug der Wikinger eine Hose, die entweder lang und lose herunterhängend wie unsere heutigen Herrenhosen getragen wurde oder um den Fuß geschlungen wie eine Skihose, oder auch gebauscht als kurze Kniehose, wie sie bis vor einiger Zeit noch von den Zuaven getragen wurde (auch die „Knickerbockers" der deutschen Wandervogelzeit) – das kam auf die Region in Skandinavien an. Darunter trug er eine wollene Unterhose. Der Oberkörper war von einer langen Tunika bedeckt, die bis auf den halben Oberschenkel reichte. In der Taille wurde sie von einem Ledergürtel gerafft, manchmal auch mit verzierten Bronzespangen hochgesteckt. Vielleicht trug er auch eine Art Hemd mit viereckigem Halsausschnitt und langen Ärmeln und auf dem Kopf eine Kappe aus Filz oder Wolle oder alle möglichen Hüte aus Filz. An den Füßen trug er Stiefel, die aus einem einzigen Stück Leder meisterhaft über dem Schuhleisten in Form gebracht waren, mitunter durch eine Sohle verstärkt und um den Knöchel herum mit einer gedrehten Kordel zusammengebunden. An den Händen trug er grobe Fäustlinge aus Wolle oder Filz. Die Hose war, wie gesagt, manchmal weit und gefältelt, ungefähr wie die moderne Golfhose oder wie bei der Volkstracht auf Kreta. Über der Tunika wurde eine Art weiter, ärmelloser Umhang aus einem einzigen Stück Tuch getragen. Man befestigte ihn auf der rechten Schulter (oder kurz darunter) mit einer ovalen Brosche, wie sie von den Archäologen in riesigen Mengen gefunden wurde. Dieser Umhang ließ den rechten Arm frei, der rasch und leicht nach dem Schwert greifen konnte, das auf der linken Seite des Gürtels eingehakt war. Er wurde auch hochgeschlagen, damit sich die freie Stoffbahn in der Brosche verhakte, während der Mantelträger sein

Pferd bestieg. Im allgemeinen trug der Wikinger einen Vollbart, aber das war kein Zwang. Er scheute sich wohl auch nicht, diesen Bart zu Zöpfen zu flechten; ebenso verwandte er viel Sorgfalt auf sein Haupthaar. Insgesamt glich er in seiner äußeren Erscheinung, wie man festgestellt hat, in den Grundzügen auffallend den heutigen Samen (Lappen).

Auch die Wikingerfrau war sehr zweckmäßig gekleidet. Über ihre Unterwäsche, wie wir sie heute verwenden, ist allerdings nichts bekannt; man weiß nur so viel, daß sie eine Erfindung der Neuzeit ist. Das wichtigste Kleidungsstück war ein langes Gewand mit längeren oder kürzeren Ärmeln, aus gefälteltem Wollstoff, das man über beiden Brüsten öffnen konnte – die erwachsene Frau war ja fast immer schwanger –, um den Säugling zu stillen. Zwei gleiche ovale oder runde Broschen, sehr häufig hübsche, sogar aus kostbarem, gehämmertem Metall gefertigte Kunstwerke, verschlossen das Kleid an dieser Stelle. Über diesem Gewand trug die Frau eine Art Schürze aus einem quadratischen, bestickten Stück Stoff, entweder aus einer oder aus zwei symmetrischen Stoffbahnen, mitunter so breit, daß es um den ganzen Körper geschlungen werden konnte. Auf dieser Schürze wurden in Höhe der linken Brust die unentbehrlichen modischen Accessoires, die Broschen, festgesteckt. Die Arme waren ganz nach Geschmack mit Armreifen, sehr häufig kostbaren Schmuckstücken, verziert. Die Haare wurden geflochten, zum „Pferdeschwanz" zusammengebunden oder zum Knoten aufgerollt. Sie wurden meist mit einem Stück Stoff, einer Art Kopftuch bedeckt, das im Nacken geknotet war: äußeres Zeichen der verheirateten Frau. Außerdem gab es einen großen Schal, der über der Brust mit einer Brosche oder

Fibel zusammengehalten wurde; dieses Modedetail könnte ursprünglich aus Byzanz stammen – wie übrigens zahlreiche andere Besonderheiten dieser Kultur, die in ständigen Handelsbeziehungen zur kaiserlichen Metropole über die besagte Ostroute[7] stand –, und es konnte weit sein und dann mit der Spitze auf dem Rücken enden oder auf Taille gearbeitet sein. Wir können unsere Bewunderung nicht verhehlen, wie zweckmäßig die Kleidung[8] für die Männer wie auch die Frauen war, vor allem war sie für jede Art von Arbeit geeignet: Beim Fischen, bei der Feldarbeit, beim Schmieden und vielem anderen hatte der Mann Bewegungsfreiheit. Überdies waren im Winter die Kleider aus grober Wolle, vor allem das besonders feste Tuch, *vaðmál* genannt, die Pelze und die Felle ständig in Gebrauch. Wenn man den Gegenwartssagas in diesem Punkt glauben darf, dann hat der Wikinger wohl sehr viel Wert auf seine Kleidung gelegt. Einzelportraits tauchen in den Texten zwar nicht so häufig auf, aber wenn ein Treffen stattfand, galt die ungeteilte Aufmerksamkeit stets der äußeren Erscheinung; Stutzer und Dandys waren keineswegs unbekannt.

Es versteht sich von selbst, daß sämtliche Kleidungsstücke, wie wir sie eben beschrieben haben, aus häuslicher Herstellung stammten. Mit Absicht habe ich weiter oben bei der Beschreibung der *skáli* das wichtigste „Möbelstück", das berühmte Handwerk der Weberei auf senkrechten Webstühlen übergangen. Es war nicht nur für die Kleidung außerordentlich wichtig, sondern auch, weil das *vaðmal*, das aus der Wolle von langhaarigen Schafen hergestellt wurde, ganz allgemein als Tauschmittel diente.

Zahlreiche Strafen wurden in Ellen *vaðmál* ausgesprochen – denn mit diesem „Geld" mußten festgesetzte Bußen bezahlt werden –, und mehr als einmal sehen wir einen Wikinger, wie er sich einschifft, um „in die Fremde" zu ziehen (auf Wikingerzug also), und eine ganze Partie von Tuchballen mit sich führt, mit denen er Handel treibt oder die Kosten der großen Fahrt bestreitet. Aus einem anderen Blickwinkel und in allerdings recht makabrem Zusammenhang wird uns von der Webkunst in dem herrlichen Gedicht *Darraðarljóð* aus der *Njálls-saga*[9] erzählt. Der Webstuhl stand also senkrecht und wurde gegen die Wand gelehnt. Die Kettfäden wurden durch Gewichte, einfache durchlöcherte Steine, gespannt, und der Schußfaden glitt mit Hilfe eines primitiven, handbetriebenen „Schiffchens" hindurch und wurde mit einem ebenfalls sehr einfachen Webblatt festgeschlagen. Soweit man weiß, arbeiteten alle – Männer wie Frauen – an diesem Webstuhl; möglicherweise begleiteten sie das Weben mit ganz speziellen Liedern, von denen gerade das *Darraðarljóð* Musterbeispiel sein könnte.

Beim Spinnen wurde der Wollfaden mit einer Spindel auf dem Spinnrocken befestigt; die Fäden aus dem Wollebausch mit Hilfe eines Gewichts von Hand gedreht. Dieses Gewicht war eine Art Walze, die an beiden Enden zugespitzt war und aus Holz, Ton oder Stein bestand. Sie wurde in rasche Drehbewegung versetzt. Flachs wurde mit derselben Methode gesponnen. Das *vaðmál* hielt warm, ließ die Nässe nicht durchdringen und war ungewöhnlich widerstandsfähig – es hat Jahrhunderte überdauert. In Island wird heute noch die *úlpa*, eine Art Kapuzenjacke, aus dieser Wollqualität hergestellt. Die Tuche hatten meist ihre natürlichen Farben: beige, braun oder schwarz, aber auch in Skandinavien wie anderswo kannte man Färbemittel, die aus zerstampften Muscheln oder Kräutern gewonnen wurden.

Ich habe schon erwähnt, daß der Wikinger sehr genau auf seine äußere Erscheinung achtete. Es ist richtig amüsant zu beobachten, wie die Sagas regelmäßig und sehr ausführlich einen wohlgestalteten, gut gekleideten und bewaffneten Mann beschreiben – und dies viel weniger häufig bei Frauen; sie werden eher wegen ihrer schönen Haare und ihrer zarten Haut gelobt. Unverkennbar war die Vorliebe für kostbare Stoffe: Samt, Seide und vor allem Scharlach. Ein Einzelstück der Bekleidung, die Frauenhaube (*faldr*; sie war wie ein Horn geformt, aus gestärktem Leinen, und ragte seltsam nach vorn über das Gesicht) löste in der *Laxdœla saga* eine unversöhnliche Familienfehde aus. Darüber hinaus übernahm der Wikinger, wie ich schon sagte, nur zu gern die Kleidertracht anderer Völker. Zweifellos von den Kelten stammt die Mode des Hosentragens, und bestimmte Wörter, die nicht altnordisch sind, wie *kaprún* (frz. *chaperon*, Kappe) oder *kumpáss* (ital. *compasso*, ein runder Halskragen), verraten ein geradezu feinschmeckerisches Interesse an ausländischer Mode[10]. Snorri Sturluson scheint als echter Sturlungr eine ganz besondere Vorliebe für diese Art von Nebensächlichkeiten entwickelt zu haben. Keine Gelegenheit läßt er aus, um sich über vergleichbare Details zu verbreiten, wenn von den „wohlansehnlichen" Königen – und Wikingern überdies – Haraldr dem Harten und Óláfr Tryggvason[11] die Rede ist.

## Der Jahreslauf bei den Wikingern

Die beste Methode, den Wikingeralltag zu beschreiben, scheint mir zu sein, seinem Jahreslauf so genau wie möglich zu folgen. Hier stütze ich mich allerdings in erster Linie auf isländische Quellen, und da im besonderen auf den Bericht von Snorri Sturluson[12]. Das bezieht sich natürlich auf die geographischen Breiten von Island, aber wir können annehmen, daß alle Völker Nordeuropas mehr oder weniger dieselben Gewohnheiten hatten.

Halten wir zunächst fest, daß das Altnordische nur zwei eigentliche Jahreszeiten (oder Halbjahre, *misseri*) kannte: Sommer und Winter, und daß es überhaupt nicht nach „Jahren" zählte, sondern nach „Wintern": Sturla zählte 18 Winter, als er sich nach Norwegen einschiffte; dort blieb er drei Winter. Schließlich zählte man auch nicht nach Tagen, sondern nach Nächten: Dies geschah drei Nächte bevor X starb. Das Jahr – oder Halbjahr des Sommers – begann Mitte April, das war der Monat des Kuckucks (*gaukmanaðr*) oder die Zeit der Aussaat (*saðtið*) oder auch Zeit der Frühjahrsarbeit (*várönn*; das Wort *vár* für Frühling gab es durchaus, ebenso *haust* für Herbst, aber beide tauchen im Jahresrhythmus nicht auf). Die Schneeschmelze ist im Gang oder schon beendet; auf den Wasserläufen taut das Eis, und in den Wäldern ist immer häufiger der Kuckuck zu hören. Jetzt ist es Zeit, das Vieh auf die Weide hinauszulassen; acht Monate lang war es im Stall eingesperrt und bekam meist nichts anderes zu fressen als vorjähriges Heu: ein schweres Problem, das auch in den Sagas häufig zur Sprache kommt. Und dann wandte sich der *bóndi* seinen Feldern zu. Er beackerte sie – in früher Zeit mit einem Pflugstock (*arðr*), den er nach und nach, wohl unter angelsächsischem Einfluß, durch einen moderneren und wirkungsvolleren Pflug mit Pflugmesser und Streichblech (*plógr*) ersetzte. Außer in Dänemark, Südschweden und einem kleinen Teil Südnorwegens (dem heutigen Jaeren) gab es kaum richtige Ackerböden in Skandinavien, und tiefes -

Pflügen auf steinigem Grund war unmöglich. Danach wurde das Korn gesät in weitausholendem Schwung – wie man es auch auf dem Teppich von Bayeux sehen kann: Gerste wurde vor allem gesät oder ihre frühreifende Abart, die Wintergerste; beide hatten den Vorzug, Mehl zum Brotbacken zu liefern, und mit vergorener Gerste konnte man das Bier ansetzen. Außerdem wurde Hafer eingesät, sehr wenig Weizen und hie und da Roggen, vor allem in Island. Danach wurde der Boden überall geeggt; das Gerät war reichlich primitiv, aber schon seit langem im Gebrauch; in den Heldenliedern der Edda wird es erwähnt.

Nicht nur auf den Feldern drängte die Arbeit. Auch der Torf mußte mit den eckigen Spaten gestochen werden. Die Torfblöcke wurden zum Trocknen zu kleinen Mauern aufeinandergeschichtet; sie dienten teils zum Heizen der Behausungen, teils zur äußeren Verkleidung der Hausmauern oder sogar zum Hausbau selbst. Ein großer Teil der skandinavischen Länder war ja von - Sümpfen bedeckt. Noch in christlicher Zeit errichtete man einen Runenstein zum Gedächtnis eines Verstorbenen, der sich im Leben das große Verdienst erworben hatte, „eine Brücke zu bauen" zwischen diesem und jenem Punkt; das soll heißen: Er pflasterte einen Zugangsweg in einen Sumpf oder ein Moor hinein.

Darüber hinaus kam jetzt die Zeit des Bäumefällens. Holz wurde ebenfalls zum Heizen gebraucht, auch zu zahllosen anderen Verwendungszwecken im handwerklichen wie künstlerischen Bereich. Es war der eigentliche Grundstoff und gehörte zur Herstellung von fast allem, was aus der handwerklichen Tätigkeit der Menschen hervorging, zum Teil auch, weil das Eisen keineswegs überall von zufriedenstellender Qualität war. Und deshalb sind auch leider viel weniger archäologische Zeugnisse auf uns gekommen, als es wünschenswert wäre; Holz ist vergänglich und zudem eine leichte Beute für das Feuer.

In jedem Fall bedeutete dieser Beginn der schönen Jahreszeit viel Arbeit, denn auch alle Schäden, die ein stets langer und oft sehr strenger Winter mit Eis, Schnee und Überschwemmungen verursacht hatte, mußten behoben werden. Dämme, Steinwälle und Zäune wurden repariert, und es dauerte lange, bis der Dung auf alle Felder und Weideflächen ausgebracht war. Auch die Boote für den Fischfang und vielleicht auch für bevorstehende Kriegs- und Handelsfahrten mußten instand gesetzt werden.

Etwa Mitte Mai kam neue Arbeit hinzu: Das war die *eggtíð*, die Zeit des Eiersammelns. Die Eier von Wildvögeln waren eine willkommene Delikatesse. Das Eiersammeln war oft gefährlich, wenn die Vögel ihre Nester zum Beispiel in die Klippen der Steilküste gebaut hatten. Der „Jäger" mußte sich von oben mit einem Seil an der Klippe herunterlassen und in eine Pendelbewegung versetzen. Man sprach auch von *stekkið* (von *stekkr*, Lämmerpferch; man sonderte damit die Lämmer ab und sperrte sie in einen eigenen Pferch) oder auch von *löggarðsönn*, der Augenblick, wenn man daranging, die „gesetzlichen Grenzen" abzustecken, die ein Hofgut oder Felder umschlossen; ich habe schon erwähnt, daß das Versetzen von Grenzen als Verbrechen galt, wie uns die *Víga-Glúmrs saga* berichtet.

Es war eine schöne Zeit – die Schrecken des harten Winters waren nun endgültig vergessen, so möchte man meinen. Die Leute kümmerten sich nun vor allem um ihre Schafe. Das Winterfell mußte herunter, und jedermann machte sich an die Schafschur mit dem Schermesser; was man alles aus der Schafwolle herstellen konnte, habe ich schon beschrieben. Und dann, Mitte Juni, begann der Almauftrieb, wie er noch heute in Norwegen vor sich geht. Jeder Hof, der etwas auf sich hielt, besaß in den Bergen eine Almhütte, die mitunter sehr ansehnlich war: der *sel*, Vorläufer des modernen norwegischen *seter*. (Natürlich gilt das alles nicht für die flachen Regionen Dänemarks und Schwedens.) Ein Großteil der Hausgemeinschaft zog mit hinauf und verbrachte mindestens zwei Monate in den Bergen zusammen mit den Schafen und einigen Rindern. Auf der Alm stellten sie aus der Milch den haltbaren Käse her. In anderen Regionen ohne Almbetrieb war die Falkenjagd in vollem Gange. Falken waren in Nordeuropa sehr verbreitet, darunter einige ganz besonders geschätzte Arten. In einer der ältesten Urkunden, die in französischer Sprache auf uns gekommen sind, taucht das Wort „Island" auf: Es handelt sich eben hier um einen Kaufvertrag für eine Lieferung von Falken.

Diese nordischen Länder lebten in enger Symbiose mit dem Meer, und ihre Bewohner betrieben intensiven Fischfang, auch wenn er wohl nie als Hochseefischerei zu bezeichnen war. Die Ostsee und die Nordsee waren in dieser Epoche sehr fischreich, wie auch anderswo die Flüsse und Seen. Kabeljau vor allem, Schellfisch und Hering wurden entweder mit Angelhaken oder mit Netzen gefangen. Einen großen Teil davon verzehrten die Menschen sofort; der Rest wurde in seltsamen Aufbauten in der Form eines umgedrehten V, wie man sie heute noch in Island sehen kann, zum Trocknen aufgehängt und in getrocknetem Zustand in Wandschränken und Vorratskammern gestapelt. Viel aufregender und beliebter war die Jagd auf große und kleine Wale. Über organisierte Fangzüge erfährt man allerdings wenig. Andererseits kam es häufiger vor, daß Wale an der Küste strandeten – ein echter Glücksfall für die ansässige Bevölkerung. Damit mußte sich sogar schließlich die Gesetzgebung befassen. Ein spezielles Kapitel der meisten Gesetzestexte handelt vom *reki*, dem Strandgut in jeglicher Form. Grundsätzlich stand dem Besitzer des Küstenabschnitts auch das Strandgut zu, aber Widerspruch gab es reichlich oft; vor allem das Verteilen war häufig Anlaß zu heftigen Streitereien. – Hier sei noch erwähnt, um mich später nicht zu wiederholen, daß offenbar mehrmals im Jahr Fischerei-Saison war: im Winter, im Frühjahr (April–Mai) und gelegentlich im Herbst. Dies trifft wohl vor allem für Island zu. Was wir sicher wissen, ist, daß diese Tätigkeit sehr oft (in unseren Augen) Dimensionen eines Wunderbaren Fischzugs annahm, wie es sogar noch heute in einigen norwegischen Fjorden vorkommt.

In der Junimitte begann der so vielsagend benannte *sólmánaðr*, der Sonnenmonat. Zweifellos haben skandinavische Völker in uralter Zeit dem Tagesgestirn einen Kult geweiht. Ebenso wahrscheinlich ist, daß *sól* im Altnordischen weiblich war; die Sonne nahm im hohen Norden die Gestalt der Muttergöttin oder Großen Göttin an, wie wir sie aus allen prä-indoeuropäischen Religionen kennen. Wir werden darauf zurückkommen. Wer einige Jahre in diesen Breiten gelebt hat, wird leicht begreifen, warum dort die Sonne so spontan angebetet wurde: Nie brennt sie unbarmherzig und grausam, im Gegenteil, man erlebt sie nur sanft und stets wohltuend. So wurde in heidnischer Zeit sicherlich ein großes Fest zur Sommersonnenwende gefeiert; leider wissen wir nur sehr wenig darüber.

Auf dem Bauernhof gibt es jetzt viel weniger Arbeit, und deshalb fallen auch zwei sehr wichtige, aber ganz unterschiedliche Ereignisse in die Junimitte: Das eine betrifft das öffentliche Leben und die Politik. Das *þing*, die Versammlung aller freien Männer, tritt zusammen, um gemeinsam über Angelegenheiten der Gesetzgebung, Rechtsprechung und des Handels zu entscheiden, die alle angehen. Das *þing* ist die eine der drei Säulen der Wikingergesellschaft (neben dem inzwischen hinlänglich bekannten *bóndi* und *ætt*, der Familie); deshalb werde ich ausführlicher und in anderen Zusammenhängen im Kapitel VII noch einmal darauf zurückkommen, wenn vom Geistesleben die Rede sein wird. Hier wollen wir nur festhalten, daß im allgemeinen zwischen dem 15. und 30. Juni (nach unserem Kalender) das *þing* zusammentrat. Es dauerte manchmal noch länger, je nachdem, wie viele dringende Entscheidungen zu treffen waren, vergleichbar dem *alþing* der Isländer, für das es aber im übrigen Skandinavien sonst keine Entsprechung gab; das mag durch die isolierte Insellage Islands bedingt sein. Ich habe schon erwähnt, daß die Bewohner der nordischen Länder keinerlei Gespür für ihre territoriale Bedeutung hatten. Begriffe wie Nation, Staat und sogar Königreich westeuropäischer Prägung sind sinnlos in der Epoche, die wir hier behandeln.

Einen Punkt will ich nur hervorheben: Die Kälte und die Entfernungen (sie waren beträchtlich in diesen Ländern mit riesiger Ausdehnung und sehr geringer, weit verstreuter Bevölkerung, sogar auf zahlreiche Inseln aufgeteilt) bewirkten, daß die Bewohner sehr erkennbar unter der Einsamkeit litten, die nicht immer von der Geborgenheit in der Familie ausgeglichen wurde, – daher auch der verständliche Hunger nach Neuigkeiten und

Nachrichten, wie er für die Nordmänner so charakteristisch war. Die Junimitte, das war auch die Zeit, wenn die Schiffe aus der Fremde eintrafen und die berühmten Seefahrer zurückkehrten, und man forderte die Ankömmlinge auf zu berichten. Ich werde weiter unten das *þing* als juristische und religiöse Institution noch genauer betrachten. Es gehörte zu den absoluten Höhepunkten des Gemeinschaftslebens; es war der Ort und der Zeitpunkt, da jeder einzelne einmal aus seiner einsamen Zelle heraustrat.

Das zweite Ereignis betrifft uns unmittelbarer. Im Juni schiffte sich der Wikinger ein, entweder auf große Fahrt, die ihn bis an die Grenzen der damals bekannten Welt oder sogar darüber hinaus führte, oder ganz allgemein zu den bekannten Routen, wo die „Geschäfte" sich abwechseln: Tauschhandel, Kauf und Verkauf – und gegebenenfalls auch Raufereien und einträgliche Raubzüge. Im allgemeinen war er etwa drei Monate unterwegs und kehrte vor Wintereinbruch in den sicheren Hafen zurück. Es kam auch vor, daß er weit weg in der Fremde überwinterte, aber das war wohl weniger üblich. Es mag wohl in dieser Phase des Umherschweifens und Prüfens vorgekommen sein, die der Zeit der Koloniegründungen (zwischen 900 und etwa 980, wie schon dargelegt) vorausging, aber ich betone noch einmal ausdrücklich: Im allgemeinen zog der Wikinger in die Welt hinaus und kehrte danach zurück. Drei Sommermonate blieben ihm, sein Glück zu machen, und ein Wikingerzug mußte vorbereitet werden. Über diesen Punkt wissen wir allerdings überhaupt nichts, und das werden alle Liebhaber historischer Romane sehr bedauern!

Man kann sich nur in der Phantasie ausmalen, wie das alles vor sich ging: Irgend jemand, ein Stammesführer,

ein „Seekönig" hat beschlossen, zum Wikingerzug auf-
zurufen; dazu brauchte er Schiffe, Waren und Schiffs-
mannschaft. Ein solches Abenteuer wurde nie einfach
improvisiert, schon gar nicht bei den Wikingern mit
ihrem Sinn für Ordnung und Organisation. So ist es also
nicht schwer, sich vorzustellen, daß ein solches Unternehmen lange im voraus geplant wurde, zunächst und
vor allem in materieller Hinsicht: Wer wird mit seinem
Geld zur Expedition beitragen; wer wird ein Schiff ausstatten (oder einen Teil davon, im Fall eines *felag*); wer
schafft die Felle, den Bernstein, die Pelze, das gute Woll-
tuch, den Proviant herbei; wer ist bereit, drei, vier oder
fünf Mann Besatzung zu stellen (eine Rudererbank,
einen Steuermann, einen Mann an Backbord); woher
nimmt man gute Waffen; wer kann den Dolmetscher machen (*tolk* heißt er im Altnordischen; man stellt überrascht fest, daß es ein altslawisches Lehnwort ist); wo
gibt es einen, der die großen Routen und die Rastplätze
auswendig weiß, auch die Orte, wo man mit Sicherheit
nützliche Bekanntschaften schließen kann, die auch über
aussichtsreiche Beutezüge informieren? Erst wenn kon-
krete Antworten auf all diese Fragen gegeben waren,
konnten sich die Wikinger auf große Fahrt begeben.

Denken wir aber einmal über die unglaublich vielen
Berechnungen, Erwartungen, ja eigentlich über dieses gi-
gantische Glücksspiel nach! Ich selbst war immer der
Ansicht, daß das Abenteuerlichste an einem Wikingerzug nicht die Ausführung, sondern die Planung war.
Denn, wie schon mehrfach betont, er erforderte ungeheure Investitionen; es gab keinerlei Garantie, daß das
Unternehmen erfolgreich sein würde; angefangen von
den Risiken der Seefahrt, die man gar nicht genug hervorheben kann: Der *knörr* war immer nur ein Boot ohne

Aufbauten, das gegen den hohen Wellengang ankämpfte; Schiffbruch war an der Tagesordnung, und um es deutlich zu sagen: Es bestand ein krasses Mißverhältnis zwischen dem angestrebten Ziel und den aufgewendeten Mitteln! Und das war zweifellos das eigentliche Wikinger-„Wunder".

Aber irgendwann waren alle Probleme der Vorbereitungen gelöst; die Bootsbesatzung (in aller Regel mindestens 30 bis 35 junge Männer) war zusammengestellt, Handelswaren und Proviant an Bord verstaut, und die große Fahrt konnte beginnen. In einigen Wochen würde man am Ziel sein – falls es ein genaues Ziel gab, was wohl im allgemeinen der Fall war; denn ich glaube nicht, daß diese Seefahrer sich nur dem Abenteuer und dem glücklichen Zufall überließen. Sie steuerten einen ganz bestimmten Landeplatz an, und das war Sache des Anführers, und abgesehen von den festen Routen etwa der schwedischen Waräger, die regelmäßig Byzanz ansteuerten, der Dänen, die in Richtung Danelaw (das ja nach ihnen benannt war) oder der Norweger, die zu ihren Niederlassungen in Südirland fuhren, scheint es so gut wie sicher, daß auch alle anderen Seefahrer ihre Route und ihre Landeplätze im voraus kannten. Deshalb kann ich auch kaum glauben, die Entdeckung Grönlands und – wenn man unbedingt will – Vinlands sei dem Umstand zu verdanken gewesen, daß die Seeleute durch Wind oder Unwetter vom Kurs abkamen; jedenfalls heben die Quellen dies in schöner Einmütigkeit hervor. Es gibt nämlich Berichte von zwei Seeleuten (einer hieß Óttarr und war zweifellos ein „Wikinger") an König Alfred von Wessex, der sie seiner Übersetzung der *Historia universalis* von Orosius anfügte: Darin ist von den Fahrten über die Ostsee und die Nordsee die Rede – ein überzeugender Beleg, daß die Wikinger genau festgelegten Routen folgten[13].

Aber zurück zum Jahresablauf der Wikinger: Es ist wie gesagt Mitte Juli, und das ist ein ganz besonders bedeutsamer Augenblick: *heyannir*; das Gras wird gemäht, getrocknet und eingebracht als lebenswichtiger Futtervorrat für die langen Wintermonate, wenn das Vieh eingesperrt ist und sich sein Futter nicht selbst draußen auf der Weide suchen kann. Fast zwei Monate lang ist die gesamte Hausgemeinschaft damit beschäftigt, das Gras zu mähen, zusammenzurechen, in Heuschobern aufzuschichten und schließlich, wenn es ganz trocken ist, in die Scheune zu bringen. Alle Hände werden gebraucht, auch zufällige Gäste, sogar Frauen werden herangezogen. Über diesen ewig wiederkehrenden Rhythmus der Ernte kann man bei *Þorgunna* von den Hebriden in der *Saga von Snorri dem Goði* nachlesen. Diese Arbeit erstreckt sich ebenso in der Quantität und vor allem der Qualität auf die eigentliche Getreideernte, die im Grundsatz und nach den Worten des Skalden Snorri Sturluson zu dem Namen *kornskurðarmánaðr* (wörtlich: Monat des Kornschnitts) erst des folgenden Monats (also Mitte August bis Mitte September) berechtigen würde. Diese wohl viel ältere Umbenennung aus *tví manaðr* (Doppelmonat, was sich also auf die Zeit zwischen Mitte Juli und Mitte September bezieht) beweist schon allein, daß die beiden wichtigsten bäuerlichen Arbeiten des Sommers, Heumahd und Getreideschnitt, fast in dieselbe Zeit fielen.

Mitte September: *haustmánaðr* (wörtlich: Herbstmonat); er bedeutet auch das Ende der Sommerseligkeit, und es gibt eine Menge zu tun: Zunächst muß einmal das Vieh zusammengetrieben werden, vor allem die

Schafe, die sich oft in beachtliche Entfernungen zerstreut haben (eine ebenso gefühlvolle wie malerische Schilderung dieses Treibens lesen wir im Roman *Avent* von Gunnar Gunnarson, 1937). Die Tiere wurden von ihren Besitzern markiert, bevor sie frei hinauslaufen durften. Nun müssen sie also auf einem öffentlichen Platz *(rétt)* zusammengetrieben und sortiert werden, was keineswegs immer friedlich vor sich ging, bevor sie nach Hause gebracht werden. Nun folgte das Schlachten für den häuslichen Bedarf; auch der Heuvorrat wurde noch einmal ergänzt, und für die Menschen wurden Fleisch und Fisch als Wintervorrat eingepökelt. Im hohen Norden schaufelten die Menschen Gruben in den Boden und bedeckten sie mit Knüppelholz; in diese Gruben legten sie Fleisch und gaben frischen Schnee dazu, der sehr bald zu Eis gefror – eine erste Variante unserer modernen Tiefkühlkost. Überhaupt zog der „Herbstmonat" sozusagen eine Bilanz des ganzen Jahres. Auf dem skandinavischen Festland kam jetzt auch die Zeit der Jagd – sie gehörte damals zu den größten Vergnügungen dieser Menschen; sie jagten mit Pfeil und Bogen und mit der Lanze, und sie verfügten in Skandinavien über eigens für die Jagd abgerichtete Hunde, die bei der Jagd auf Elche, Ren und anderes Hochwild, auch Bären halfen; auch viel Niederwild wurde erlegt. In Island allerdings war die Jagd unbekannt, aber Vögel waren in allen Teilen Skandinaviens sehr begehrt; im allgemeinen wurden sie mit Netzen gefangen.

Mitte Oktober begann der Winter, eine lange Zeit der Dunkelheit und Kälte, die auch heute noch, trotz aller technischen Errungenschaften so schwer zu ertragen ist. Im Augenblick befinden wir uns im Monat *gormánaðr*, zweifellos der fröhlichste im ganzen Jahr, denn er ist der eigentliche Monat der großen Festgelage. Fleisch gibt es im Überfluß; das gute Bier ist gebraut, und die *vetrnætr*, in die ich die Hochzeit von Helga und Björn verlegt habe, rücken heran. Das ist der richtige Augenblick, um Gäste zu empfangen. Die Einladungen sind schon zum passenden Zeitpunkt ausgesprochen worden; das Fest wird sich über mehrere Tage hinziehen, auch wenn es kein besonders wichtiges Ereignis wie eine Hochzeit oder ein Begräbnis zu feiern gibt. Die Gäste sind mit großer Sorgfalt ausgewählt worden – dies vor allem, wie böse Zungen behaupten werden, im Hinblick darauf, ob sie vermutlich die Einladung erwidern können –, und sie kommen nicht mit leeren Händen. Die Gastgeber müssen sehr genau darauf achten, welchen Platz an der Tafel sie jedem Gast zuweisen, denn die gesellschaftliche Rangordnung ist eine außerordentlich heikle Angelegenheit. Wenn die Gäste schließlich wieder aufbrechen, wird man sich überschwenglich für den Besuch bedanken, teils mit herzlichen Worten, teils auch mit wohlüberlegten Geschenken, und man gibt ihnen sogar über ein kleines Wegstück das Geleit, – alles im Verhältnis zum Rang jedes einzelnen Gastes.

Wenig später werden alle Gebäude des *bœr* instandgesetzt, damit sie dem strengen Winter trotzen können. In Dänemark und Island toben die Stürme oft fürchterlich; Regen und Schnee richten in Nordnorwegen und Schweden wahre Verwüstungen an. Außerdem müssen sich die Hausleute um den Vorrat an Brennmaterial, Torf oder Holz, für den Winter kümmern, der alles in eine Art Totenstarre versinken läßt; zumindest außerhalb des Hauses hört jegliche Tätigkeit auf. Schlittenfahren und Eislaufen sind wohl möglich, und die Schlitten mit den langen Kufen werden herausgeholt, aber es herrscht klirrende Kälte, und die Schneestürme sind oft mörderisch.

Deshalb lassen auch die nun folgenden Monate viel weniger an neuere Entwicklungen denken wie die Monate der wärmeren Jahreszeit, die wir bis jetzt betrachtet haben. Die Namen der Wintermonate sind sehr alt und in ihrer Bedeutung dunkel. Ab Mitte November folgt *frermánaðr* oder *ýlir*; ab Mitte Dezember *hrútmánaðr* oder *mörsugr*, später *jólmánaðr* (hier erkennt man *jól*, das moderne *jul*, französisch *Noël* wieder); darauf, ab Mitte Januar, *þorri*, und einen Monat später *gói*. *Þorri* und *gói* gehen möglicherweise auf zwei archaische Gottheiten der Fruchtbarkeit oder der Vegetation zurück, und die Benennung der beiden härtesten Wintermonate dürfte wohl eher euphemistischen Charakter haben. Mitte März folgt schließlich *einmánaðr*, der den Winter beschließt, und dann beginnt der Jahreslauf, dem wir gefolgt sind, von neuem. Man muß wohl nicht besonders betonen, daß diese Monatseinteilung den Mondphasen entspricht – mit der wohlbekannten Lücke am Schluß. Im *Íslendigabók* von Ari Þorgilsson dem Weisen wird sehr genau erklärt, daß diese Lücke, jedenfalls in Island, ausgeglichen wurde, indem man einen *sumarauki* einfügte („Verlängerung des Sommers"), also eine feste Spanne von einigen zusätzlichen Tagen, um die Zeitlücke auszufüllen.

Diese Wintermonate brachten eine allgemeine Verlangsamung des Lebensrhythmus mit sich, zumindest was die Arbeiten unter freiem Himmel betraf (immerhin ging die Fischerei weiter, vor allem auf den gefrorenen Seen. Man brauchte nur mit einem geeigneten Werkzeug ein Loch in das Eis zu bohren und eine Schnur mit Angelhaken hindurchzulassen; so wird noch heute im ho-

hen Norden gefischt). Und doch war diese Zeit weder
müßig oder gar langweilig. Alle häuslichen Arbeiten, für
die bis jetzt keine Zeit war, mußten erledigt werden.
Spinnen und Weben, Schneidern und Nähen, Teppich-
knüpfen und Sticken erforderten Geduld und Fleiß. Wie
noch heutzutage liebten die Frauen in Skandinavien das
Sticken. Sie nahmen kleine Holzrahmen zu Hilfe, in die
vier Löcher gebohrt waren, wo die Fäden hindurchgin-
gen. – Dazu kamen die unerläßlichen Reparaturarbeiten
an den Gerätschaften; Schreiner und Zimmerleute traten
in Aktion, und jetzt wurden auch die Einzelteile gefertigt, die für den Schiffbau gebraucht wurden (davon später), außerdem Wagen, Schlitten und vieles andere mehr.
Und an den Winterabenden, die sehr lang waren, wie
man sich vorstellen kann, saßen alle in gemeinsamer
Runde und schnitzten Holzfiguren. Daraus entstanden
wunderschöne Pfosten für den Hochsitz oder Galions-
figuren für das *langskip* oder alle möglichen Verzierungen, wie man sie auf verschiedenen Fundgegenständen
im Osebergschiff (Norwegen, 9. Jahrhundert) betrachten
kann.

Auch in der Schmiede waren die *smiðir* an der Arbeit.
Wir werden weiter unten noch sehen, welche Kostbar-
keiten sie zuwege brachten. Aber ganz abgesehen von
der künstlerischen Vollendung ihrer Produkte fertigten
sie auch Schlösser und Schlüssel, die so kompliziert waren, daß wir heute nur staunen können. Man hat zwar
bewiesen, daß sie nach römischen Vorbildern hergestellt
wurden, aber trotzdem war ausgereiftes Können notwendig, um zum Beispiel eine Geldbörse mit Fächern
herzustellen, wo jede Reihe von Fächern der Größe der
wichtigsten Münzen, die damals im Abendland in
Umlauf waren, genau entsprach. Noch erstaunlicher ist

die Waage für gehacktes Silber, von der mehrere ähnliche Exemplare gefunden wurden: Diese Waage konnte man vollständig zusammenklappen und in den beiden halbkugelförmigen Waagschalen transportieren; diese konnte man so ineinanderstecken, daß eine Kapsel daraus entstand, die man nur noch in einen Lederbeutel gleiten lassen mußte[14]. Ich erwähne hier nur nebenbei die wundervollen Schmuckstücke: Broschen, Halsketten, Armreifen aus Gold, Silber und Bronze, die in den Museen in ganz Skandinavien sorgsam gehütet werden und nur zu oft die Arbeit mit edlem Metall an die Grenze seiner Möglichkeiten zu treiben scheint. Um nur ein Beispiel anzuführen: die runde Brosche aus Goldfiligran aus Hornelund (Dänemark).

Schließlich war der Winter auch noch die Zeit für Spiele – die Wikinger spielten mit Begeisterung, nach den zahlreichen, unterschiedlichsten Fundstücken zu urteilen –; sie lauschten dem Vortrag von alten Gedichten, trugen neue Dichtung vor, erzählten vielleicht von ihren Erinnerungen an die nahen oder ferneren Vorfahren, berichteten aufs neue ihre Erlebnisse auf ihren letzten Fahrten und beschäftigten sich mit Rätsellösen, wovon in zahlreichen eddischen Liedern die Rede ist. Im Kapitel VII werde ich im Zusammenhang mit dem Geistesleben der Wikinger noch einmal im einzelnen darauf zurückkommen, aber es war nützlich, das Thema hier gewissermaßen vor Ort wenigstens zu umreißen. Nein, es ist wirklich nicht zu erkennen, daß Wintermonate bei den Wikingern besonders trübselig, ohne Arbeit oder düster gewesen wären.

Außerdem wurde diese lange Winterzeit sehr angenehm durch das große *jól*-Fest unterbrochen, das Fest der Wintersonnenwende, dessen Ursprünge sich in

grauer Vorzeit verlieren. Es ist nicht schwer, sich vorzustellen, wie in sehr frühen Epochen die Angst, das Son-
nenlicht nie mehr wiederzusehen, ausgedehnte Versöh-
nungsriten ausgelöst hat. Noch im Zeitalter der
Wikinger brachten die Menschen an diesem Tag ein
großes Opfer *(blót)* dar, aber es ist schwer zu sagen, an
wen sich überhaupt diese Opferhandlung richtete: vielleicht an diese geheimnisvollen Gottheiten des Schicksals und zugleich der Fruchtbarkeit, von ihnen Disen*
genannt *(dísir,* davon abgeleitet *dísablót,* Opfer für die Disen), oder an die noch viel rätselhafteren Himmelsgestal-
ten, die Alfen *(álfar),* möglicherweise Luftgeschöpfe, jedenfalls sehr viel älter als die Wikinger – die religiösen
Texte bringen sie einhellig mit der „Familie" der Asen
und der Vanen zusammen; sie herrschten offenbar über
die geistigen Bereiche und die vegetativen Funktionen –
wir finden sie in ganz banalisierter Form als „Elfen" in
der neuzeitlichen Volkstradition wieder.

Der Name des Festes, *jól,* ist ein Neutrum pluralis und
noch nicht zufriedenstellend erklärt. Immerhin deutet
seine Form auf einen Bezug zur Gesamtheit übernatürli-
cher Wesenheiten hin; die Disen oder die Alfen würden
dort also gut hineinpassen. Jedenfalls war für diesen
Anlaß immer ein besonders Bier, das *jólaöl,* gebraut worden, und im Verlauf des großen Festmahls, das mit den
Opferfeierlichkeiten einherging, aßen die Menschen das
Fleisch des geopferten Tieres – ein Pferd oder eher noch
ein Schwein, das sie, wie schon oben beschrieben, eigens
für diesen Zweck auf einer geweihten Einfriedung
mästeten, die vor der *skáli* mit großer Sorgfalt instandgehalten wurde. Der *julskinka* – Weihnachtsschinken – ,
den die Bewohner Skandinaviens bis zum heutigen Tag
bei diesem Anlaß verzehren, erinnert unmittelbar daran,

ebenso wie die Böckchen oder Zicklein aus geflochtenem Stroh, womit jedes Haus in Skandinavien, das etwas auf sich hält, zu Weihnachten ausgeschmückt ist; sie gehen wohl auf einen ganz alten Kult des Þórr zurück; von diesem Gott werden wir weiter unten noch feststellen können, daß er alles andere als kriegerisch war. Im übrigen dauerten diese Festlichkeiten mehrere Wochen. In christlicher Zeit bewahrte die Feier des Weihnachtsfestes ganz ungeniert die Erinnerung an diesen Brauch; es dauerte bis zum „Dreizehnten Tag" (schwedisch *trettondagen*, Epiphanias; deutsch „Zwölf Nächte").

So ist es auch kein Zufall, daß sich die nachfolgenden Monate, *þorri* – auch dieser von einem anderen großen Opferfest, *þorrablót*, unterbrochen und bis heute bei den Isländern begangen – und *gói* wohl auf Vegetationsgottheiten bezogen; es herrschte große Angst wegen der Kälte, der Dunkelheit und der langen Unfruchtbarkeit der Erde. Aber wie schon gesagt, auch diese Jahreszeit muß nicht nur von der düsteren Seite gesehen werden; auch darf man sich nicht vorstellen, daß die Menschen im Winter vollständig eingesperrt waren. Schnee und Eis waren damals wie heute Quelle großen Vergnügens für „Sportsleute", wie die Wikinger es waren. Darüber hinaus brachten sie sogar Vorteile: Wo im Sommer die Wege in den Sümpfen lang und umständlich waren, erleichterten Schnee und Eis die Übergänge und Überquerungen.

## Essen und Trinken

Über das gemeinsame festliche Mahl habe ich nun schon mehrfach berichtet, auch um zu betonen, wie bedeutsam es bei den Wikingern war. Gut essen und trinken gehörte zweifellos zu den Höhepunkten im Leben des Wikingers, weil er in einer bäuerlichen Kultur verwurzelt war, in der das tägliche Auskommen nicht immer üppig und vielseitig war, und in einer Mangelwirtschaft, die ununterbrochene Schlemmerei einfach nicht erlaubte. Trotzdem kann man nicht behaupten, die Kost sei knapp und ärmlich gewesen, doch die Länder im hohen Norden waren arm, und der Alltag mußte einfach ständigen Verzicht bedeuten.

So gab es im Lauf des Tages nicht mehr als zwei Mahlzeiten. Die erste war seit alters die wichtigste, was sich in den germanischen Ländern mehr oder weniger in ihrem Frühstück bis heute erhalten hat. Sie hieß *dagverðr* (oder *dögurðr*), wurde bei *dagmál*, also gegen 9 Uhr am Morgen, eingenommen, wenn die ersten Arbeiten auf dem Hof, insbesondere mit dem Vieh, erledigt waren. Die zweite Mahlzeit, *náttverðr* genannt, entsprach ungefähr unserem Abendessen, wenn die Tagesarbeit abgeschlossen war, um *náttmál* oder 9 Uhr abends.

An dieser Stelle einige Bemerkungen über den raschen Fortschritt in der Art, wie ein Tag von 24 Stunden eingeteilt und gestaltet wurde[15]. Das 24-Stunden-Diagramm auf der nächsten Seite folgt dem Sonnenstand und zeigt gleichzeitig die wichtigsten Haltepunkte des Tages.

Je nach Jahreszeit konnten die eingetragenen Stunden bis zu einer ganzen Stunde variieren, aber das Gesamtschema bleibt immer gleich. Um *rismál* (6 Uhr) begann der Tag; morgendliches Waschen nach dem Aufstehen scheint nicht üblich gewesen zu sein, aber von Dampfbädern war schon die Rede, wohin sich jedermann am Samstag, *þváttdagr*, begab (Tag des Waschens und der großen Wäsche, die mit Hilfe von Substanzen aus Soda oder aus der Jauche vorgenommen wurde). Um 9 Uhr folgte also das Frühstück, und um die Mittagszeit gab es wohl einen kleinen Imbiß, das mag wohl zur Stunde *eykt* (15 Uhr) gewesen sein, was später in christlicher Zeit den Nonen entsprach. Vielleicht war der Tagesablauf, soweit bekannt, nicht immer so strikt in Drei-Stunden-Rhythmen eingeteilt, denn eine lange Winternacht und ein langer Sommertag wird andere Arbeitszeiten erzwungen haben, aber diese Graphik bietet immerhin einen bequemen Anhaltspunkt.

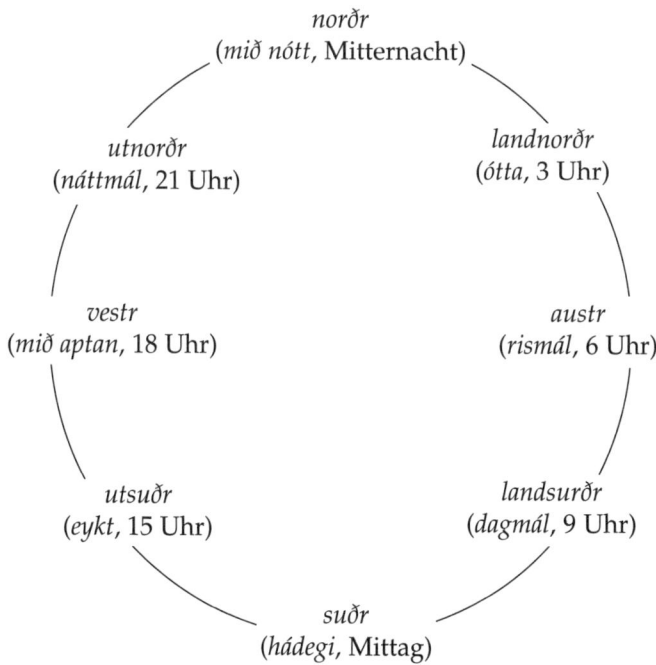

norðr
(*mið nótt*, Mitternacht)

utnorðr
(*náttmál*, 21 Uhr)

landnorðr
(*ótta*, 3 Uhr)

vestr
(*mið aptan*, 18 Uhr)

austr
(*rismál*, 6 Uhr)

utsuðr
(*eykt*, 15 Uhr)

landsurðr
(*dagmál*, 9 Uhr)

suðr
(*hádegi*, Mittag)

Wie sahen also die Mahlzeiten aus? Wie überall durch das ganze Mittelalter hindurch bereitete die *husfreyja* einen Saucenfond zu, den man sich ungefähr wie das moderne Ketchup vorstellen muß und der immer zur Verfügung stand. Die Hauptspeise bestand regelmäßig aus einer Grütze *(grautr)* auf der Grundlage von Getreide, die sich vor allem die Engländer bis heute mit ihrem Porridge erhalten haben, auch die Völker Skandinaviens *(gröt)*. Dazu gab es „Brot", eigentlich „Knusperbrot" (schwedisch *knäckebröd*, norwegisch *flatbröd* mit all ihren Varianten) aus Gerste und Kleie, die in der handgetriebenen Mühle gemahlen oder mit dem Stößel geschrotet wurden. Auch wassergetriebene Mühlen *(mylna)* waren bekannt, aber der Name verrät schon, daß sie römischen Ursprungs *(molina)* sind. Auf das Brot wurde Butter gestrichen; sie war zur besseren Haltbarkeit stets gesalzen und wurde in Kübel oder Kästen abgefüllt, damit die Seefahrer sie bequem mit sich führen konnten. Fisch stand regelmäßig auf dem Speiseplan, häufiger getrocknet *(skreið)* als frisch gefangen; er wurde meistens in Wasser gekocht, gelegentlich auch gegrillt und zusammen mit ebenfalls getrockneten Algen oder auch Gemüse wie Erbsen oder Kohlrabi verzehrt. Fleisch gab es seltener. In aller Regel wurde es wohl geklopft und danach weichgekocht, wie dies noch heute in Mitteleuropa üblich ist, aber die Archäologen haben auch zahlreiche Gerätschaften zum Grillen des Fleisches entdeckt, einige davon höchst einfallsreich und praktisch, wie etwa die lange Eisenstange, die in einer ebenfalls eisernen Spirale endet. Es gab Teller, oder besser Holznäpfe, und jeder, Männer wie Frauen, hatte sein eigenes Messer und seinen Löffel aus Holz oder Horn. Gabeln besaßen die Esser also damals weder hier noch anderswo.

Die zahlreich aufgefundenen Hohlformen aus Holz und Backbretter beweisen, daß auch irgendein Feingebäck keineswegs unbekannt war. Es wurde mit wildem Bienenhonig gesüßt, den man durch Ausräuchern der Bienenvölker gewann. Darüber hinaus aßen die Menschen alle möglichen Arten von Suppen oder Brühen: Verschiedene Töpfe und Kessel, die in nahezu allen Regionen gefunden wurden, mitunter zusammen mit langen Schöpflöffeln zum Umrühren oder zum Servieren, sind der Beweis. Milchprodukte gab es reichlich und in verschiedensten Formen, allen voran der *skyr*, eine Art Dickmilch, auf die alle Wikinger ganz versessen waren (nicht zu verwechseln mit dem *skýr* im modernen Island, einem besonders cremigen weißen Käse), und der *sýra* aus Molke, der sich als beliebtestes Getränk behauptete. *Ostr*, zweifellos ein Ziegenkäse, gehörte gleichermaßen zum Essen und war wie überall in eine Form gepreßt. In einigen Quellen liest man zum Thema Speisefolge die Aufzählung: *slátr, skreið ok ostr*, Fleisch, getrockneter Fisch und Käse; das vermittelt einen Eindruck davon, welche Auswahl zur Verfügung stand.

Obst gab es wohl, aber man kann sich leicht vorstellen, daß es nicht in der Fülle und Vielfalt zu haben war wie in den Ländern Südeuropas. Unsere Quellen erwähnen überhaupt nur Äpfel, und das nur für Dänemark und Südschweden – außerdem muß man bei dem Wort *epli* vorsichtig sein; es kommt häufig in Zusammenhängen vor, wo es sich auf irgendeine andere Frucht bezieht; aber in einigen Gräbern hat man doch Reste von echten Äpfeln gefunden. Haselnüsse und Walnüsse scheinen andererseits in den Legenden eine besonders bedeutsame Rolle gespielt zu haben, dazu insbesondere alle Arten von Beeren (Sg. *ber*), aus denen man überdies einen

„Wein" *(berjavín)* herstellen konnte. Trotz allem wird klar, daß auch ein gutgeführter Haushalt nur eine beschränkte Auswahl von Nahrungsmitteln zur Bereicherung der Tafel bieten konnte. In diesem Punkt ist es sehr amüsant zu verfolgen, welche Anstrengungen später alle Übersetzer und Interpreten höfischer Dichtung unternahmen, die gelegentlich erwähnten „exotischen" Köstlichkeiten ins rechte Licht zu setzen. Wir wollen hier ohne Umschweife, wenn auch vereinfachend feststellen, daß die Eßkultur in den nordischen Ländern damals wahrhaftig nicht sehr empfehlenswert war!

Bezeichnenderweise ergehen sich denn auch unsere Quellen viel ausführlicher über die Getränke und das Trinken als über die eigentlichen Nahrungsmittel, und das Wort *drykkja* oder *drekka* (Trinken, Getränk) hat auch häufig die Bedeutung von „Festmahl". Es handelte sich dort weniger um das einfache Durstlöschen als vielmehr das Gemeinschaftserlebnis eines Trinkgelages, was nur zu verständlich ist in einer Gesellschaft, deren Mitglieder eher wie Mönche in der einsamen Zelle lebten, wie man gesagt hat, und wo Gastfreundschaft unerläßlich war. Man „feiert" also nicht *jól*, eine Hochzeit oder ein Begräbnis, man „betrinkt" sie *(drekka jól, brútkaup, erfi)*.

Was tranken sie also, abgesehen von Wasser und Milch? In erster Linie war es Bier, aber hinter dem Wort *öl* verbergen sich sehr unterschiedliche Dinge, wenn es sich auch in jedem Fall um Malz, vergorene Gerste, seltener Hopfen (ganz gelegentlich auch gewürzt) gehandelt haben dürfte. Die Quellen unterscheiden nicht immer sehr genau, aber zumindest drei Begriffe beziehen sich auf dieses Getränk: *öl, bjórr* und *mungát*, und alle drei wurden in Fässern aufbewahrt. Die Zubereitung dieses Gebräus war offenbar eine diffizile und wichtige Angelegenheit; es kam vor, daß sie einem Fachmann anvertraut wurde; einige standen in dem Ruf, sehr gutes Bier zu brauen, andere wieder nicht. *Mungát* bezog sich wohl, trotz seines Namens („Nascherei für die Kehle"), eher auf Dünnbier, *bjórr* war stärker (die *Alvíssmál* betonen, daß gerade dieses bei den Asen „Bier" genannt wird), und *öl* stellte das Starkbier dar, obwohl das Wort auch in allen übrigen Fällen verwendet wurde. Der Wein wurde naturgemäß aus dem Süden importiert und setzte sich ausschließlich in der Literatur durch. Die Sage, wonach Óðinn nur mit Wein aufgezogen wurde, hat offenkundig nur Symbolcharakter, gemäß der Etymologie des Namens Óðinn (*óðr*, Trunkenheit, Raserei, Ekstase). Aber das eigentliche Hauptgetränk war der Honigwein oder Met *(mjödr)* auf der Grundlage von wildem Honig, eine Errungenschaft indo-europäischer Kultur. Andererseits gab es sicher auch Varianten von „Bier", die mit Honig und allerlei Gewürzen versetzt waren, und sehr häufig, wenn uns die Quellen von *öl* berichten, liegt die Vermutung nahe, daß eigentlich *mjöðr* gemeint ist.

Jedenfalls waren wohl all diese Getränke ziemlich stark, und die Wikinger scheinen den Genuß alkoholischer Getränke nicht sehr gut vertragen zu haben. Trunkenheit war nicht nur der sozusagen obligate Abschluß eines jeden Festgelages; verschiedene Quellen wie die *Egills saga Skallagrimssonar* ersparen uns nicht einmal die widerwärtigen, brutalen Details solcher Orgien. Die Zecher tranken aus Trinkhörnern, die aus Naturhorn, Metall oder auch Holz hergestellt und sehr oft kunstvoll verziert, bemalt, graviert, aus Metallplatten gehämmert und mit einfallsreichen Tragehalten versehen waren. Fußlose Gläser wurden aus fernen Ländern, vor allem vom Rhein, importiert, oder man benutzte, wie auf dem Teppich von Bayeux zu sehen ist, fußlose Pokale, sehr bauchige Bechergläser. In jedem Fall war es für die Zecher praktisch unmöglich, ihre Trinkgefäße auf dem Tisch abzustellen; sie mußten deshalb auf ex trinken, und deshalb waren sie auch, wie schon erwähnt, so rasch betrunken.

Es gab auch bestimmte Tischriten, die wir aus den Berichten des Sagas rekonstruieren können, vor allem beim Trinken. Meist tranken sie in größerer Runde – *sveitardrykkja* – ; jeder mußte genausoviel trinken wie sein Tischnachbar. Manchmal trank man auch für sich allein (*einmenning*); in diesem Fall zweifellos aus kleineren Trinkhörnern. Auch zu zweit konnte man trinken (*tvímenning*), entweder zwei Männer miteinander und oder ein Mann zusammen mit einer Frau – in diesem Fall waren die Absichten des männlichen Trinkers klar! In aller Regel machte das Trinkhorn die Runde oder wurde der Reihe nach von einem Platz zum gegenüberliegenden weitergereicht. In jedem Fall wurde übermäßiges Trinken als große Heldentat betrachtet, und ein wahrer Held mußte viele Trinkhörner nacheinander ohne Unterbrechung leeren können, auf die Gefahr hin, daß er das getrunkene Gebräu gleich wieder ins Freie beförderte [16], was aber ohne Folgen blieb. Wieviel Ehre ein gewaltiger Trinker genoß, liest man sehr anschaulich in der oben erwähnten *Egills saga* oder vor allem in Snorri Sturlusons amüsantem Bericht von der Reise Þorrs zu den Útgarðaloki [17].

Insgesamt wird nicht ganz deutlich, ob das Festmahl den Speisen galt, die man verzehrte, oder viel eher dem glücklichen Anlaß, der sich bot, wenn man mehrere Stunden in fröhlicher Gesellschaft verbringen und dabei – selten genug – gemeinsam plaudern, scherzen oder das Andenken der berühmten Ahnen feiern konnte. Im

Kapitel über das Geistesleben (S. 265) findet der Leser noch einen Bericht über ein großes Festmahl zu Reykjahólar, Island, im 12. Jahrhundert; er wird feststellen, daß sich der Erzähler eher über Nebensächlichkeiten (jedenfalls wie wir es heute sehen) des Festmahls verbreitet und das eigentliche Essen und Trinken ohne besonderen Kommentar erwähnt.

## Reisen über Land

An dieser Stelle will ich, um dieses Kapitel abzurunden, noch einige Worte über die verschiedenen Arten der Fortbewegung zu Lande sagen; die Schiffahrt wird weiter unten für sich ausführlich betrachtet.

Die Wikinger reisten in aller Regel zu Pferde von einem Ort zum anderen; das Pferd war das verbreitetste Fortbewegungsmittel zu Lande. Im Kapitel über die Freizeitbeschäftigungen wird auch klar werden, mit welcher Leidenschaft sie ihrem Reittier anhingen. Auf die Gefahr hin, den Leser wieder einmal zu enttäuschen, werde ich aber nicht „Wotans Wildes Heer" aus ihnen machen! Dieses Pferd war klein, so wie es noch heute in Island gezüchtet wird, im Körperbau ein Mittelding zwischen einem Pony und einem normalgroßen Pferd. Diese Rasse war überraschend widerstandsfähig und brauchte kein besonders ausgesuchtes Futter. Sie war außerordentlich trittsicher, und da sie so klein war, konnten die Wikinger sie ohne weiteres mit in ihre Schiffe nehmen. Das vergißt man ja meistens: Ein Wikingerschiff beförderte außer der Mannschaft auch einige Pferde, die für wichtige Erkundungsausflüge an Land oder die plötzlichen Überfälle – Spezialität dieser „Krieger" –

dringend gebraucht wurden. Der Teppich von Bayeux zeigt denn auch sehr anschaulich, wie Wilhelm der Eroberer Pferde an Bord bringt und sie nach der Überfahrt wieder auslädt, bevor er in die Schlacht zieht. Um genau zu sein: Die Pferde wurden in das Schiff gelegt und fest vertäut, außer bei einer Überfahrt in ruhigen Gewässern. Daraus sollte man nun keine Diskrepanz zwischen der Größe von Roß und Reiter ableiten, die ein ziemlich lächerliches Bild abgäbe. Die schlechte Übersetzung eines sehr berühmten Spitznamens in Frankreich verwies lange Zeit in diese falsche Richtung: „Göngu-Hrólfr" hieß Rollo, der erste Herzog der Normandie, und angeblich wurde er so genannt, weil er so großgewachsen war, daß er nicht aufsitzen konnte, weil seine Beine auf der Erde ständig mitschleiften (*göngu* von *ganga*, marschieren, zu Fuß gehen). In Wirklichkeit war der Spitzname von *göngumaðr*, Vagabund, Landstreicher, abgeleitet, weil er „ohne Land" war und sich also überall eine Bleibe suchen mußte. Um aber auf das Wikingerpferd und seinen Reiter zurückzukommen: Man darf nicht vergessen, daß die Nordmänner im Vergleich zu einigen Zeitgenossen in West- und Südeuropa möglicherweise großgewachsen waren, aber keineswegs so groß, wie wir sie heute einschätzen würden, und schon gar nicht in den Körpermaßen, an die wir im 20. Jahrhundert gewöhnt sind, gerade bei den Menschen in Skandinavien. Von einem auffallenden Mißverhältnis zwischen den Körpergrößen von Roß und Reiter damals kann also nicht die Rede sein.

Diese Pferde konnte man auch vor einen vierrädrigen Wagen spannen. Ein sehr gut erhaltenes Exemplar eines solchen Wagens wurde im Osebergschiff (9. Jahrhundert) entdeckt. Das Pferdegeschirr war sehr geschickt ausgedacht: Die Leinen gingen vom Hals des Pferdes zu den Radnaben; eine Deichsel war offenbar wenig in Gebrauch. Diese Karren konnten allerdings keine schweren Güter in großen Mengen aufnehmen, aber sie leisteten in vielfacher Hinsicht gute Dienste zur Beförderung von Personen wie für den Transport. Auch einige Schlitten hat man im Osebergschiff gefunden, die mit Pferdegespannen fahren konnten. Im Winter waren sie selbstverständlich praktischer als die Wagen. Offenbar wurden sie von zwei Pferden gezogen, die man beiderseits einer Deichsel anschirrte, und man hat vermutet, daß der Fuhrmann auf einem der beiden Pferde ritt.

Über Skier werden wir im Zusammenhang mit dem „Sport" noch sprechen; hier nur so viel, daß sie eine sehr alte Erfindung der Nordeuropäer sind, wahrscheinlich viel älter als die Wikinger, und daß sie in der Epoche der Wikinger ganz eindeutig in Gebrauch waren, ebenso wie die Schneereifen.

# Kapitel V

## Das Leben an Bord

Wir mußten uns etwas eingehender mit dem ländlichen Alltag der Wikinger beschäftigen, weil wir nur leicht geneigt sind, diese Menschen mit ihrem Schiff zu identifizieren, und dabei vergessen, daß sie grundsätzlich nur wenige Wochen, vielleicht einige Monate, und das nicht einmal ständig, auf dem Schiff verbrachten. Ein paar Tage Überfahrt oder Küstenfahrt, und schon gingen sie an Land, um Geschäfte zu tätigen, für einen raschen Handstreich *(strandhögg)* oder einen länger geplanten Kriegszug. Aber es wäre grotesk zu behaupten, sie hätten auf Dauer in ihrem Schiff gelebt. Wie ausgefeilt die technischen Qualitäten dieses Schiffs auch gewesen sein mögen – das Leben an Bord kann für die Besatzung kaum besonders komfortabel gewesen sein!

Im übrigen gibt es auch zahlreiche andere Gründe, das eben Gesagte zu verstehen. Das Wikingerschiff *(knörr, skeið, langskip, karfi, skúta* und sogar *byrðingr)* hatte kein großes Fassungsvermögen. Es beförderte im Durchschnitt etwa vierzig Personen mit ihrem Proviant, ihrer Ausrüstung und ihrer Warenladung. Dazu kamen einige unentbehrliche Pferde für Erkundungsgänge an Land und blitzschnelle Übergriffe. Diese Boote hatten keinerlei Aufbauten und konnten keinesfalls als Aufenthaltsort auch für kürzere Zeit dienen. Das Leben an Bord war sicher nicht das leichteste, denn der verfügbare Platz war auf ein Minimum beschränkt.

Und trotzdem hat dieses ruhmreiche Schiff nicht nur und vor allem anderen die Entwicklung des Wikingerphänomens zugelassen, es hat sogar den dauerhaften Erfolg dieses Phänomens gewährleistet. Über tausend Jahre danach schwärmt das Abendland unaufhörlich – teils entsetzt, teils begeistert, aber stets mit Leidenschaft – für die Heldentaten dieser „Eroberer der Meere", und es ist vollkommen richtig, daß diese Heldentaten ohne das Schiff nicht stattgefunden hätten. Deshalb muß man diesem Schiff auch die gebührende Aufmerksamkeit widmen.

Ganz ohne Zweifel hat das Schiff eine ganz bedeutende Rolle gespielt oder einen hervorragenden Platz im physischen und geistigen Universum der Bewohner Skandinaviens behauptet, und das seit Anbeginn. Ein Blick auf die Landkarte überzeugt uns von der Allgegenwart des Wassers (das Meer, die Seen, Flüsse, Fjorde und Sümpfe) in diesen nördlichen Breiten und daß ein Transportmittel gebraucht wurde, das all diese Hindernisse überwinden konnte. So kann es auch kein Zufall sein, daß die Dächer der oben beschriebenen Langhäuser die Form eines kieloben liegenden Schiffes hatten, weiterhin, daß die Gemeinschaftsgräber der Eisenzeit (etwa zu Beginn unserer Zeitrechnung) durch Steinsetzungen markiert wurden, die aus großer Höhe betrachtet den Umriß eines Schiffsrumpfs nachzeichneten; oder daß sich im 8. und 9. Jahrhundert (womöglich schon früher) bedeutende Persönlichkeiten dieser Wikingergesellschaft wie in Oseberg in einem Schiff bestatten ließen. Vielleicht ohne es zu wissen, entdeckten sie damit eine schon vorhandene Idee neu: in den bronzezeitlichen Felszeichnungen (1500–400 v. Chr.) möglicherweise, wo ein charakteristisch geformtes, Kammschiff genanntes Boot wohl die Abgeschiedenen ins Jenseits übersetzte. Im übrigen stimmt eine der schönsten Sagen der Edda von der Bestattung Baldrs, dessen Leichnam in ein brennendes Schiff gelegt wurde und auf offener See verschwand, ganz auffällig mit all diesen Vorstellungen überein. Und da wir gerade das Gebiet der Mythologie berührt haben: Es ist nicht überraschend, daß gerade dort in vorchristlicher Zeit verschiedene Meeresgottheiten verehrt wurden und daß das Schiff eine bedeutsame Rolle in zahlreichen Sagen spielte. Zudem kann dieses Fahrzeug auch nicht im 8. Jahrhundert schlagartig aus der Versenkung aufgetaucht sein, um ausgerechnet die ehrgeizigen Vorhaben der Wikinger zu befriedigen. Es hat zweifellos eine lange Vorgeschichte; das beweisen, wenn es überhaupt eines Beweises bedürfte, einige Vorläufer des Schiffs wie die kleinen Boote von Nydam (Dänemark), die einige Jahrhunderte vor der Wikingerepoche gebaut wurden und schon die entscheidenden Charakteristika des *knörr* oder des *skeið* aufweisen: Ihre Planken sind hoch hinaufgezogen; sie zeigen schon ihre ganz typische Form mit Heck und Bug, die sozusagen symmetrisch zueinander stehen, und sie haben das Steuerruder am hinteren Steuerbord, eine der genialen Erfindungen, die aus Skandinavien kommt.

Es war also ganz natürlich, daß dieses Schiff bei den Wikingern im Mittelpunkt des Interesses stand, und es erforderte schon viel Zeit, beachtliche Erfindungsgabe und technisches Können, um ein solches Schiff zu bauen. Archäologische Funde und andere Zeugnisse wie der Teppich von Bayeux kommen in diesem Punkt den Quellentexten ganz eindrucksvoll zu Hilfe. Nur ein Beispiel: Snorri Sturluson[1] schildert in der *Saga von Ólafr Tryggvason* mit liebevoll ausgeschmückten Einzelheiten, wie König Olaf das hochberühmte Schiff „Lange Schlange" bauen ließ; es wurde der angesehenste *knörr*, der jemals im hohen Norden in See stach. Der Schiffsbaumeister war ein gewisser Þorbergr Skafhögg (sein Nachname läßt an „Holz schleifen", „das Schleifmesser handhaben" denken). Aus irgendeinem Grund mußte Þorbergr sich für längere Zeit entfernen, gerade als die Schiffsplanken in Arbeit waren. Am Morgen nach seiner Rückkehr wurde bemerkt, daß die Schiffswand mit Kerben bedeckt waren, die von einem Werkzeug stammten, mit dem man eigentlich das Krüppelholz bearbeitet, – und deshalb weigerten sich die Handwerker, mit der Arbeit weiterzumachen. Der König wurde von dem Vorfall unterrichtet, und er rief Þorbergr zu sich; dieser bekannte, selbst der Übeltäter zu sein, und reparierte die Schäden durch die „Hiebe des Krüppelholzmessers" *(skylihögg)*, die er selbst verursacht hatte. Die Episode läßt mehrere Deutungen zu: Vielleicht wollte der Baumeister damit sein großes technisches Können zur Schau stellen. Aber die Geschichte ist wegen einer technischen Einzelheit so wertvoll: Man braucht nicht lange nach dem Handwerkszeug zu suchen, mit dem Þorbergr das Schiff ruinierte und mit dem er es wieder instandsetzte. Es handelt sich um eine Art Schnitzmesser mit langem Schaft oder Dachsbeil, wie man es in der Abteilung 35 des Teppichs von Bayeux sehen kann oder wie es auch an verschiedenen Fundstätten ausgegraben wurde. Dazu kommt, daß es durch mehrere sorgfältige Rekonstruktionen von Fundstücken aus Norwegen (Gokstad) oder aus Dänemark

(Skuldelev), beides zur allseitigen Bewunderung ausgestellt und von Fachleuten minuziös untersucht[2], möglich wurde, den Fahrtrouten der Wikinger zu folgen und die kleinsten Details der verwendeten Techniken aufzuspüren[3].

So sind wir merkwürdigerweise über den Bau dieses Schiffs besser unterrichtet als über seine Verwendungsmöglichkeiten in damaliger Zeit. Auch wie es sich allmählich entwickelte, können wir aus seinem Vorläufer von Nydam erschließen; die Entwicklung hatte möglicherweise schon im 4. Jahrhundert begonnen. Ganz offenbar stellte dieses Schiff drei Jahrhunderte lang (9.–11.) eine Art Ideal dar, was man allein schon daraus ersieht, wie viele nautische Vokabeln aus dem Altnordischen in die französische und englische Sprache eingegangen sind. Mit J. Graham-Campbell kann man feststellen, daß „während der Wikinger-Epoche und einige Zeit danach das beherrschende Schiff in Nordwesteuropa der nordische Typ war: das Wikingerschiff und seine verschiedenen Formen"[4]. Gerade dieser Punkt darf nicht verschwiegen oder geleugnet werden: Der Wikinger, das ist in erster Linie sein Schiff, und sein Schiff ist die eigentliche Grundlage seines Erfolgs, wenigstens solange es gewinnbringend eingesetzt werden kann und solange seine Ladekapazität den Bedürfnissen der Zeit entspricht. Als dieses Schiff aus den verschiedensten Gründen außer Gebrauch kam, gab es auch keine möglichen Wikinger mehr, und damit war ein bedeutsames Kapitel der Menschheitsgeschichte abgeschlossen. Jede ernstzunehmende Untersuchung dieses einzigartigen Phänomens, wie es die Geschichte der Wikinger war, muß also vor allem anderen ihre Aufmerksamkeit auf dieses Schiff richten.

Im Alltag der Wikinger nahm es einen wahrhaft bedeutsamen Platz ein, nicht nur im Hinblick darauf, wie es Inhalt ihrer Pläne, ihrer Erinnerungen und Träume war, sondern viel banaler: weil es gebaut und instandgehalten werden mußte – und dies nicht ausschließlich für große Unternehmungen. Es handelte sich nicht darum, bei jeder passenden Gelegenheit und ohne triftigen Grund sich einzuschiffen, um den Atlantik zu überqueren oder von Südschweden aus über die Ostsee, durch das Netz der russischen Seen und Flüsse nach Süden und schließlich über das Schwarze Meer nach Byzanz zu fahren. Nicht solche große Fahrten, die wir zu Recht bestaunen, beschäftigten den Wikinger; wie man leicht einsieht, richteten sich seine täglichen Sorgen und Mühen auf viel schlichtere wie auch näherliegende Überlegungen: Fischen zum Beispiel, Aufbruch zur Jagd auf Pelztiere, Holz suchen oder ganz schlicht einen Freund oder einen Verwandten besuchen, und da war das Schiff das sicherste Fortbewegungsmittel für solche Zwecke.

Im übrigen gab es noch zahlreiche andere Schiffstypen außer dem *knörr*, *skeið* oder *langskip* – diese drei Bezeichnungen scheinen mehr oder weniger austauschbar gewesen zu sein, obwohl man hier das Alter der Quellen sehr genau beachten und die unausweichliche Entwicklung eines Schiffstyps berücksichtigen muß. Das Gokstad-Schiff aus dem 9. Jahrhundert weist erkennbare Unterschiede in der Bauart gegenüber dem Skuldelev-Schiff 2 (11. Jahrhundert) auf. Die große Zahl der Bezeichnungen, von der wir nun schon einen Eindruck gewonnen haben, ist aufschlußreich; aber es ist ebenso bemerkenswert, daß die Grundprinzipien des Bauplans immer gleich bleiben, ob es sich nun um die bekannten großen oder kleinen Modelle handelte und für welchen Zweck ein Schiff vorgesehen war. So bestand also kein grundsätzlicher Unterschied zwischen dem *færingr* – eine der Schaluppen oder Barken, die im Gokstad-Schiff entdeckt wurden; sein Name weist auf „vier Ruder" hin; die Art der Namensgebung war geläufig: *tolfæringr*, Zwölfruderer; auch *þrettansessa*, „13 Sitze", also Ruderbänke – und dem großen *langskip*, das bis zu 28 m lang und in der Mitte 4,5 m breit war.

Wir können also sagen, daß die Gokstad-Barke die Maße von 6,5 × 1,4 m hatte; die *ferja*, ein gängiges Fischerboot, 12 × 2,5 m; die *skúta*, ein vielseitiger Küstenfahrer, 13,5 × 3,2 m (wie das Wrackteil Nr. 3 von Skuldelev); der *karfi*, ein schnelleres Schiff und sicher ebenfalls einem *langskip* („langes Schiff") vergleichbar, 18 × 2,6 m. Das Schiff Nr. 1 von Skuldelev wäre ein *skeið* (16,3 × 4,6 m) und das von Gokstad ein *knörr*, und dies war wohl das eigentliche Wikingerschiff, denn es war für den Handel wie für Kriegszüge gleichermaßen geeignet. Im Grunde bin ich gar nicht sicher, ob diese Unterscheidung Handel – Krieg überhaupt relevant ist, und ich glaube auch nicht, daß mit dem Wort *herskip* (wörtlich „Kriegsschiff") ein spezieller Schiffstyp gemeint war, abgesehen von wenigen Einzelstücken, die möglicherweise für die Könige bestimmt waren. Bei dem Schiff Nr. 2 von Skuldelev handelt es sich um eine andere Version des *langskip* (28 × 4,5 m immerhin), und das wundervolle Osebergschiff, ein Grab-Schiff, übrigens für diese Gelegenheit wiederverwendet, hatte zu niedrige Schiffsplanken, als daß man es für die Hochseeschiffahrt wirklich hätte einsetzen können. Es war ein Prunkschiff – was man noch heute an den prachtvollen Verzierungen erkennen kann.

Fast alle „technischen" Begriffe, die wir hier aufgeführt haben, sind mit einiger Vorsicht zu behandeln,
weil sich die Verfasser unserer Quellentexte selten die
Mühe machen, die notwendigen genauen Angaben zu
liefern; da sie erst im 13. Jahrhundert schrieben, verstehen sie regelmäßig die genaue Bedeutung der Wörter,
die sie verwenden, nicht mehr. Das gilt auch für die
Galionsfigur am Schiffsbug; in übertragener Bedeutung
sollte sie häufig dem Schiff seinen Namen geben: Bison,
Widder, Schlange, Kranich und anderes mehr, – wie das
Tier, das mehr oder weniger stilisiert auf dem Vordersteven geschnitzt war. Statistisch gesehen, wenn man
das so sagen darf, stellte die Figur meistens einen
Drachen dar (altnordisch *dreki*, Plural *Drekar*; daher
kommt zweifellos das absurde, unausrottbare *drakkar*,
eine französische Spezialität mit falschem Numerus,
falscher grammatischer Form und falsch geschrieben –
alles in einem!). Wenn andererseits in einer Quelle von
*snekkja* die Rede ist (ein Begriff, der mit der Vorstellung
von „Schlange" im Zusammenhang steht; englisch:
snake), mag es sich um eine Variante des *langskip*
handeln; da aber dieser Begriff selbst nicht eindeutig
definiert ist, sind wir damit auch nicht klüger geworden.
So scheue ich mich also nicht zu behaupten: Mit Ausnahme sehr kleiner oder erkennbar für andere Zwecke
als für Warentransport konzipierter Modelle diente das
Wikingerschiff in allen möglichen Varianten unterschiedslos jedem Verwendungszweck, den man sich nur
vorstellen kann, wodurch es den Bedürfnissen und
Gepflogenheiten dessen, der es erdacht hatte und benutzte, perfekt angepaßt war.

Ich habe nicht vor, an dieser Stelle mit genaueren technischen Details über das Wunderwerk Wikingerschiff

aufzuwarten; diese Aufgabe überlasse ich den Spezial-studien[5]. Nur auf einige bemerkenswerte Eigenschaften des *skeið* will ich hinweisen und wie er genutzt wurde. Das Bild ist dem Leser bestimmt sehr vertraut: ein sozusagen symmetrisches Schiff, Bug und Heck sehen gleich aus und sind gleich hoch; die Schiffswandung reicht bis zu der Reling hinauf; ein einziger großer Mast hält ein rechteckiges Segel; die langen Ruder, die durch die Schiffswand gehen, oder auch die bemalten oder ver-goldeten Schilde, die entlang der Bordwand wie eine Gloriole am Schiff aufgereiht sind, hat er sicher auch bemerkt. Aber in die kleinsten praktischen Details ein-zusteigen ist ungleich mühsamer. Denn wie schon gesagt: Ein solches Boot zu bauen war ein langwieriges Unterfangen – Snorri Sturluson geht so weit zu be-haupten, daß zu der Zeit, als er die *Saga von Óláfr Tryggvason* schrieb (also um das Jahr 1220), in Niðaros (Trondheim) die Spuren der Baustelle, wo die „Lange Schlange" entstand (höchstwahrscheinlich im Jahr 999), noch zu sehen waren. Zahlreiche *smiðir* wurden ge-braucht; ein Schiff zu bauen war mithin Teil des Alltags eines *bóndi*; er widmete diesem Schiff einen beträcht-lichen Teil seines Arbeitslebens.

Als erstes wurde der Schiffkiel bearbeitet – das ge-schah mit einer Axt, dem wichtigsten Handwerkszeug, und dazu kamen allerlei Schnitz- und Ziehmesser oder Hohlmeißel in verschiedenen Formen. Besonders be-merkenswert ist, daß der Kiel aus einem einzigen Balken hergestellt wurde, meist aus Eiche, aber man verwen-dete mitunter auch wie beim gesamten Schiff Esche, Eibe, Kiefer oder Tanne. Der Kiel wurde mit Metall-nieten oder Holzdübeln an den symmetrisch angeord-nete Vorder- und Achtersteven befestigt. Gerade weil er aus einem Stück hergestellt war, sorgte er für die ganz einzigartige Wendigkeit oder „Geschmeidigkeit" dieses Schiffes, auf die ich weiter unten noch einmal zu sprechen kommen muß. Danach setzte man die Bordwände in kleine Kuhlen und zog sie bis zur Reling hinauf, und zwar so, daß die Planken einander teilweise bedeckten, etwa so wie die Ziegel auf einem Dach. Außerdem waren sie vernietet; die Zwischenräume wurden mit pechgetränktem Hanf kalfatert. Für die Stabilität der Gesamtkonstruktion sorgten Bodenspanten, die ganz besonders zugeschnitten waren, damit sie sich der inneren Form des Schiffsrumpfs anpaßten.

Als nächstes folgten die Querbalken, die den Abstand der Bodenspanten sicherten, und die Nieten, die auf den Längsseiten in Höhe der Querbalken verliefen, und schließlich die Dollbords. Gleichzeitig wurde das Fußstück des Mastes eingebaut, – auch dieses ein Meisterwerk des Erfindergeistes: Es war wie ein Fisch geformt, wie man es im Gokstad-Schiff gut erkennen kann. In diesen „Mastfisch" wurde der Mast eingelassen, der damit in der Längsrichtung einen gewissen Bewegungsspielraum bekam. Schließlich wurde nach vorn und manchmal auch hinten eine kleine Art kleine Plattform eingebaut; diese umschlossen so etwas wie einen Laderaum in der Mitte des Schiffs, wo die Fracht, die Pferde, auch einige Stück Vieh untergebracht waren, wie sie zum Beispiel die Neusiedler auf die Insel Island mitführen mußten, wenn sie sich dort niederlassen wollten.

Zum Schluß wurde dann noch die abnehmbare Galionsfigur geschnitzt; wie schon gesagt, stellte sie häufig den Kopf eines Tieres oder Ungeheures dar. Über ihren dekorativen Zweck hinaus hatte sie ursprünglich wohl auch religiöse Bedeutung; sie sollte die Schutzgeister (*landvættir*) des Ortes (nordisches Gegenstück zum antiken *genius loci*) erschrecken, wo die Seefahrer in feindseliger Absicht landeten – was gleichzeitig erklärt, daß sie die Figur abnahmen, wenn sie Freundesland ansteuerten.

Das Segel war aus dem berühmten Wollstoff *vaðmal* hergestellt, rechteckig (in der Regel höher als breit) und aus senkrechten, aneinandergenähten Stoffbahnen gemacht, zumindest im Regelfall; einige Darstellungen auf Steinen aus Gotland legen auch andere Möglichkeiten nahe. In die oberste Planke der Bordwand waren zum Bug und zum Heck hin, manchmal auch über die ganze Länge des Schiffs Löcher für die Ruder gebohrt, und zwar so geschickt, daß die Seeleute ihre Ruder durch diese Löcher einholen konnten, ohne sie hoch über die Reling heben zu müssen. Diese Ruder waren lang und hatten auch ein langes Ruderblatt. Das Schiff konnte also ebenso gerudert werden wie unter Segel fahren.

Es hatte nur sehr geringen Tiefgang, und deshalb konnte es sich genauso gut in flachen Flußläufen wie auch auf hoher See bewegen. In letzterem Fall allerdings hat es wohl ziemlich viel Wasser aufgenommen; das beweisen die zahlreichen Schöpfkellen, die man aufgefunden hat. Ich sagte schon in anderen Zusammenhängen, daß die Seefahrt in einem solchen Boot kein reines Vergnügen gewesen sein kann; die Insassen mußten sich in jeder Hinsicht und ununterbrochen ins Zeug legen.

Auch das Steuerruder verdient Beachtung; es bestand aus einem Ruder mit kurzem Heft und breitem Blatt und war am hinteren Schiffsrumpf mit einem Lederriemen befestigt und im rechten Winkel mit einer Ruderpinne verbunden, die sehr leicht zu handhaben war. Das Schiff wurde dadurch ganz außergewöhnlich manövrierfähig; es konnte in einem ganz kleinen Wendekreis die - Richtung ändern. Am Mast war eine Wetterfahne befestigt; sie zeigte die Windrichtung an. In Söderala (Schweden) hat man einige wunderschön gearbeitete Exemplare entdeckt.

Insgesamt gewinnt jeder, der einmal in vergleichbaren Schiffen mitfahren konnte, den Eindruck von einer erstaunlichen Wendigkeit, ja „Geschmeidigkeit", wie ich sie genannt habe. Der *skeið* ging die hohen Wellen nicht frontal an, sondern schmiegte sich und fügte sich ihren Gesetzen, ohne dabei selbst seine Richtung zu ändern. Das ist sicher auch der Grund, warum dieses Schiff bei den Dichtern unwillkürlich den Vergleich mit einer Schlange, die sich auf den Meereswogen windet, auslöste. So kann man also auch zu Recht sagen, daß es sich nach den Launen des Seegangs vorwärtsschlängelte, und das Wesentliche war, daß es niemals das Hindernis roh zu durchbrechen suchte.

Im Innern des Schiffs konnte man sich in eine Art Zelt, ein Holzgestell mit *vaðmal* als Überzug, zurückziehen, wenn bei der Überfahrt Windstille herrschte oder während eines Aufenthalts im Hafen. Übrigens waren auch Anker damals durchaus bekannt[5a]. Als zusätzlichen Schmuck konnten die Seefahrer ihre Rundschilde an einer provisorischen Vorrichtung nebeneinander entlang der gesamten Bordwand festhaken, was der Besatzung zweifellos auch Mut einflößte. Diese Schilde waren meist mit schimmerndem Metall überzogen oder in leuchtenden Farben bemalt. Das Segel konnte mit einem einfallsreichen System rasch eingezogen werden; es wurde über die Großrah gerafft, und Mast und Segel zusammen lagen der Länge nach im Boot, ohne die

Ruderer auf ihren Bänken zu behindern. Diese Ruderbänke boten nach meiner Ansicht nur einem, notfalls
zwei Mann Platz. Möglicherweise gab es Schiffe, die ausdrücklich für den Krieg bestimmt waren *(herskip)*, aber
ich bezweifle, daß sie die Norm waren. Jedenfalls, und
um das Thema hier abzuschließen, gehören die Angaben
Snorri Sturlusons, die er in der *Saga von Óláfr Tryggvason*,
so eindrucksvoll vorbringt, wonach die Besatzung der
„Langen Schlange" mehrere hundert Mann betragen
haben soll, ins Reich der Phantasie. Denn einerseits
wären die Kosten für ein solches Riesenschiff enorm gewesen – was Snorri auch bestätigt – , und zum anderen
war der eigentliche Beruf des Wikingers eben nicht in
erster Linie der Krieg, und der *knörr* mußte vielseitig
verwendbar sein, auch wenn es einige Spezialschiffe für
Könige und andere hochgestellte Persönlichkeiten gegeben haben mag. – Der „Kapitän" des Schiffes hielt sich
auf einem erhöhten Platz im hinteren Teil des Schiffes,
dem *lypting*, auf und die tapfersten Kämpfer auf der vorderen Plattform, *sax* genannt, hier vor allem der *stafnbúi*
(der Mann am Vordersteven), der wegen seiner Rauflust
für diesen Posten ausgewählt war.

Um nun doch dem „Wikingermythos" meinen Obolus
zu entrichten, will ich einige wenige Worte über die Seeschlacht sagen, obwohl die historisch unbezweifelten
Beispiele dünn gesät sind und sich vor allem nur auf
Zusammenstöße zwischen verschiedenen skandinavischen Völkern beziehen. In diesem Fall müssen wir uns
ausschließlich auf literarische Quellen stützen, und diese
entstammen entweder einer Rekonstruktion (wie die
Sagas der *Heimskringla*, oder sie beziehen sich auf viel
spätere Epochen nach der Wikingerzeit (wie bei der
*Sturlunga saga*).

Vor einer Seeschlacht mußten die Wikinger ihre Flotte in Schlachtordnung *(fylking)* bringen; die Schiffe wurden so aneinandergebunden, daß sie eine geschlossene Front bildeten, in deren Mitte sich das Schiff des Anführers befand. Dazu muß man wissen, daß jeder Kampf zu Wasser wie zu Land in dem Augenblick entschieden war, wenn der Anführer in eigener Person besiegt wurde. Deshalb umgaben ihn die Krieger bei einer Landschlacht mit einer Schutzwehr von Rundschilden *(skjaldborg)*, die der Feind zu durchbrechen suchte. Die Feindseligkeiten wurden mit einem Hagel von unterschiedlichsten Wurfgeschossen eröffnet, vor allem Steinen, die jedes Schiff in reichlichen Mengen als Ballast mit sich führte, damit es gut auf dem Wasser lag. Von den Waffen der Wikinger wird weiter unten die Rede sein. Mitunter wurden auch Pfeile – die Wikinger waren vorzügliche Bogenschützen –, Lanzen, Spieße, Speere und anderes mehr verschossen, bis der günstige Augenblick zum Entern kam, mit dem Ziel, das gegnerische Schiff außer Gefecht zu setzen, es also zu zerstören und die Besatzung niederzumachen; diese konnte entweder bis zum äußersten kämpfen oder um Waffenstillstand *(grið,* Gnade, wenn man so will) durch Lösegeld oder Freikauf bitten. Das gestürmte Schiff ging natürlich in den Besitz des Siegers über.

Das war im wesentlichen der Verlauf. Weitere Einzelheiten kann man in den mehr oder weniger legendenhaft ausgeschmückten Berichten wie der *Saga von den Wikingern von Jomsborg*[6] oder in einer Gegenwartssaga, der Saga von Þorðr Kakali in der *Sturlunga saga*[7] nachlesen.

Doch zurück zu unserem Schiff. Noch immer sind viele Fragen offen, die auch die scharfsinnigsten Forscher noch nicht beantworten konnten. Wie zum Beispiel orientierten sich die Wikinger auf hoher See, wenn sie, was sicher ist, noch keinen Kompaß kannten? Um es gleich zu sagen: Alle vorgeschlagenen Möglichkeiten bleiben unbefriedigend. Einige wollten das Rätsel lösen, indem sie den „Sonnenstein" *(solarsteinn)* ins Feld führten, von dem in mehreren Quellen die Rede ist. Das soll ein bestimmter Quarz gewesen sein, der angeblich sogar bei bedecktem Himmel den Sonnenstand anzeigen konnte. (Tatsächlich wissen wir heute, daß es sich wohl um einen Edelstein handelte, einen Kristall, als solcher geschätzt und in den Quellen erwähnt.) In Canterbury wurde ein kleiner Stab mit eingeritzten Gradeinteilungen gefunden, und eine Peilscheibe mit dreieckigen Einritzungen, vermutlich im 1200 hergestellt, kam 1948 in Grönland zutage; beides trägt auch nicht viel zur Erkenntnis bei. Die Holzscheibe zeigte, als sie restauriert war, 32 Einteilungen, was offenbar den Gepflogenheiten entspricht, die wir aus dem späten Mittelalter kennen, also wie gesagt, lange nach der Wikingerzeit. Sie trug eine Nadel, die sich um eine Mittelachse bewegte, möglicherweise um die Fahrtrichtung anzuzeigen. Es ist nicht ausgeschlossen, daß einige dieser Kerben, die durch Kratzer unterstrichen sind, die Himmelsrichtungen angezeigt haben könnten. Außerdem mag eine genaue Kenntnis der Winde, Meeresströmungen, der Züge von Fischschwärmen oder des Vogelflugs, alles aus dem Wissensschatz einer mündlichen Tradition, eine Rolle gespielt haben. Echte Entdeckungen wie Island, Grönland und vielleicht Labrador gelangen wie gesagt im Grunde auch selten in dieser Wikingergeschichte.

Dazu paßt auch, daß die regelmäßigen Fahrtrouten der Wikinger zweifellos schon seit langer Zeit ihnen und

ihren Vorfahren bekannt waren und daß es eines
unglaublichen Zusammentreffens historischer Gegebenheiten bedurfte, um dieses Phänomen zu dem zu machen, wie wir es kennen. Wenn der Wikinger sich einschiffte, dann meist nicht zu einem weit entfernten
Zielhafen; er besaß genaue mündliche „Instruktionen",
die auf uralter Erfahrung beruhen, und in jedem Hafen,
den er unterwegs anlief, wußte er sich neue Informationen über den weiteren Verlauf seiner Reise zu verschaffen. Auch bei den eindrucksvollen Überfahrten wie
von Trondheim nach Reykjavik – eine Heldentat, die
zwar in den Sagas immer wieder erwähnt wird, aber
nirgends besonders hervorgehoben wird – sollten wir
auf die Landkarte schauen: Die Nordsee und schließlich
der Atlantik sind wie getüpfelt von Inseln oder Insel-
chen (Orkney-Inseln, Shetland-Inseln, Faröer), und diese
bilden, wenn die anfängliche Richtung immer richtig
gewählt und eingehalten wird, ideale Raststationen auf
dem Weg zum angestrebten Ziel. Vieles läßt darauf
schließen, daß die Völker Skandinaviens über ausgezeichnete astronomische Kenntnisse verfügten und
den Verlauf ihrer Küsten sehr genau kannten. Aber
schließlich, um zu meiner Behauptung zurückzukommen, waren zwar die meisten Expeditionen, die sie in
Küstennähe oder mit Überfahrten über relativ kurze
Entfernungen wie auf der Ostsee, Nordsee oder auch
über das Weiße Meer unternahmen, möglicherweise
ohne technisch-„wissenschaftliche" Hilfsmittel zu
bewältigen, aber es bleibt die eine Überfahrt von
Björgvin (Bergen) zur Südküste Islands, die vermutlich
mehrere Wochen in Anspruch nahm; auch mit bekannten, zuverlässigen Haltepunkten unterwegs kann
sie eigentlich nicht ausschließlich nach Erfahrungs-

werten bewältigt worden sein, während die Passage von Island nach Grönland und von dort nach Amerika so gesehen weniger unüberwindliche Schwierigkeiten bereitet haben dürfte. Seefahrer wie Otarr und Wulfstan[9] haben dem König Alfred von Wessex zwar sehr ausführlich über ihre weiten Reisen berichtet, aber das hilft uns hier nicht weiter, denn keiner von beiden hat sich in den Atlantik hinausgewagt. Die Wikinger müssen also doch irgendwelche Orientierungshilfen besessen haben. Bei unserem heutigen Kenntnisstand sind wir auf Vermutungen angewiesen.

Das Leben an Bord war – wie ich schon andeutete – keinesfalls ein reines Vergnügen, schon gar nicht bei langen Fahrten auf hoher See. Die Ernährung war kümmerlich: getrockneter Fisch, getrocknetes und gepökeltes Fleisch, getrocknete Algen, Salzbutter, dickes „Knäckebrot"; der Trinkwasservorrat wurde in Deckeleimern sorgsam aufbewahrt und gehütet. Der verfügbare Raum im Schiff war eng. Üblicherweise nahmen zwei Personen zusammen ihre Mahlzeit ein; jeder Seemann hatte seinen *mötunautr*, seinen Tischgenossen (davon französisch *matelot*). Die Schlafgelegenheiten waren primitiv, Sauberkeit auf das Mindestmaß beschränkt! Aber man muß sich immer vor Augen halten, daß lange Seereisen keineswegs die Regel waren. Die Regel, das war die Küstenschiffahrt mit häufigen Landgängen; in Friedenszeiten luden die Seefahrer dann alles aus, was sie zum „Kampieren" brauchten: die Zelte mit Holzgerüsten, wie ich sie schon beschrieben habe, und sie suchten sich Eßbares zusammen und bereiteten ihre Mahlzeiten an Land zu. Wenn sie in feindseliger Absicht kamen, dann häufig zum *strandhögg*, dem blitzschnellen Handstreich, um entweder kostbare Gegenstände oder ganz allgemein Vieh und Nahrungsmittel zu rauben.

Eine sehr beliebte Kriegstaktik bestand darin, sich auf einer günstig gelegenen kleinen Insel zum Beispiel in einer Flußmündung oder nahe dabei und nicht weit von einer reichen Stadt, einer prunkvollen Abtei oder einem großen Markt einzunisten – Oisel oder Jeufosse auf der Seine in Sichtweite von Rouen oder Paris, die Insel Thanet auf der Themse nahe London oder Noirmoutier und Groix auf der Loire in der Nähe von Nantes und von wunderschönen Abteien kamen dafür in Frage. Dort warteten sie auf einen günstigen Augenblick, ein großes Fest oder einen Markttag, und landeten blitzschnell, schwangen sich auf die mitgebrachten Pferde oder rafften alles, was an ihrem Weg lag, zusammen, stürzten sich ohne Zögern auf den ungeschützten Ort, den sie rücksichtslos ausräuberten, und scheuten sich nicht, nebenbei auch „Sklaven" mitzuschleppen, um sie auf dem nächsten Markt, der auf diese „Ware" spezialisiert war, weiterzuverkaufen. Danach legten sie Feuer – was meist verschwiegen wird, aber meiner Ansicht nach bedeutsam ist –, um jede sofortige Verfolgung zu erschweren und Zeit zu gewinnen, zur Anlegestelle des Schiffes zurückzufinden. Dann schifften sie sich wieder ein, entweder zu ihrem Ausgangspunkt zurück oder zu neuen Überfällen auf andere Plätze oder auch in Richtung Heimat. Ich bin allerdings überzeugt, daß diese Überfalltaktik von einem sicheren, weil nahezu uneinnehmbaren Ankerplatz aus nur für einen bestimmten Zeitraum, insbesondere die beiden Phasen des Umherschweifens (etwa 800–850, danach auch, zumindest im Abendland, 850–900) vorrangig geübt wurde. Es paßt zum Beispiel nicht ins Bild, daß auf der Insel

Groix ein Schiffsgrab entdeckt wurde, das ganz nach der sonstigen Gepflogenheit unter einem Erdhügel eingeäschert war [10]. Wenn die Wikinger einen ihrer Anführer in dieser Form dort bestatten konnten, dann halte ich es für ausgemacht, daß sie an dieser übrigens hervorragend gelegenen Stelle einen beliebten und regelmäßig aufgesuchten Landeplatz besaßen. Diese Einäscherung wurde in den vorgeschriebenen Formen vorgenommen, wie sie Ibn Fadhlan, ein arabischer Gesandter des Kalifats, in seinem ungewöhnlichen Bericht über die Bestattung eines Anführers der Rūs am Ufer der Wolga im Jahr 922 beschreibt [11]. Auf der Insel Groix jedenfalls kann es sich nicht um ein zufälliges und außergewöhnliches Ereignis an diesem Ort gehandelt haben. Wir müssen annehmen, daß Groix ein Landeplatz war, der später regelmäßig angelaufen wurde und allen Wikingern bekannt war.

Das Meer und das Schiff, ohne die der Begriff Wikinger einfach keinen Sinn ergibt, beherrschen naturgemäß dieses Kapitel. Aber die weiteren Einzelheiten über die vielbefahrenen Routen der Wikinger in nördlicher Richtung wie nach Westen und Osten [12] sollen hier nicht zur Sprache kommen, auch nicht ihre kolonisatorischen Fähigkeiten, die sie im englischen Danelaw, auf den nordatlantischen Inseln, Island und Grönland, in den späteren Fürstentümern Novgorod-Hólmgarðr und Kiew-Kœnugarðr, außerdem in der heutigen Normandie unter Beweis stellten [13]. Dies alles gehört in das Fach Ereignisgeschichte. Wenn es sich aber um den Wikinger-Alltag handelt, werden wir die Wikinger bis ins kleinste Detail ihrer Aktivitäten außer Landes wie zu Hause verfolgen, zumal die letzteren, wie schon gesagt, ihren eigentlichen Daseinsgrund ausmachten.

So ist es auch mein Lieblingsgedanke, den ich schon unzählige Male vorgetragen und verteidigt habe[14], daß die Wikinger in erster Linie Kaufleute waren, die eine spezielle Begabung und eine hervorragende Ausrüstung für den Handel mitbrachten; zweifellos wurden sie auch durch ein Zusammentreffen günstiger Umstände begünstigt[15], die sie klug zu nutzen wußten. Sie konnten sich auch als hervorragende Krieger zeigen, aber nur wenn das möglich oder ratsam erschien. Gegen diesen Aspekt des Wikingermythos habe ich immer wieder Einspruch erhoben; er stammt aus der Feder der verschreckten Chronisten – das waren fast immer christliche Mönche, allerdings auch die bevorzugten Opfer dieser Beutemacher; sie schilderten die Wikinger als hemmungslose Rohlinge, Kirchenschänder, Mordbrenner und Wegelagerer – was sie ja nur gelegentlich waren, außerdem geradezu harmlos im Vergleich zu ihren unmittelbaren Zeitgenossen, den Sarazenen und den Ungarn. Sie schifften sich ein, um Handel zu treiben; sie kannten alle berühmten Handelsplätze ihrer Epoche wie Dorestad (Niederlande), London, Dublin, Rouen und Nantes an der Westroute (*vestrvegr*) genauso gut wie das heutige Murmansk oder Archangelsk an der Nordroute (*norðvegr*), außerdem Truso, Wiskiauten, Grobin an der südlichen Ostseeküste; die Ostsee selbst war geradezu ihr Besitz, mit ihrem regen Handelszentrum, der Insel Gotland, wo sie ständig anzutreffen waren. Dort begann auch die lange Ostroute (*austrvegr*) mit den Städten Staraia Ladoga (von ihnen Aldeigjuborg genannt), Jaroslaw, Bulgar (die beide am Ende der großen orientalischen Karawanenstraßen in Richtung Chwarezm, Buchara, Samarkand und Taschkent lagen, alles vielbesuchte Handelsplätze) oder Gnezdovo (heute Smolensk), Berezany (nördliche Schwarzmeerküste) und von dort aus schließlich Byzanz, einer ihrer wichtigsten Anlaufhäfen, dem sie sich wohlgemerkt nie anders als in friedlicher Absicht näherten.

Auch in ihren heimischen Regionen verfügten sie über bedeutende, wohlausgestattete Handelszentren, die inzwischen ausgegraben wurden: zum Beispiel Helgö oder Birka, nicht weit vom heutigen Stockholm (das damals noch nicht existierte), oder Kaupangr im Oslofjord und vor allem Haithabu, um nur die wichtigsten aufzuführen. Man kann sagen, daß die Wikinger abgesehen vom Mittelmeer alle europäischen Meere und alle großen Flüsse durchstreift haben auf der Suche nach einem oder mehreren günstigen Plätzen für ihre Handelsaktivitäten. Die oben zitierten Runeninschriften geben darüber eindeutige Auskunft: X starb in „Griechenland" (= Byzanz); Y war ebenfalls dort, „um Reichtümer für seinen Erben" zu gewinnen – eine Art Leitmotiv in diesem Typ von schriftlicher Überlieferung.

Ganz offenbar gab es zwei verschiedene Methoden, „Reichtümer zu erwerben", und die Runeninschrift von Gripsholm (Schweden) erlaubt alle Deutungen. Sie feiert Männer, „die beherzt in die Ferne zogen, um Gold zu suchen, und im Orient dem Adler Futter gaben" (*þeir fóru drengiliga fjarri at gulli ok austarla œrni gáfu* – eine herkömmliche Redensart, daß sie den Feind aufs Haupt schlugen). Achten wir auf die Doppelaussage: Handel treiben (Gold suchen) – Kämpfen (den Adler füttern). Umgekehrt wäre es nämlich auch lächerlich, die Wikinger als friedfertige, pingelige Kaufleute zu beschreiben. Im 10. Jahrhundert war der Kaufmannsberuf sicher alles andere als erholsam, schon gar nicht für reisende Händler. Ich bin zwar nicht ganz sicher, ob diese letztere

Bezeichnung so zutrifft, aber ich habe schon mehrfach dargelegt, daß jeder Wikinger-Waräger sicher genau festgelegte Reiserouten und irgendwelche Handelsgepflogenheiten hatte. Er reiste wie erinnerlich von Kontor *(vicus)* zu Kontor, und von diesem Wort *vicus* wurde zweifellos auch sein Name abgeleitet. Also war er kein „reisender Händler", der nicht wußte, wo er die Nacht und den nächsten Tag zubringen würde. Es genügte ja nicht, verlockende Ware zum Verkauf anzubieten; er mußte sie schützen können, sie unter „ehrenhaften" Bedingungen an den Mann bringen und schließlich die Verkaufsgewinne gut aufbewahren. Das sind natürlich alles Binsenwahrheiten, aber vergessen sollte man sie trotzdem nicht!

Raffgieriger Wüstling und Plünderer oder friedfertiger Kaufmann – die Wahrheit liegt wohl wie immer in der Mitte. Aber man darf nicht darauf beharren, auch wenn furchtsame, unfähige Herrscher wie Æthelred der Unberatene oder Karl der Einfältige sich so verhielten, daß es abwegig gewesen wäre, die kriegerische Komponente bei den Wikingern ganz zu leugnen, zum Beispiel wie sie das *danegeld* erhoben oder nach der Plünderung Lösegelder erpreßten, deren Höhe unaufhörlich wuchs, als Preis dafür, daß sie das Land wieder verließen. Und doch finden wir abgesehen von den großen Kriegszügen der dänischen Könige Sveinn Gabelbart und Knut dem Großen gegen England ganz am Ende der Wikingerepoche kein einziges Beispiel für Wikingerzüge, die ausdrücklich und ausschließlich militärischen Charakter hatten. Außerdem ist festzuhalten, daß diese kriegerischen Großunternehmen einerseits rasch mit einer Niederlage endeten und andererseits den Abschluß dieser ganzen Epoche markieren.

Wie dem auch sei, die Zeiten waren hart. Nirgends, weder im Abendland noch im Orient, waren Kaufleute denkbar, die friedfertig auszogen, um ihren Geschäften nachzugehen. Sie mußten alles zugleich können: feilschen, kaufen, verkaufen, tauschen, ihr Hab und Gut verteidigen und mitunter auch rücksichtslos die Gelegenheit beim Schopfe packen. Die Waage für das gehackte Silber in der einen Hand, das lange, doppelschneidige Schwert in der anderen – schon mehrfach habe ich dieses Bild beschworen, das mir so symbolkräftig erscheint. Der Ort und die Umstände entschieden darüber, welches der beiden jeweils zum Einsatz kam. Schließlich wurden auch zahlreiche Wertgegenstände und „Schätze", die zur Sicherheit im Boden versteckt waren, in ganz Skandinavien ausgegraben, aber nur sehr wenige Fundobjekte lassen auf räuberische Aktivitäten schließen. Andererseits wurden riesige Mengen von Silbermünzen aus aller Herren Länder gefunden, unversehrte und zerhackte (dies letztere, um das gewünschte Metallgewicht zu erzielen; selbstverständlich wurden Handelsgeschäfte nach Edelmetallgewicht und nicht mit einer bestimmten Münze getätigt; der Aktionsradius des normalen Wikingers war zu groß, um die zweite Möglichkeit zu erlauben). Diese Münzfunde aber verweisen viel eher auf kaufmännische Gepflogenheiten als auf Diebstahl und Plünderung. Kaufmann von Berufs wegen, Krieger bei Gelegenheit – so könnte man den Wikinger beschreiben. Und wenn man sich vor Augen hält, wie dünn besiedelt diese Regionen (damals wie heute) und wie klein die Völkerschaften waren, dann konnten wohl kaum zahllose brüllende Horden, wie es die Volksphantasie seit tausend Jahren will, aus Skandinavien über die Menschheit hereinbrechen.

Folgen wir nun einem Wikinger-Waräger von seinem Heimatort, zum Beispiel von Kaupangr (Norwegen) aus. Seine Fahrt hat er in allen Einzelheiten vorbereitet; der *knörr*, Gegenstand seiner ganzen Sorgfalt, wurde instandgesetzt, einzelne Planken ersetzt, von oben bis unten frisch kalfatert, das Segel und die Takelage aus Seehundsfell gründlich geprüft und vieles andere mehr. Die Schiffsbesatzung hat er sorgfältig ausgewählt, denn eine solche Reise, wie er sie unternehmen will, wird wie gesagt kein reines Vergnügen sein. Er braucht junge, sehr starke Männer, denn unter Umständen müssen sie sich mit Vollkraft in die Riemen legen, den Stürmen trotzen, an Stromschnellen das Schiff auf Rundhölzer wuchten oder sogar über beträchtliche Entfernungen auf dem Rücken schleppen; und Feindseligkeiten am Wege sind auch nicht auszuschließen. Außerdem braucht er tüchtige Leute, die ihm bei den Geschäften zur Hand gehen und einfach die Gruppe vergrößern, teils um einen möglichen Feind einzuschüchtern, teils um auf den jeweiligen Käufer Eindruck zu machen. Jedenfalls sieht es ganz so aus, als seien die meisten Mitglieder seiner Mannschaft mehr oder weniger „interessiert" an dem Unternehmen, im eigentlichen Sinn des Wortes: Mit einigen Personen hat er sicher *félag* abgeschlossen, und mit mehreren ist er höchstwahrscheinlich verwandt. Also hat er seine Besatzung nicht aufs Geratewohl ausgesucht. Andererseits hat jeder einzelne und er selbst eine bestimmte Geldsumme ausgemacht, die entweder den Preis darstellt, den der Mitfahrende für seine Teilnahme fordert, oder einen bestimmten Prozentsatz auf die zu erwartenden Gewinne. Es kam auch vor, daß die Mitglieder der Schiffsbesatzung verabredeten, auf eigene Rechnung Handel zu treiben, und sie nahmen Waren an Bord, die ihnen selbst gehörten. Ich will nicht gerade behaupten, es hätte keine Seefahrt aus reiner Abenteuerlust gegeben (um ehrlich zu sein, wir wissen nichts darüber), aber ich fürchte, diese romantische Betrachtungsweise ist hier nicht am Platz. Es handelte sich ja darum, „Reichtümer zu erwerben".

Kehren wir zurück zu unserem *styrimaðr* (wörtlich: „der das Ruder hält", der Kapitän), also dem Eigner des Schiffes und Organisator der Expedition. Zwei Dinge mußte er noch besonders sorgfältig vorbereiten: schlagkräftige Waffen für sich und seine Leute, außerdem gewinnversprechende Fracht. Beides wollen wir nun etwas genauer betrachten.

Zunächst die Waffen – wenn auch nur, um bestimmte Klischees zu bestätigen. Die Gesetzestexte legen genau fest, woraus sie bestehen mußten. Als Kompromiß zwischen verschiedenen Textversionen, die uns vorliegen, nehmen wir an, daß die vollständige Ausrüstung eines Wikingers aus einer Streitaxt, einem Schwert, einer Lanze, Bogen und Pfeilen bestand; dazu gehörte ein Helm, ein Panzerhemd (Brünne) und ein Rundschild.

Die Streitaxt war die typische Waffe des Wikingers, mehr noch als das Schwert, auch wenn sie lange nicht so angesehen war wie dieses. Es gab verschiedene Arten, die sich in der Länge des Schaftes und der Breite der Klinge unterschieden. Sie war eine furchtbare Waffe, vor allem in der Version mit der breiten Klinge *(breiðöx)* oder mit dem langen Schaft *(bolöx)*. Sie konnte auch „Hörner" haben *(snaghyrnd öx)*, das heißt, die gebogene Klinge endete in zwei Spitzen; sie eignete sich besonders für Sturmangriffe und zum Entern. Die Klinge konnte mit Einlegearbeiten aus Silber verziert sein wie das wunderbar gearbeitete Fundstück aus Mammen (Dänemark).

Auch als Wurfgeschoß war die Streitaxt geeignet, und, nicht zu vergessen, sie war auch das beliebteste Handwerkszeug des Schiffbauers und Zimmermanns. Aber wenn man die Abteilung 37 des Teppichs von Bayeux betrachtet, kann man erkennen, daß die Streitaxt neben den Pfeilen die erste Waffe ist, die von den normannischen Vasallen auf der Straße nach Hastings symbolisch vorangetragen wird. Außerdem spielte sie in den *kenningar* der Skalden eine besonders bevorzugte Rolle. Die schön gearbeiteten Schwerter wurden zwar gern an den Wänden der *skáli* befestigt, aber die Äxte hatten Anspruch auf einen speziellen Waffenständer.

Trotz allem genoß das Schwert unvergleichlich größeres Prestige. Es war lang, aber mit nur einer Hand zu führen und mit doppelter Schneide; es schloß oben mit einem charakteristischen Knauf ab, der durch zwei parallele Stichblätter abgetrennt war. Das obere war erhöht (oder konnte ersetzt werden) durch einen runden oder konischen Knopf. Es ist zweifelhaft, ob dieses Schwert wirklich eine Waffe von bester Qualität war: zum einen weil in der Texten der *Sturlunga saga* häufig geschildert wird, wie die Krieger den Kampf unterbrechen mußten, um die verbogene Schwertklinge unter ihrem Absatz wieder geradezurichten; zum anderen weil die wirklich wertvollen Schwerter aus dem Rheinland eingeführt waren und die stolzen Namenszüge ihrer Schwertschmiede (Ingelreht, Ulfberht) trugen. Aber das Schwert war an sich eine edle Waffe; Klinge und Knauf waren reich und liebevoll verziert, mitunter auch mit eingravierten Runen, desgleichen die Schwertscheide.

Man muß zwischen einer Lanze als Wurfgeschoß, dem großen und kleinen Speer (offenbar *geirr* genannt), den wir wiederum auf dem Teppich von Bayeux so schön sehen können, und der Lanze als Stoßwaffe, dem Spieß (*spjót*) unterschieden; letzterer konnte auch aus der Entfernung geschleudert werden. Die Wikinger benutzten ihn von der Zeit an, als sie den Steigbügel übernahmen, der möglicherweise aus dem Orient stammt und mit dem sie ihre Schläge viel kraftvoller ausführen konnten. Die Lanzenstangen und die Hülse, mit der sie die Lanze auf den Weg brachten, waren ebenfalls verziert, mit Gravuren versehen und damasziert. Charakteristisch war ihre langgezogene, dreikantige Form. Da diese Lanzen so kostbar waren, versah man sie mit einer Art Haltegriff, einem senkrecht abstehenden Metallstift unten an der Stange, möglicherweise um die Waffe leicht zurückzuholen, wenn der Stoß ausgeführt war.

Pfeile und Bogen schließlich waren außerordentlich beliebt und scheinen gerade in der Wikingerepoche den entsprechenden magyarischen Waffen nachempfunden gewesen zu sein. Schon vor langer Zeit wurde bemerkt, daß einer der Gründe für die Kriegstüchtigkeit der Wikinger ihre Bereitschaft war, fremde Techniken zu übernehmen (was sich auch auf vielen anderen Gebieten zeigte) und ihre Waffenausrüstung im Hinblick darauf, wie sie noch zweihundert Jahre vor ihnen, der sogenannten Vendel-Zeit war, vollständig zu erneuern. Ich komme weiter unten darauf zurück. Ein tüchtiger Bogenschütze genoß zweifellos hohes Ansehen. Egill, eine Art vergöttlichter Held und Bruder des Halbgottes Völundr, soll der Schutzpatron der Bogenschützen gewesen sein, und der Bogen ist das Attribut eines ansonsten kaum bekannten Gottes Ullr (in diesem Fall mag er sein Vorbild in dem Bogenschützen der bronzezeitlichen Felszeichnungen gefunden haben), und der Dichter der *Njállssaga* dem verhehlt nicht seine Bewunderung für

Gunnarr von Hlíðarendi, weil dieser ein berühmter Bogenschütze war.

Darüber hinaus gab es wohlgemerkt noch viele Varianten der Waffenarten, die ich hier vorgestellt habe, die *sax* zum Beispiel oder das einschneidige Schwert; der Wikinger trennte sich auch nie von seinem Messer, das er am Gürtel trug.

Was die Schutzausrüstung betrifft, zunächst ein paar Worte über den Helm. Auf keinen Fall war er mit Hörnern versehen! Diesen Helmschmuck mag es viele hundert Jahre früher gegeben haben; die „Hörner" waren zweifellos ein Attribut mit religiösem, jedenfalls kultischem Charakter. Im Jahr 800 waren sie längst abgekommen. Von dem sogenannten Wikingerhelm sind merkwürdigerweise nur wenige Exemplare ausgegraben worden. Vermutlich war er konisch geformt und durch einen Nasenschutz nach vorn verlängert. Wahrscheinlicher ist aber, daß es sich um eine zylindrisch geformte Kopfbedeckung handelte, die eher aus dickem Leder als aus Metall hergestellt war, mit Ohrenschützern, etwa wie sie früher die Motorradfahrer trugen, und vorn war eine Metallzunge zum Schutz der Nase angeschweißt. Die Gegenwartssagas erwähnen außerdem einen Halsschutz und Wangenschützer, die wohl nach Vorbildern aus Westeuropa hergestellt waren und erst später hinzugekommen sein können.

Der Schild (*skjöldr*) war rund und aus Holz gemacht – wohl meist aus Lindenholz, denn der meisterwähnte skaldische *heiti* besteht aus Lindenholz (*lind*). Mitunter war er auch mit Metall überzogen oder sogar bemalt, wenn auch die „Waffen", die ihn hätten verzieren können, in der Wikingerkultur unbekannt waren. Den Schild in dem uns bekannten Sinn gab es nicht, oder er

stammt vielmehr aus einer früheren Epoche. Das geläu-
figste Modell war die *targa* oder der *rönd*, die mit einer
Lederschlaufe in der Mitte des Schilds gehalten wurden;
diese war durch einen ebenfalls verzierten Metallbuckel
geschützt. Mehrere skaldische Gedichte beschreiben in
indoeuropäischer Tradition ausführlich die Schönheiten
reich verzierter Schilde – ein Hinweis, daß diese Waffe
ebenso dem Schmuck wie dem Schutz ihres Trägers
diente.

Auch das Kettenhemd, die Brünne *(brynja)*, gehörte
wohl zur üblichen Rüstung des Wikingers. Möglicherweise war auch das Panzerhemd mit aneinander-
gehefteten Metallplättchen in Gebrauch. Wenn man
glauben darf, was auch hier wieder der Teppich von
Bayeux zeigt, waren diese Brünnen lang und reichten bis
zum Knie. Allerdings kann der dargestellte Typ des
Kettenhemdes auch aus viel späterer Zeit stammen; dieses Bilddokument wurde im 11. Jahrhundert gefertigt,
gerade als die Wikingerepoche zu Ende ging.

Diese Entwicklung müssen wir nun ganz genau
betrachten. Der Wikinger in voller Kampfausrüstung
entspricht nicht im geringsten unserer volkstümlichen
Phantasievorstellung. Bertil Almgren hat auf der Grundlage von absolut zuverlässigen Zeugnissen eine Rekonstruktion vorgenommen, die einige Überraschungen be-
schert [16]. Er stellt einen berittenen Krieger, dessen äußere
Erscheinung und Bewaffnung aus den Funden bei
Vendel und Valsgärde (Schweden) oder Sutton Hoo
(England) erschlossen ist und der also im 6. Jahrhundert
oder mindestens zwei Jahrhunderte vor der Wikingerepoche gelebt haben muß (mit seiner langen Lanze, einem Metallhelm, der mit einem Metallgitter überspannt
ist, einem länglichen Schild und einem überlangen

Schwert, einem Kettenhemd und schließlich mit dem kurzen Pferdegeschirr entspricht er, denke ich, vollkommen den Vorstellungen, die wir alle von einem Wikinger haben), dem echten Wikinger-Reiter entgegen, wie er aus genauesten archäologischen Untersuchungen hervorgeht. Das Resultat ist verwirrend: Dieses letztere Porträt, das er uns vorstellt, würde eher zu einem asiatischen Reiter passen – Almgren erwähnt die Krieger von Turkestan im 8. Jahrhundert: Er trägt eine kurze „Golfhose", die unten mit Wickelgamaschen abschließt, eine lange Tunika mit Schnüren, eine Pelzkappe, ein Schwert mit Knauf, den Köcher mit Pfeilen und den Bogen; dazu kommt ein Pferdegeschirr, bei dem die Steigbügel möglicherweise aus Deutschland übernommen sind und eine neue Errungenschaft darstellen – das ist der echte Wikinger-Krieger, obwohl wir ihn wahrhaftig eher für einen Hunnen als einen Sohn des Nordens halten könnten.

Über die eigentliche Schlacht, ihre Strategien und möglichen Taktiken werde ich mich nicht äußern – aus dem einfachen Grund, weil wir nichts darüber wissen. Ich habe schon erwähnt, daß richtige Kämpfe in Schlachtordnung, an denen Wikinger teilnahmen, nahezu unbekannt sind. Die Wikinger waren Meister des Kommandounternehmens, des raschen Handstreichs, wofür man nicht unbedingt militärische Kenntnisse zu haben braucht! Wenn es sie gegeben hat, dann muß man sie aus bestimmten Heldenepen erschließen, die notwendigerweise mit Vorsicht zu interpretieren sind, oder im Fall von Seeschlachten die viel später entstandenen Gegenwartssagas befragen. Eine keilförmige Schlachtordnung, *fylkja hamalt* genannt, hat es wohl gegeben; bei Caesar wird sie schon erwähnt: Danach hätte sich der

Anführer an der Spitze *(rani)* der Schlachtordnung *(fylking)* aufgestellt, das hieß *svinfylking*, Formation wie ein Schweinsrüssel, und war angeblich vom Gott Óðinn erfunden. Auf ein Signal hin setzte sich die Formation im Laufschritt in Bewegung auf die feindlichen Reihen zu und durchbrach sie wie ein Keil. Der *fylking* umfaßte auch zwei „Arme" oder Flügel, die von einem hochrangigen Krieger befehligt wurden; außerdem einen beweglichen Truppenteil, der sich im richtigen Augenblick an die strategisch günstigen Stellen werfen konnte[17]. Das sind allerdings nur wunderschöne Planspiele für Liebhaber der taktischen Wissenschaft. Die Wahrheit gebietet zu sagen, daß die zahlreichen Schilderungen von „Schlachten", die uns zum Beispiel die *Sturlunga saga* liefert, nicht so viele Feinheiten enthalten. Was sie uns von den Schlachten berichtet, an denen übrigens nie mehr als 100 bis 200 Mann beteiligt waren, besteht genauso wie bei den Seegefechten zunächst aus einem Hagel von Steinen und anderen Wurfgeschossen, gefolgt von einem völlig unübersichtlichen Nahkampf-Getümmel.

Damit will ich den unvermeidlichen Exkurs abschließen und zu „unserem" Wikinger zurückkehren, der gerade seine große Fahrt vorbereitet. Er hat also seine Waffen und die seiner Mannschaft sorgfältig in den zahlreichen Truhen verstaut, die zur Schiffsausrüstung gehören. Außerdem muß er die Waren unterbringen, mit denen er Handel treiben will, Waren in kaum überschaubarer Menge und Vielfalt. Vom *vaðmal* haben wir schon gesprochen, der in den skandinavischen Regionen eigentlich eher als Zahlungsmittel diente, obwohl der Textilhandel, soweit man weiß, in ganz Europa damals eine Blütezeit erlebte. Auch darf man nicht vergessen, daß ein Wikingerschiff für den Transport schwerer Güter in großen Mengen nicht geeignet war. Deshalb waren die Händler aus dem Norden gewissermaßen dazu verurteilt, teure Waren in kleinen Mengen anzubieten, die leicht zu transportieren waren, darunter: Leder und Pelze (Marder, Zobel, Feh, Blaufuchs, Nerz, Hermelin, Biber und andere), die vor allem in Nordnorwegen und Nordschweden in Überfülle vorhanden waren; die Wikinger jagten die Pelztiere entweder selbst oder erpreßten sie vom Volk der Samen in Form einer Steuer (ein hervorragendes Beispiel in der *Saga vom heiligen Olaf*, Kapitel 133); außerdem Elfenbein, insbesondere vom Walroß, das damals viel verbreiteter war als heute; dazu kam Steatit, der zur Herstellung von allen möglichen Gebrauchsgegenständen diente und insbesondere in Norwegen reichlich vorkam; schließlich und vor allem Bernstein, bekanntlich ein urzeitliches Baumharz, das an der Südküste der Ostsee in großen Mengen angeschwemmt wurde und damals wie heute zu vielerlei Schmuck und Kunstgegenständen verarbeitet wurde.

Diese Waren tauschte, verkaufte oder handelte der Wikinger zum Beispiel gegen Salz und Wein ein, wenn er in Frankreich an Land ging (daher auch sein besonderes Interesse an Noirmoutier, im Mittelalter eins der bedeutendsten Handelszentren für Salz); in England kaufte er Weizen, Zinn, Honig und Silber; in den germanischen Regionen Mitteleuropas Töpfer- und Glaswaren, Kleidung und hochwertige Waffen; in den slawischen Gauen Wachs und Honig; in Byzanz und an den Kreuzungspunkten der Ostroute mit den berühmten Karawanenstraßen erwarb er Seide, Gewürze, Goldschmiedearbeiten und Weine. Sklaven raubte er sich überall zusammen – sie waren zweifellos die begehrteste Beute der *strandhögg* – , um sie bei günstiger Gelegenheit weiterzuverkaufen. Höchstwahrscheinlich waren auch die Wikinger führend im abendländischen Sklavenhandel. Byzanz im Osten und Haithabu im Westen waren gerade in der Epoche, die wir hier behandeln, die bedeutendsten Handelszentren für diese menschliche Ware. Wie ich schon mehrfach gesagt habe und immer wieder betonen muß: Fast überall traten die Wikinger als tüchtige Kaufleute und Zwischenhändler auf. Zu diesem Thema brauchen wir noch genauere Untersuchungen, denn ich vermute, die Völker Skandinaviens hatten gerade in ihren zahlreichen neuen Siedlungsgebieten Gelegenheit, die möglichen Ressourcen von Ländern, die sie überfielen, richtig einzuschätzen. Statt weiterer Kommentare zitiere ich hier besser einen Auszug aus dem Bericht, den uns der oben schon erwähnte arabische Gesandte Ibn Fadhlan hinterlassen hat. Er spricht von den Rūs, also den Warägern oder Wikingern, also sehr wahrscheinlich Schweden, die er entlang der Ostroute beobachten konnte. Man wird einwenden, daß die Waräger keineswegs repräsentativ für alle Wikinger sind und daß die Lebensgewohnheiten, die er beschreibt – insbesondere die Anbetung von hölzernen Götzenbildern – anderswo nicht bezeugt sind oder daß der arabische Berichterstatter eine sehr persönliche Deutung der Vorgänge abgegeben hat, die er im Jahr 922 sah. Mag sein. Tatsache ist immerhin, daß sich die recht zahlreichen Zeitzeugnisse, die von den Arabern stammen, fast nie auf die kriegerischen Tugenden der Wikinger beziehen. Hören wir also, was Ibn Fadhlan berichtet[18]:

Ich habe die Rūs gesehen; sie waren gekommen, um ihren Handel zu treiben, und nahe dem Fluß

Atil waren sie an Land gegangen. Ich habe noch nie so vollendet schöne Körper wie die ihren gesehen. Ihre Größe läßt an Palmen denken; sie sind blond und haben eine goldbraune Haut. Sie tragen weder Tunika noch Kaftan, sondern ein Kleidungsstück, das die eine Seite des Körpers bedeckt und auf der anderen eine Hand frei läßt. Jeder trägt eine Axt, einen Säbel und ein Messer mit sich und gibt keins der erwähnten Dinge je aus der Hand. Ihre Säbel haben eine breite Klinge mit eingeritzten Rillen, ähnlich wie bei den fränkischen Säbeln [...] Ihre Frauen tragen alle ein Kästchen aus Eisen, Silber, Kupfer, Gold oder auch Holz, je nach Reichtum und gesellschaftlichem Rang ihrer Ehemänner, auf der Brust. In jedem Kästchen, das rund geformt ist, befindet sich ein Messer, und das ganze wird auf die Brust geheftet. Um den Hals tragen sie Ketten aus Gold und Silber, denn jeder Mann läßt, sobald er zehntausend Dirhems besitzt, für seine Frau eine Halskette anfertigen, und wenn er weitere fünftausend Dirhems besitzt, läßt er ihr zwei Halsketten machen, und so geht es immer weiter. Wenn sein Vermögen um zehntausend Dirhems anwächst, fügt er eine Halskette zu den übrigen dazu, die seine Frau schon besitzt, so daß am Hals einer einzigen Frau mehrere Ketten zu sehen sind. Ihre kostbarsten Schmuckstücke sind aus Glasperlen zusammengesetzt, grün und genauso hergestellt wie die Keramikwaren, die man auf ihren Schiffen sehen kann. Sie bezahlen einen überhöhten Preis dafür, weil sie eine solche Glasperle für einen Dirhem eikaufen und sie zu Halsketten für ihre Frauen aufreihen.

Sie sind die schmutzigsten unter den Geschöpfen Gottes, sie säubern sich nicht von den Schmutzspuren ihrer Exkremente und des Urins; sie waschen sich nicht nach dem Beischlaf, und sie waschen sich auch nicht die Hände nach der Mahlzeit. Sie sind wie streunende Esel. Wenn sie aus ihren Heimatländern ankommen, ankern sie mit ihren Schiffen auf dem Fluß Atil, der ein großer Strom ist, und richten an Land große Holzhäuser auf. In einem einzigen solchen Haus sind ungefähr zehn bis zwanzig Personen versammelt. Jeder hat ein Bett, auf dem er sich niederläßt. Bei ihnen sind hübsche junge Sklavinnen, die zum Verkauf bestimmt sind. Jeder schläft unter den Augen seiner Kameraden mit seiner Sklavin. Manchmal tut sich auch eine ganze Gruppe auf diese Weise zusammen, die einen Auge in Auge mit den anderen. Wenn in diesem Augenblick gerade ein Händler eintritt, um einem von ihnen die Sklavin abzukaufen, und diesen gerade beim Beischlaf antrifft, läßt dieser erst von ihr ab, wenn er seinen Trieb befriedigt hat [ . . . ]
Sobald ihre Schiffe im Hafen festgemacht haben, geht jeder von Bord und nimmt Brot, Fleisch, Zwiebeln, Milch und Bier mit; er wandert, bis er zu einem Platz kommt, wo ein langer Holzpfahl in die Erde eingelassen ist; dieser hat ein menschenähnliches Gesicht, und um ihn herum sind kleine Götzenbilder aufgestellt, auch diese bestehen aus langen Holzpfählen, die in die Erde eingelassen sind. Jeder wirft sich vor dem großen Götzenbild auf die Erde und spricht: „O mein Herr, ich bin aus einem fernen Land gekommen und habe soundso viele junge Sklavinnen und soundso viele Marderfelle

mitgebracht...", bis er alle Handelswaren, die er
mit sich führt, im einzelnen aufgezählt hat. Schließlich sagt er: „Ich habe dir dieses Geschenk mitgebracht." Dann legt er das Geschenk vor den Holzpfahl und sagt: „Ich möchte, daß du mir die Gunst
erweist, einen Kaufmann zu schicken, der Dinare
und Dirhems besitzt und mir abkauft, was ich will,
und nicht mit mir anfängt zu streiten über das, was
ich sagen werde." Danach kehrt er zurück.

Wenn er Schwierigkeiten beim Verkauf hat und
sein Aufenthalt sich in die Länge zieht, geht er mit
einer anderen Gabe noch einmal dorthin und auch
ein drittes Mal. Wenn es ihm nicht gelingt, zu
erreichen, worum er gebeten hat, bringt er auch allen kleinen Holzgötzen ein Geschenk mit und bittet
sie um Fürsprache und sagt: „Das sind die Frauen
unseres Herrn und seine Töchter." Auf diese Weise
fährt er fort, seine Bitte an jedes Holzbild zu richten,
seine Hilfe zu erflehen und sich vor ihm zu
demütigen.

Manchmal, wenn er seine Waren leicht an den
Mann bringt, sagt er, sobald alles verkauft ist: „Mein
Herr hat meine Wünsche erfüllt, und es ist recht und
billig, daß ich mich erkenntlich zeige." Dann nimmt
er einige Schafe oder Kühe, schlachtet sie und zer-
schneidet einen Teil des Fleisches zu kleinen Geschenken, nimmt auch den größeren Rest und legt
ihn vor dem großen Holzpfahl auf die Erde und die
kleinen Gaben vor den kleinen Holzbildern. Er
hängt die Köpfe der Schafe oder Kühe an diese
Holzpfähle, die in den Boden eingelassen sind.
Wenn die Nacht hereinbricht, kommen die Hunde
und fressen alles. Aber der Mann, von dem die

Opfergabe stammt, sagt: „Mein Herr ist zufrieden mit mir und hat das Geschenk, das ich ihm brachte, aufgegessen."

Man wird zugeben, daß dieser Text trotz seiner Unklarheiten, vielleicht sogar Irrtümer und Mißverständnisse eine wichtige Zusammenfassung ist. Den Anmerkungen des Übersetzers zu diesen Passagen entnehme ich folgende Angaben: Ibn Fadhlan hat schon, bevor er dies schrieb, die Rūs im Zusammenhang damit erwähnt, daß die bei den Bulgaren Sklaven wegführten (Anm. 256); ein anderer Araber mit Namen Ibn Kordadhbeh hat von ihnen gesagt, daß sie Händler seien (ebd.); ein dritter, Ibn Rustah, hat genauer angegeben, daß sie Pelze (Feh, Marder, Zobel) wie Geld benutzten (266); außerdem deutet er an, die sie „bei den Sklaven ganze Stämme wegführen und bei den Chasaren und Bulgaren als Sklaven verkaufen" (269), und schließlich, daß „ihr einziger Beruf der Handel mit Pelzen vom Marder, Eichhörnchen und anderen Pelztieren" sei (273). Der „Hafen", von dem im Verlauf unseres Zitats die Rede ist, könnte der große Marktort an der Wolga, die hier Atil genannt wird, gewesen sein, an der Stelle, wo die Stadt Bulgar liegt, die es zur Zeit Ibn Fadhlans noch nicht gab. Die Kleidung der Rūs, „die ihnen eine Hand frei läßt", veranlaßte den Übersetzer, der nicht übersah, daß die Rus „eine Axt, einen Säbel und ein Messer" mit sich führten, zu der folgenden Bemerkung: „Diese Gegenstände sind gleichermaßen für den Handel wie für den Krieg geeignet; und sie dienen zugleich als Waffe und als Werkzeug." (259) Und das ist auch die Quintessenz von dem, was ich zu zeigen versuche! Vor allem wird man an die Bemerkung zu Beginn unseres Zitats wieder erinnert: „die Rūs, die gekommen waren, um ihren Handel zu treiben".

An dieser Stelle ist es sicher nützlich, die etwas unzusammenhängenden Aspekte noch einmal aufzunehmen. Stellen wir uns einen *bóndi* aus Uppsalir (heute Gamla Uppsala, ganz in der Nähe von Uppsala) vor, der jedes Jahr den Aktivitäten des Warägers nachgeht. Es ist Frühsommer, Ende Juni, wie wir den Monat heute nennen. In den beiden Monaten zuvor hat er sich wieder auf Fahrt begeben, bis weit hinein in den Bottnischen Meerbusen, um kostbare Pelze einzukaufen oder selbst Zobel, Marder und Eichhörnchen zu jagen. Er hat einige junge Männer aus dem Kreis seiner Familie oder seiner Freunde ausgewählt, auf die er sich verlassen kann und die ihm beim Handel wie im Kriegsfall beistehen werden. Seinen Wirtschaftsbetrieb vertraut er seiner Frau an; ihr werden einige vertrauenswürdige ältere Männer bei der Arbeit helfen. Sein *knörr* ist in gutem Zustand und der Teil der Fracht, den er erst am Zielpunkt seiner Reise im Ausland entladen will, gut festgezurrt. Wir sollen seiner großen Fahrt in Gedanken über alle Stationen folgen.

Nur einige *vika* sind zu durchfahren – das nautische Gegenstück zu *röst*, das sich auf Reisen auf dem Landweg bezieht und vermutlich einer Entfernung von 7 oder 8 km entsprach – , und dann erreicht er schon Birka, das wir uns weiter unten etwas genauer anschauen werden. Dort kauft oder tauscht er einige Handelswaren ein, die er überall auf seiner bevorstehenden Reise zum Verkauf anbieten will: Gegenstände aus geschmiedetem Eisen, aus Bronze, Kupfer oder aus Horn, entweder in Form von Schmuck oder zum täglichen Gebrauch. So ausgestattet könnte er, wenn er wollte, auf geradem Wege südwärts Gotland ansteuern, wo damals merkwürdigerweise nicht Visby das aktivste Handelszentrum war (erst später erlebte es seinen spektakulären Aufschwung, als es zu den großen Hansestädten gehörte), sondern Paviken etwa 20 km weiter südlich. Von dort aus könnte unser Waräger zur baltischen Küste weiterfahren. – Dort hat man „gemischte" Friedhöfe ausgegraben, das heißt, Gräber von Warägern und von Einheimischen – ein Beweis für das geradezu symbiotische Nebeneinander beider Gruppen, das seit langer Zeit bestanden haben muß.

Aber diesmal hat sich unser Waräger entschlossen, genau Ostnordost zu fahren, durch den heute so genannten Finnischen Meerbusen. Er erreicht die Küste an der Stelle, wo heute Sankt Petersburg liegt, und steuert seinen *knörr* auf die Neva, die ihn geradewegs zum Ladogasee bringt. Am Südufer dieses Sees liegt die Stadt Staraïa Ladoga, wie sie auf russisch heißt, altnordisch Aldeigjuborg. Dieser Ankerplatz war den Schweden sehr vertraut; dort beginnt der Weg genau nach Osten zur Wolga und zur Stadt Bulgar, die, wie ihr Name schon sagt, Hauptort der Völkerschaften der Bulgaren war. In Bulgar, einer wunderbar gelegenen Stadt, trafen sich einst die Wege der Perm'; das waren zweifellos die Bewohner des rätselhaften Bjarmalands, über das spätere Sagas allerhand Wunderbares und Abenteuerliches zu berichten wußten[19]: sie waren gewissermaßen Spezialisten im Pelzhandel. Außerdem mündete dort eine berühmte Karawanenstraße aus dem Fernen Osten, die südliche vom Aralsee und durch Chwarezm oder Chorezm, das in mehreren Runeninschriften erwähnt wird, und durch Buchara, Samarkand und Taschkent führte. Sie kreuzte die Route, von der hier die Rede ist. Es war die Seidenstraße, die in China endete, von woher auch

162

die kleine Buddhastatue stammen muß, die in Birka
zutage kam. Von Bulgar aus erreichte man in Richtung
Süden, immer dem Lauf der Wolga folgend, irgendwann
das Kaspische Meer bei der Stadt Itil, dem Hauptort der
Chazaren. Diesen mußte jeder zwar einen Tribut entrichten, aber sie hatten das berühmte arabische Silber
und handelten außerdem mit Honig und Wachs und
verschmähten auch den Sklavenhandel nicht. Von Itil
aus konnte man das Kaspische Meer überqueren, gelangte nach Gorgan und von dort nach Süden möglicherweise bis Bagdad. So kommt es, daß ein Bronze-
Brasero, der um das Jahr 800 geprägt wurde und wahrscheinlich aus Bagdad stammt, vor ungefähr 50 Jahren in
Schweden entdeckt wurde; er war hinter einem Fels-
block versteckt. Wenn man aber von Gorgan aus einer
der großen Straßen in Richtung Westen folgte, erreichte
man Byzanz. Doch davon später.

Wenn von Abenteuer die Rede ist und unser Wikingermythos sich zum guten Teil aus einer romantischen
Schwärmerei gerade bei diesem Thema speist, so kann
ein Blick auf die Landkarte von Europa und Orient bis
auf die Höhe von, sagen wir, Taschkent wahrhaftig zum
Träumen anregen, denn ein Händler, der gut ausgerüstet
und mit viel Mut von Birka aufbrach, konnte durchaus
dieses ganze riesige Gebiet durchstreift haben.

Im Augenblick interessiert uns aber, warum unser
Mann sich entschloß, in Richtung Aldeigjuborg–Staraïa
Ladoga aufzubrechen. Vielleicht war es seine persönliche Entscheidung; viel wahrscheinlicher ist wohl,
daß er einer Kaufmanns-Bruderschaft angehört, deren
Mitglieder sich durch unverbrüchliche Eide zu gegenseitiger Unterstützung verpflichtet haben – wir erinnern
uns: Der Name Waräger *(væringjar)* ist möglicherweise

von diesen Kaufmannsschwüren *(vá rar)* abgeleitet. Es versteht sich fast von selbst, daß Unternehmungen in dieser Größenordnung keinesfalls von einem einzelnen auszuführen waren, und das schon allein aus Gründen der simplen Sicherheit. Nehmen wir also an, daß die Bruderschaft, der er angehört und mit der er sich zu einem festgesetzten Zeitpunkt in Aldeigjuborg treffen soll, eher die Route in Richtung Süden wählt, die durch Novgorod-Hólmgarðr führt. Diese Stadt wurde nicht von den Vorfahren unserer Reisenden gegründet, aber sie errichteten – wenn man der *Nestorchronik* glauben darf, und alles spricht dafür, daß sie gerade in diesem Punkt nicht lügt – eine Stadtregierung und ein Verwaltungssystem. Die *Nestorchronik* erklärt übrigens die Route sehr genau: Wenn man vom „Warägermeer" (der Ostsee) aus die Neva befährt, gelangt man zum großen „Nevosee" (Ladoga), von da überquert man die Volchov und erreicht den Ilmensee, von wo man, dem Lovat folgend, in die Nähe von Gnezdovo (heute Smolensk) gelangt. Dort wie auch an verschiedenen anderen Orten im heutigen Rußland wurden bei Ausgrabungen Spuren der Anwesenheit von Skandinaviern gefunden, die allerdings in den meisten Fällen mit rein slawischen Zeugnissen vermischt sind.

Die Tatsache, daß es über eine bestimmte Strecke keine schiffbare Wasserstraße gibt, stellte an sich kein Hindernis dar. Es ist erwiesen, daß man den *knörr* auf dem Landweg beförderte; entweder ließ man ihn auf Rundhölzern rollen, oder er wurde sogar auf den Schultern getragen. Auf den Holzstichen, die mehrere Jahrhunderte danach die *Historia de gentibus septentrionalibus* (1540–1555) des Olaus Magnus schmückten, wird noch verschiedentlich an die eine oder andere Aktion dieser

Art erinnert. In diesem Werk werden auch an anderer Stelle und sozusagen nebenbei die Marder, Zobel und Eichhörnchen, die von den Warägern vor ihrer großen Fahrt gejagt wurden, sehr genau beschrieben. Aber zurück zu unserem Landtransport: Wenn das Wikingerschiff vollständig entladen und die Takelage entfernt wurde, konnte es durchaus von der etwa vierzigköpfigen Besatzung getragen werden.

So sind wir also in Gnezdovo-Smolensk angekommen, und jetzt müssen wir nur noch dem Dnjepr folgen, der eine weitere „Kolonisierung" durch die Skandinavier in Kiew-Kœnugarðr heranbrachte; sie nahm den gleichen Verlauf wie in Novgorod-Hólmgarðr. Auch dort haben Archäologen ein Gräberfeld gefunden, wo unter anderen auch Wikinger bestattet sind. Kiew hat, bekanntlich, in der mittelalterlichen Geschichte Rußlands eine Hauptrolle gespielt, und so versteht es sich von selbst, daß sich die Kaufleute aus dem fernen Schweden dort versammelten, bevor sie ihre Fahrt auf dem letzten Teilstück des Stroms bis zur Mündung im Schwarzen Meer fortsetzten. Gerade für diese Fahrtroute steht uns ein Zeitzeuge von allerhöchstem Rang zur Verfügung: Kaiser Konstantin Porphyrogennetos schrieb um 920 *De administrando Imperio*; darin befaßt er sich in allen Einzelheiten mit den Warägern. Er nennt sie „Rhos" und folgt ihnen von Grobin (wenige Kilometer von Riga entfernt) bei Gnezdovo, von da nach Kiew und schließlich bis Berezany. Sein Bericht ist so interessant und anschaulich, daß ich hier einige ausgedehnte Passagen zitieren muß:

Im Winter ist das Leben der Rhos hart. Anfang November verlassen die Anführer aller Rhos gemeinsam Kœnugarðr und begeben sich zu ihren

Rundburgen [der Text ist zweifelhaft; man könnte auch lesen: sie brechen auf, um ihre Einkäufe zu machen] in der Region von [unleserlich] bei den slawischen Stämmen, die ihnen tributpflichtig sind. Dort verbringen sie den Winter, aber im Monat April, wenn das Eis auf dem Dnjepr geschmolzen ist, kehren sie nach Kiew zurück. [Für die Flußfahrt ersetzen sie ihre eigenen Schiffe durch kleinere Boote, die aus einheimischen Werkstätten stammen.]

In Kiew zerstören sie ihre alten, abgenutzten Boote und kaufen neue von den Slawen, die diese im Lauf des Winters gebaut haben, aus Baumstämmen, die sie in ihren Wäldern fällten. Sie [die Rhos] nehmen die Schöpfkellen, Ruderbänke und sonstiges Zubehör aus ihren alten Booten heraus und statten sie zu einer großen Fahrt nach Griechenland [Byzanz] aus. Einige Tage lang versammelt sich die Flotte der Händler bei Vytechev, einer Festung der Rhos genau unterhalb von Kiew. Wenn die Flotte vollständig versammelt ist, setzen sie sich alle flußabwärts in Bewegung, um gemeinsam die Schwierigkeiten der Reise auf sich zu nehmen. [Zu den Hauptschwierigkeiten gehörte eine Abfolge von schrecklichen Wasserfällen und Stromschnellen auf dem Dnjepr in der Nähe des heutigen Dnjepropetrovsk. Konstantin beschreibt sieben von diesen Hindernissen. Das erste ist nicht allzu gefährlich.]

In seiner Mitte ragen zwei hohe Felsen auf, die wie Inseln aussehen. Wenn das Wasser sie erreicht und sich über sie stürzt, macht es ein ohrenbetäubendes Getöse, wenn es wieder herunterfällt. Auch die Rhos wagen nicht, zwischen den beiden Felsen hindurchzusteuern. Sie ankern dicht beim

Ufer, lassen die Mannschaft aussteigen, aber die ganze Fracht bleibt an Bord. Danach waten sie völlig nackt ins Wasser, tasten sich mit den Fußsohlen voran, damit sie nicht über die Steine stolpern. Gleichzeitig schieben sie das Boot mit Stangen weiter, die einen am Bug, die andern in der Mitte und die übrigen am Heck. Mit all diesen Vorsichtsmaßnahmen kommen sie im Wasser über diese ersten Stromschnellen voran, ganz nahe der Uferböschung. Sobald sie diese Stromschnellen passiert haben, nehmen sie die übrige Besatzung wieder an Bord und setzen die Reise fort.

[Aber es kommen noch schwierigere Hindernisse.]

Bei den vierten großen Stromschnellen [...] fahren sie alle mit ihren Booten ans Ufer heran, und die Männer, die für die Wache vorgesehen sind, steigen aus. Diese Wachen braucht man wegen der Petschenegen [Turkstämme, die tatsächlich sehr gefährlich waren und ständig im Hinterhalt lauerten]. Die anderen laden die Waren aus den Schiffen und führen die angeketteten Sklaven auf trockenem Land etwa sechs Meilen weiter, bis die Stromschnellen vorüber sind. Danach befördern sie ihre Boote über die Stromschnellen hinweg, sie teils ziehend, teils auf den Schultern tragend; dann setzen sie sie wieder ins Wasser, laden ihre Fracht ein, steigen selbst wieder ein und setzen ihre Reise fort[20].

Diese ausführliche „Reportage" hat etwas Packendes, zumal sie genau den Angaben entspricht, die wir aus anderen Quellen kennen. Auch sonst ist kein Zweifel an Konstantins Bericht angebracht, und das aus einem ganz einfachen Grund: Bestimmte Details können wir selbst nachprüfen. Der Dnjepr ist wegen seiner Stromschnellen gefährlich; Konstantin benennt diese Stromschnellen immer gleichzeitig mit ihrem slawischen und dem altnordischen Namen, und letztere sind nicht schwierig zu deuten: Essupi (vielleicht *ei supi* oder *ei sofi*, „hat nicht mit Trinken oder Schlafen zu tun"), Ulvorsi (*hólmfors*, Wasserfall, *fors*, nahe bei der Insel, *hólm*), Gelandri (*gjallandi*, Vorstellung von „heulen", „einen furchtbaren Lärm machen"), Baruforos (*bárufors*, Wasserfall, der das Hinübertragen erfordert; *fors*, Wasserfall, *bá ru* von *bera*, tragen), Leanti (*hlaejandi*, die Lachende, von *hlaeja*, lachen), Strukun (der Läufer, von *struk*, *strok*) und vor allem Aïfor (*ei-fors*, Nicht-Wasserfall, weil unpassierbar). Das ganz Besondere daran ist, daß eine Runeninschrift bei Pilgards auf Gotland Aïfor erwähnt. Sie wurde Ende des 10. Jahrhunderts, also in der Glanzzeit der Wikinger, geschrieben und teilt folgendes mit:

> Diesen Stein, bemalt mit leuchtenden Farben, haben Hegbjörn und seine Brüder Rødvisl, Øysteinn und Ámundr errichtet zum Gedenken an Hrafn, im Süden von Rufsteinn[21]. Sie sind weit gekommen im Aïfor.

Was Konstantin „Aïfor" in der „Sprache der Rhos" nennt, bezeichnet er als *neaset* in der slawischen Version, das sich im Russischen bis heute erhalten hat. Es ist klar, daß Hrafn bei dieser Überquerung ertrank und daß dieses authentische Dokument uns allen Anlaß gibt, dem Bericht Konstantins zu glauben.

Die Petschenegen hat er beiläufig erwähnt. Die Reise unseres Warägers und Händlers, so friedlich im Grunde seine Absichten waren, wurde eben doch kein angeneh-

mer Spaziergang, auch wenn man von den Schwierigkeiten absieht, die sie ohnehin mit sich brachte. In den
Fürstentümern Nowgorod und Kiew hatten sich die
Waräger den slawischen Stämmen als Herrscher auf-
gedrängt. Folglich gab es auch keinen absoluten Frieden.
Auf der einen Seite gestalteten sich die Beziehungen mit
Byzanz, von dem noch zu sprechen sein wird, keineswegs durchgehend harmonisch; auf der anderen kann
man sich sehr gut vorstellen, daß auf einer Fahrtroute
von solcher Länge überall Gefahren lauerten. Vor allem
mit den Nomadenstämmen, die meist zu den Turk-
völkern wie die Petschenegen gehörten, hatten die
verschiedenen Herrscher der Rūs, insbesondere Igor-
Yngvarr und Vladimir-Valdimarr, später manchen
Strauß auszufechten. Aber auch die mächtigen Stämme
wie die Bulgaren, die ich oben schon erwähnte, und die
Chazaren konnten sehr häufig genauso bedrohlich sein.

Nehmen wir trotzdem einmal an, alles sei für unseren
Mann gut abgelaufen und er hätte nicht das traurige
Schicksal Hrafns von der Inschrift bei Pilgards erlitten.
Er ist glücklich in Berezany angelangt; das liegt an der
Nordküste des Schwarzen Meeres, nicht weit vom
heutigen Odessa, auf einer Insel. Es war den Warägern
wohlbekannt; das beweist eine Runeninschrift, die dort
entdeckt wurde – übrigens auch die am weitesten östlich
aufgefundene, von der wir wissen. Ein gewisser Grani
bezeugt darauf, daß er diesen Stein für seinen Kameraden Karl errichtet und beschriftet hat: „Grani hat dieses Grabmal[22] für Karl, seinen Kameraden, errichtet."

An diesem Haltepunkt angelangt, kann ich doch nicht
umhin, den bedeutenden schwedischen Runenforscher
S.B.F. Jansson zu zitieren, der gerade diese Inschrift
erwähnt und sich seine Gedanken darüber macht: „Karl

wurde auf einer Insel begraben, deren schützende Buchten manches schwedische Schiff auf der Ostroute aufnahmen. Wenn der Reisende aus dem Norden hier eintraf, die Gefahren der Wasserfälle im Dnjepr, die Schwierigkeiten mit den Sandbänken und den tückischen Untiefen noch frisch im Gedächtnis, landete er schließlich hier in Berezany, auf offener See, wo das Schwarze Meer, größer als die Ostsee, sich vor dem Bug seines Schiffs ausbreitete. Auch wenn er von Süden kommend Berezany anlief auf seinem Rückweg zu den von dichten Wäldern beschatteten Buchten im Mälarsee oder zu den steinigen Häfen Gotlands, konnte er hier seine Kräfte sammeln, bevor er in langwierigem Kampf gegen die Strömung des Flusses und die übrigen Hindernisse am Weg ankämpfen und rudern muß. Sehr schnell war es wieder so weit: Er mußte die Fracht ausladen, damit das Schiff auf dem Rücken der Mannschaft getragen werden konnte, und danach mußte er es wieder beladen, und das alles in der glühenden Hitze, die im Landesinnern herrscht und kaum je durch die Winde aus der Steppe oder einen Sommerregen gemildert wird."[23]

Besser hätte ich es nicht formulieren können. Auch sonst folgt er mit seinen anschaulichen Beschreibungen den Routen, die ich hier schon genannt habe, indem er eine Landkarte heranzieht, auf der jeder Ort eingetragen ist, den die Waräger auswählten, um aus dem einen oder anderen Grund Schätze von arabischen, byzantinischen oder auch westeuropäischen Münzen zu vergraben; dadurch sind die geographischen Zonen ihrer Handelsaktivitäten sehr genau einzugrenzen.

Man braucht nicht allzuviel Phantasie, um die Atmosphäre eines Handelsplatzes wie Berezany nachzuempfinden. Alles Notwendige für einen Aufenthalt an Land liegt auf dem Schiff bereit: Die Zelte mit den dreieckigen Stangen, die in geschnitzten Figuren auslaufen, sind rasch aufgebaut, das Küchengerät – vor allem die Dreifüße aus Metall zum Aufhängen der Töpfe – steht sofort an seinem Platz. Und daneben hat der Waräger seine Waren zum Verkauf ausgestellt – vor allem seine Pelze und Häute in kleinen Ballen. Die Sklaven behält er, bis er nach Byzanz kommt, um sie dort zu verkaufen.

Denn die „große Stadt" – das ist der Wortsinn von Mikligarðr, wie sie im Altnordischen hieß – ist nach wie vor das wichtigste Ziel all dieser Reisen, außerdem eine echte Drehscheibe, weil dort alle Routen vom Orient her, aus dem Norden (wie die oben beschriebene) und aus dem Mittelmeerraum zusammenliefen, auf denen sich die Leute aus Skandinavien vorwagten. Eine Abzweigung der Westroute verlief entlang der französischen Atlantikküste nach Süden, an der Iberischen Halbinsel vorbei und gelangte durch die Straße von Gibraltar (altnordisch Njörvasund) in das Mittelmeer, von wo aus Italien und Südfrankreich häufig angelaufen wurden. Aber Byzanz genoß bei weitem das größte Ansehen. Es ist hier nicht der Ort, die Geschichte der kaiserlichen Metropole im einzelnen aufzurollen; bemerkenswert ist immerhin, daß die Wikingerepoche genau mit der höchsten wirtschaftlichen Blüte dieser Stadt zusammenfällt. Es ist leicht zu verstehen, daß alle Reichtümer dieser Welt durch Byzanz strömten und daß auch die Waräger ihren Profit daraus zogen: fast 100 000 arabische Silbermünzen, meist von ihren Besitzern vergraben, zweifellos zum Schutz vor Dieben. Diese sufischen [24] Münzen sind für uns sehr aufschlußreich, weil sie ein Herstellungsdatum tragen. Man könnte nicht behaupten, daß sie einfach gestohlen sind; zweifellos stammen sie aus lukrativen Handelstransaktionen. Im übrigen hat Byzanz auch die Kultur Skandinaviens in mehrfacher Hinsicht geprägt. In Island sind Teppiche erhalten geblieben, die aus der Wikingerzeit stammen und unverkennbar durch byzantinische Motive, ja sogar durch byzantinische Knüpftechniken beeinflußt sind, ebenso wie übrigens die Holzschnitzerei von Flatatunga in byzantinischem Stil ausgeführt wurden.

Unseren reisenden Waräger haben wir nicht aus den Augen verloren. Wenn er seine Geschäfte erfolgreich abgeschlossen und – wie wir annehmen dürfen – ansehnliche Gewinne dabei erzielt hat, braucht er nur noch den Heimweg in Richtung Norden anzutreten. Die Reise stromaufwärts wie auf dem Dnjepr muß ein wahrhaft sportlicher Kraftakt gewesen sein, und wie Jansson richtig bemerkt, nur der sehnliche Wunsch, die Heimat wiederzusehen, mochte ihn wohl dazu antreiben, sich noch einmal in dieses Abenteuer zu stürzen. Dennoch ist es offenbar so vor sich gegangen. Man versteht jetzt, daß diese Händler-Abenteurer von eiserner Konstitution und Willenskraft gewesen sein müssen.

Hier wie im abendländischen Westen waren sie nicht zu stolz, sich als Söldner zu verdingen – ein Punkt, den die Historiker, skandinavische wie nicht-skandinavische, merkwürdigerweise meistens übergehen. Immerhin haben wir eine Fülle von Beispielen für dieses Phänomen, und man darf nicht vergessen, daß sie „auszogen, um Reichtümer zu erwerben", und das ohne allzuviel Empfindlichkeit bei der Wahl der Mittel. Der Handel zog sich also wie ein Grundbaß durch alle ihre Aktivitäten; Plündern dort, wo es möglich und wann es möglich war; Söldnerdienst für den Rest. Das erkannten die byzantinischen Kaiser sehr wohl und baten sie, eine Garde aus Eliteeinheiten zusammenzustellen, die sogar ihren Namen (Warägergarde) erhalten sollte. Daraus darf man allerdings nicht schließen, daß die Warägergarde nur aus Skandinaviern bestand, auch wenn hin und wieder Persönlichkeiten in hohem Offiziersrang oder sogar von königlichem Geblüt wie Harald der Harte[25] zu dieser Garde gehörten. So wissen wir zum Beispiel, daß zahlreiche Angelsachsen und später auch Normannen aus der heutigen Normandie in diese Elitetruppe eintraten. Aber ursprünglich hatten die kampferprobten Waräger die Aufmerksamkeit des Kaisers auf sich gezogen.

Kehren wir noch einmal zu unserem weitgereisten Händler zurück. Zusammen mit seiner Mannschaft ist er in Richtung Heimat aufgebrochen; ihr *knörr* beladen mit Seide, Gewürzen, Silber und Schmuck, dieser in den Truhen gut verschlossen. Alles läßt darauf schließen, daß die Männer in bester Laune waren. Beim Rudern lösten sie sich höchstwahrscheinlich ab. Den arabischen Gesandten, die wir oben schon mehrfach bemüht haben, fehlen geradezu die Worte, um ihren Schrecken zu beschreiben, als sie die kehligen Gesänge hörten, die diese Rūs von sich gaben. Und abends, im Hafen, konnten sie zum Beispiel (rituelle?) Tänze oder Pantomimen aufführen! Konstantin Porphyrogennetos allerdings äußert sich nur bewundernd über ihre seemännischen Leistungen.

Dieses „Reisetagebuch" für unseren Waräger galt sicher auch für den handeltreibenden Wikinger auf den Westrouten. Allerdings war dort zum einen die Sicherheit der Kaufleute weniger gewährleistet, und er mußte sehr häufig – um im Bild zu bleiben – die Silberwaage aus der Hand legen und nach der langschäftigen Axt greifen; das Fehlen einer starken politischen Macht in den häufig aufgesuchten Regionen und der Verfall des Karolingerreiches ließen zum andern die räuberischen Überfälle verlockender und häufiger werden, und diese hatten mit kaufmännischen Gepflogenheiten nichts mehr zu tun. Dennoch, und ohne die fiktive Darstellung von der Ostroute zu wiederholen, ist erwiesen, daß der Wikinger bei seinen Aufenthalten in westlichen Regionen erstens die großen Handelszentren „ins Visier nahm" und sich zweitens niemals von den großen Flußläufen oder Küsten, also von seinem Schiff entfernte. Das kann man gut erkennen, wenn man sich eine Karte von Frankreich vornimmt, auf der die Orte eingetragen sind, wo Wikinger und Überfälle von Wikingern in Annalen, Chroniken und anderen Dokumenten erwähnt werden. Da findet man zum Beispiel Fontenelle, Jumièges, Rouen, Jeufosse nahe Paris, alle von der Seine aus zu erreichen; Abbeville und Amiens an der Somme; Nantes, Saint-Florent-le-Vieil, Angers, Tours, Blois und Orléans entlang der Loire; Bordeaux und sogar Toulouse bei der Garonne, Arles und Lyon an der Rhône, – alles Städte, die damals in Frankreich als rührige Handelszentren galten. Die Ostroute habe ich viel genauer beschrieben, weil es einfach bemerkenswert ist, daß die Händler aus Skandinavien sich in Regionen von derart riesiger Ausdehnung nur an die Handelsrouten hielten, die von Kontoren und attraktiven Märkten markiert waren. Ich habe schon die Geräte beschrieben, die sie sich für ihren Handel so schlau konstruiert hatten. Auch eine römische Waage ist darunter; sie kam in Mästermyr auf Gotland zutage.

Die Wikinger waren Kaufleute, die bereit waren, jede Gelegenheit zu nutzen, um lukrative Gewinne zu machen, auch ohne die ganze Rhetorik und Überredungskunst beim Geschäftemachen entfalten zu müssen. Ich will hier meine These nicht noch einmal im einzelnen ausbreiten[27], aber ich behaupte, daß die Wikinger einfach nicht zahlreich genug waren, um schlagkräftige Armeen auf die Beine zu stellen und eine regelrechte Schlacht gegen einen mächtigen Feind zu schlagen. Um so besser konnten sie ihre Krieger bei einem lokalen Herrscher verdingen, der ständig in kleine innere Querelen verwickelt war – eine Landplage in dieser Epoche. So verbündete sich Pippin II. von Aquitanien, der Enkel Ludwigs des Frommen, mit den „Dänen", um Poitiers zu überfallen und zu plündern; das berichten die *Annales Bertiniani*. Sehr schnell begriffen die Wikinger, wie zerrüttet die politischen Verhältnisse in diesem Land waren und wie erfolgreich sie ihren Nutzen daraus ziehen konnten. Genauso rasch erkannten sie die Vorteile der psychologischen Kriegführung und setzten sie selbstverständlich auch ein, um bei der einheimischen Bevölkerung überall Angst und Schrecken zu verbreiten. Das bestätigen uns auch die furchterfüllten Mönche, denen wir fast alle schriftlichen „Zeugenaussagen" verdanken. Aber auch da gab es andere Stimmen, und es ist zwar nicht schwierig, zahlreiche Beispiele von Wikingern anzuführen, die offensichtlich zu Handelsgeschäften ihre Schiffe bestiegen, aber es ist viel mühsamer zu belegen, daß sie zu rein militärischen Aktionen auszogen.

In diesem Zusammenhang müssen wir auch den berühmten Teppich von Bayeux genau betrachten. Ich habe ihn hier schon häufig erwähnt, um einige Details des Wikingeralltags zu illustrieren. Man bemerkt sofort, daß dieser ehrwürdige Vorläufer unserer modernen „Comics" immer auf zwei parallelen Ebenen voranschreitet: Auf dem mittleren Streifen entrollt sich die Haupthandlung, die entsprechend beschriftet und kommentiert wird. Darüber und darunter verlaufen zwei andere Streifen; ob sie parallel zur Haupthandlung auf dem Mittelstreifen verlaufen, ist schwierig zu entscheiden. Mit Ausnahme des letzten Teils, der die Schlacht von Hastings schildert, stellt man fest, daß auf dem Teppich – unabhängig vom Hauptthema – ausschließlich friedliche Tätigkeiten dargestellt sind; besonders gelungen sind die Szenen von der Feldbestellung und der Aussaat (Abteilung 9 und 10).

Das *Speculum Regale (Konungsskuggsja)*, das zur Wikingerzeit (höchstwahrscheinlich um 1260) in Norwegen entstand, beginnt auf eine – wie ich meine – sehr bezeichnende Art, den „Hausstand" *(hirð)* des Königs zu beschreiben, zunächst den König selbst, seine Rechte und seine Pflichten, und danach eine lange Passage über den Kaufmann, der wir entnehmen können, daß seine Tätigkeit auf sehr alte Traditionen zurückgeht: „Obwohl ich eher Mann des Königs (= Krieger) als Kaufmann gewesen bin, schäme ich mich dieses letzteren Berufs nicht, denn es waren oft die hervorragendsten Männer, die ihn erwählten." In diesem Text taucht auch der Begriff *farmaðr* auf, der beides, Seemann und Händler, bedeutet. J. Graham-Campbell, auf den ich mich in diesem Kapitel mehrfach beziehe, hat zu Recht bemerkt[28], daß die Seeräuberei, so verlockend sie gewesen sein mag, „keine regelmäßigen Einkünfte garantierte", wie sie vermutlich aus dem Verkauf von Sklaven an die Araber gegen Silber so reichlich ins Land flossen.

Im übrigen ist es auch nicht schwierig, diese Debatte zu beenden: Man braucht nur einen kurzen Blick auf einige Handelszentren in Skandinavien zu werfen; von ihnen war oben schon mehrfach die Rede. Zur Untermauerung meiner Hauptthese in diesem Buch sei hinzugefügt, daß die ersten „Städte", die in Skandinavien entstanden, wie Haithabu oder Bergen wahrscheinlich von Königen gegründet wurden, die sehr schnell begriffen hatten, daß es in ihrem eigenen Interesse war, den Handel zu kontrollieren; die Besteuerung der Kaufleute war eine ganz wesentliche Einnahmequelle. Auch einige Städte an der südlichen Ostseeküste wie Grobin in Lettland oder Wollin an der Odermündung (vielleicht das Jumne bei Adam von Bremen – Jomsborg in der *Saga von den Wikingern von Jomsborg* – , der behauptet, es sei die größte Stadt Europas gewesen, im Jahr 1070!) waren blühende Handelszentren, wo die Händler aus Skandinavien dauerhafte Spuren hinterlassen haben. Eine ureigene Erfindung der Wikinger war möglicherweise, daß sie reguläre Handelsrouten durch ganz Europa und einen großen Teil Asiens einrichteten oder, meines Erachtens genauer: Sie „institutionalisierten" die Routen, die schon vor ihnen bekannt und seit langem genutzt, aber nie zuvor so ausdauernd und regelmäßig befahren wurden.

So wollen wir zum Beispiel einmal durch die „Straßen" (in Wirklichkeit Holzplanken, die auf die nackte Erde gelegt wurden) von Haithabu schlendern. Al Tartushi, ein wohlinformierter arabischer Reisender, bezeichnete sie um 950 als eine „große Stadt". Zu Beginn des 9. Jahrhunderts hatte der dänische König Godfred, ein besonders kluger, vorausschauender Souverän, an dieser Stelle eine Stadt bauen lassen. Sie war für friesische und dänische Kaufleute gedacht, die durch Südjütland reisten, um die Gefahren des Sunds und des Belts zu meiden, entlang dem berühmten Danewerk, einer langen Festungsmauer, die ganz Dänemark abschloß. Haithabu war durch eine Ringmauer, deren Spuren man noch heute besichtigen kann, auffallend gut geschützt. Die Stadt bestand aus rechteckigen Gebäuden (durchschnittlich 15 × 6 m), die wohl als Lagerhäuser dienten, man hat dort Reste von Bernstein, Metall, Gestein aus der Eifel (zur Herstellung von Mühlsteinen) und friesischen Münzen gefunden. In den kleineren Häusern aus Lehm und mit Dächern aus geflochtenem Schilf (3 × 3 m) wohnten vermutlich die ärmeren Leute. Haithabu erlebte seine Blütezeit Ende des 10. Jahrhunderts bis zur Mitte des 11. Jahrhunderts. Die Stadt wurde in zwei Etappen[29] systematisch ausgegraben, und die Rekonstruktion[30] vermittelt eine ausgezeichnete Vorstellung davon, wie die „Städte" der Wikinger aussahen, die wie gesagt ursprünglich nicht für Dauerbewohner, sondern für durchreisende Händler errichtet wurden.

Al Tartushi berichtet über Haithabu[31]:

Es ist eine große Stadt am äußersten Ende des entlegensten Ozeans der Welt. Im Innern dieser Stadt gibt es Brunnen für frisches Wasser. Ihre Bewohner verehren den Sirius, einige sind auch Christen, und sie haben dort eine Kirche. [...] Sie feiern ein Fest, bei dem sie sich versammeln, um ihren Gott zu ehren und um zu essen und zu trinken. Wer ein Tier schlachtet, um es zu opfern, pflanzt eine Stange vor seinem Haus auf und hängt das Opfertier daran, ob es sich nun um einen Stier, einen Widder, einen Ziegenbock oder ein Wildschwein handelt, damit jeder weiß, daß er ein Opfer zu Ehren seines Gottes gebracht hat. Die Stadt besitzt weder bedeutende Güter noch Reichtümer. Die Hauptnahrung der Leute ist Fisch, denn diesen gibt es im Überfluß. Wenn dort ein Kind geboren wird, wirft man es ins Wasser, ins Meer, damit man es nicht aufziehen muß. [...] Außerdem haben die Frauen das Recht, sich für geschieden zu erklären. Sie trennen sich von ihrem Ehemann, wenn es ihnen paßt. Sie haben eine künstliche Schminke für die Augen; wenn sie diese verwenden, vergeht ihre Schönheit niemals; sie nimmt noch zu beim Mann genauso wie bei der Frau. [...] Ich habe noch nie jemanden so schrecklich singen hören wie diese Leute; man könnte es Knurren nennen, was aus ihrer Kehle dringt, wie Hundegebell, aber noch viel tierischer.

Den Schönheitsvorstellungen unseres Berichterstatters müssen wir natürlich nicht folgen, aber die Informationen über andere Aspekte entsprechen vollkommen der Wahrheit. Die Tatsache, daß die Stadt nicht reich war, zeigt ganz eindeutig, daß sie nur vorübergehender Stapelplatz war.

Dasselbe trifft auf Birka zu. Es lag auf der Insel Björkö im Mälarsee, südlich vom modernen Stockholm. Vielleicht noch mehr als Haithabu bot die Stadt das Erscheinungsbild eines Handelszentrums. Sie wurde zu Beginn des 9. Jahrhunderts gebaut und war ebenfalls von einer Ringmauer umgeben, die hier wohl in regelmäßigen Abständen von Holztürmen überragt wurde, mit Blickrichtung auf den Mälarsee. Die Gegend war eher noch „heidnisch", anders als Haithabu, das näher am christianisierten Kontinent lag. Etwa 3000 Gräber in

Gräberfeldern und das Gebiet der sogenannten „schwarzen Erde" (eine Zusammensetzung aus Holzkohle und organischen Resten, wie sie die menschlichen Aktivitäten von 150 Jahren dort hinterlassen haben) werden zur Zeit ausgegraben, aber was schon zutage gefördert wurde, stützt zum einen die Annahme, daß es sich wie bei Haithabu um ein Zentrum handwerklicher Produktion (Eisenschmiede, Bronzegießerei, Erzeugnisse aus Kupfer und Bein) und des Geldwechsels handelte: Die Zahl der aufgefundenen Gewichte spricht für sich. Aufschlußreich ist zum andern, daß Birka, das schon Rimbert sehr gut kannte und in seiner *Vita des heiligen Ansgar* (der Skandinavien zum Christentum bekehrte) beschreibt, auch im Winter zugänglich war, weil es neben den beiden natürlichen Häfen auch einen künstlichen Hafen besaß. Ein weiteres nützliches Detail: Ph. Sawyer konnte beweisen, daß schon die Wikinger in Schweden Eisenminen abbauten[32]. Der Abtransport des Erzes in Richtung Haithabu ging durch Birka. Auch der Pelz- und Lederhandel hatte hier seinen wichtigsten Markt. Bei Ausgrabungen wurden Proben von fast allen Waren gefunden, die der Wikinger-Händler überall in Europa und im Orient zum Verkauf anbot. Schon Rimbert hatte sehr richtig bemerkt, daß es dort „viele reiche Händler, Waren im Überfluß, viel Silber und kostbare Dinge" gab.

Zum Schluß schauen wir uns noch Kaupangr an. Sein Name bedeutet wörtlich „Kontor", Handelsplatz, vom Verb *kaupa* (soviel wie „Handeltreiben", also „kaufen" oder „verkaufen"). Es lag im Oslofjord, Norwegen. Dort gab es Häuser und Werkstätten, wo alle möglichen Handwerker und Künstler die Gegenstände herstellten, die wir so gut kennen, außerdem Werkzeug aus Steatit (Speckstein), einer norwegischen Spezialität. In Kaupangr herrschte Ende des 8. Jahrhunderts ebenso lebhaftes Kommen und Gehen wie zu Beginn des 10. Jahrhunderts; allein diese Zeitspanne spricht für sich. Zu ihren Spezialitäten gehörte wohl der einträgliche Handel mit Seilen, die aus Walroßhaut hergestellt wurden. Die Ausgrabungsfunde verraten eine ganz ausschließliche Orientierung zum Rheinland hin und nach England, und das entspricht auf der anderen Seite genau unseren Kenntnissen über die norwegischen Wikinger. Dennoch hatte diese „Stadt" nie dieselbe Bedeutung wie Haithabu oder Birka. Die Gründe dafür sind unbekannt.

An dieser Stelle müßte ich der Vollständigkeit halber auch kurz über die Städte in York sprechen, wo „die Elite der Kaufleute, vor allem der dänischen" aus- und einging, über Dublin und über weniger bekannte Plätze wie Quentovic in Frankreich, aber ich nehme an, es ist inzwischen genug gesagt worden, was die täglichen Aktivitäten der Wikinger daheim und in der Fremde beleuchtet. Trotzdem möchte ich einen Besuch im „Wikinger-Zentrum" von York empfehlen. Dänische Wikinger gründeten die Stadt Ende des 9. Jahrhunderts und nannten sie Jórvik (wahrscheinlich „Hengst-Bucht"), daher der Name York. Im Zuge von Bebauungsplänen der modernen Stadt York wurde die alte Wikingerstadt freigelegt. Wegen der günstigen Bodenbeschaffenheit war sie erstaunlicherweise trotz ihres vergänglichen Baumaterials erhalten geblieben: Sie war aus Holz gebaut! Zwischen 1976 und 1981 wurde sie also ausgegraben; die zahlreichen Funde hat man sorgfältig untersucht, katalogisiert und zugeordnet; eine Art Wikinger-Museum für Besucher wurde eingerichtet, wo die Organisatoren auch versucht haben, die Stadt Jórvik im 9. Jahrhundert so genau wie möglich zu rekonstruieren.

Das Resultat ist einfach hinreißend. Der Besucher kann Wohnhäuser und Vorratshäuser betrachten, außerdem Werkstätten, wo zum Beispiel Horn bearbeitet wird (insbesondere Hirschgeweihe für Kämme, Nadeln oder anderes) oder Holz (Schüsseln, Löffel, Zuber, Eimer, Möbelstücke), Silber (ausgehend von den hier ausgegrabenen Silbermünzen: Broschen, Armreifen, Halsketten) oder Leder (Schuhe, Gürtel, Schurze für Schmiede). Kupfer scheint eine Spezialität dieser Stadt gewesen zu sein; Axtblätter, Lanzen- und Pfeilspitzen wurden daraus hergestellt, außerdem Ton für alle möglichen Töpferwaren. Auch alle Berufe, die mit der Textilherstellung zu tun haben, wurden mitsamt ihrem Werkzeug rekonstruiert, die *hneftafl*-Spiele, und schließlich hat man auch das ganze unentbehrliche Zubehör am Schiff, ebenfalls ein wichtiger Produktionszweig in Jórvik, in allen Einzelheiten rekonstruiert. Angelhaken, Schöpfkellen aus verzinntem Eisen, Schlüssel, Steigbügel, Fingerhüte und sogar ein metallenes Klappmesser – alles wird dem Besucher in Nachbildungen vorgeführt. In mancher Hinsicht ist nichts eindrucksvoller und lehrreicher als solche Rekonstruktionen. Der offizielle Führer, der für den Rundgang im Museum verteilt wird, stellt die Frage: „Wer waren die Wikinger?" Ebendiese Frage stellen wir uns hier auch in erster Linie, und dank der Ausgrabungen und ihrer Resultate gibt es vier Antworten: Räuber und Eroberer – Siedler und Handwerker – Seeleute und Händler – Städtebauer. Im Grunde habe ich von Anfang an nichts anderes behauptet.

# Kapitel VI

# Große Ereignisse

Den Alltag der Wikinger haben wir inzwischen sehr genau verfolgt. In den nördlichen Breiten wie anderswo läuft er mit seinen regelmäßigen Pflichten und Gewohnheiten mitunter doch recht eintönig ab, wenn es nicht einige Ereignisse gäbe, die mit einem Fest oder speziellen Begehungen gefeiert werden müssen. Mit diesen großen Ereignissen wollen wir uns nun noch befassen. Wir unterscheiden zwischen großen Ereignissen im menschlichen Leben (Geburt, Heirat, Bestattung) und wichtigen Jahrestagen in Politik und Religion. Beide werden wir uns nacheinander genauer ansehen.

## *Die großen Ereignisse im menschlichen Leben*

Über die Geburtsriten haben wir nur dürftige und verworrene Informationen, denn gerade hier hat das Christentum natürlich eingegriffen. Dementsprechend ist es schwierig zu entscheiden, ob das, was wir darüber in Erfahrung bringen, authentisch oder vom Christentum beeinflußt ist oder in die „historische Rekonstruktion" hineingehört, wie sie die Verfasser der Sagas im 13. Jahrhundert unternahmen: Sie bemühten sich, eine alte Zeit vor dreihundert Jahren wiedererstehen zu lassen. Im Mittelalter folgten hier wie überall die Geburten einander ohne Unterbrechung, solange eine Frau überhaupt Kinder gebären konnte. So stoßen wir also auch hier auf die Probleme, die mit diesen zahlreichen Geburten verbunden waren.

Meistens wurde von einer Schwangerschaft überhaupt nicht gesprochen, weil sie so selbstverständlich war. Nur eine Formulierung führe ich hier wegen des anschaulichen Ausdrucks an: „Sie war schwanger" heißt da *„hon var eigi ein saman"* (sie war nicht mehr ganz allein!). Soweit mir bekannt, waren Abtreibungen und Verhütung unbekannt; allerdings muß man der Sittenstrenge von Verfassern der Sagas oder von Herausgebern der Gesetzestexte immer mißtrauen; sämtliche Texte wurden in der uns bekannten Form mehrere hundert Jahre nach der Christianisierung zusammengestellt.

Der Gebärenden standen zahlreiche Frauen bei, vor allem sie sogenannten weisen Frauen, denen eine „pflegende Hand" nachgesagt wurde. Sie gebar liegend, in kauernder Haltung oder kniend. Daß die Geburt im Liegen jedenfalls nicht leichter war als heute, bestätigen einige Runentexte, die der Ausstoßung den Vorzug geben (in den *Sigrífumál* der Lieder-Edda). Wenn man einigen Gedichten dieser Sammlung glauben darf, wurde die Geburt von magischen Liedern begleitet *(galdr)*. Möglicherweise wurde das Neugeborene, nachdem es so von der Mutter Erde in Empfang genommen war, nach der Durchtrennung der Nabelschnur mit Wasser besprengt. Dieses Ritual, *ausa barn vatni*, wird sehr häufig in den Sagas erwähnt, kann natürlich eine bewußte Übernahme der christlichen Taufe, aber genausogut ein sehr alter Reinigungsritus sein. Danach wurde das Kind zum Himmel emporgehoben, als eine Art Opfergabe an die großen Mächte der Natur; ich habe schon zu zeigen versucht[1], daß sie vielleicht die ersten „Gottheiten" dieser Religion überhaupt waren.

So geschah es im Fall, wenn der Vater entschied, das Kind zu behalten. Denn aus verschiedenen, in erster Linie natürlich wirtschaftlichen Gründen war offenbar die Aussetzung *(útburðr)* erlaubt. Es gab wohl eine Zeit, in der es dem Vater gestattet war, das Neugeborene zurückzuweisen und es den wilden Tieren zu überlassen, indem es auf der großen Straße einfach ausgesetzt wurde – ein sehr beliebtes und häufig verwendetes Motiv in den Sagas, vor allem in der Variante des Mythos. Wenn aber der Vater beschloß, das Kind zu behalten, mußte er ihm einen Namen geben. Das war eine wichtige Angelegenheit, denn sie entschied über die Aufnahme des Neugeborenen in den Clan, verlieh ihm eine Art persönliche Qualität und garantierte ihm also seine Existenz. So war dieser Akt nicht zweckfrei, im Gegenteil, in dieser Gesellschaft, in der die Zugehörigkeit zu einem Clan schwerer wog als alles andere und ein menschliches Wesen juristisch nicht existent war, wenn es nicht seine Ahnenreihe über mehrere Generationen aufsagen konnte, war er mit Bedeutung beladen. Das erklärt auch, nebenbei gesagt, die langen und (nach unserer Ansicht) langweiligen Genealogien, die unweigerlich in den Sagas, Landnahmebüchern und verwandten Texten auftauchen. In der *Sturlunga saga* ist später ausschließlich diesem Thema ein ganzer Abschnitt *(ættartölur*, Genealogien) vorbehalten.

Der Name, den man dem Neugeborenen gab, entsprach also bestimmten Regeln. (Einiges wurde schon auf S. 63 angedeutet, was ich hier vervollständigen will.)

Möglicherweise fiel die Wahl auf Namen, die man für glückbringend hielt oder auf Namen, die eine nahestehende, vom Schicksal begünstigte Person getragen hatte. Deshalb erhielten so viele Kinder den Namen eines Vorfahren, der kurz vor ihrer Geburt gestorben war. Die Hypothese von einem uralten Glauben an Seelenwanderung und Wiedergeburt sollte man auch nicht mehr kurzerhand abtun. Zusammensetzungen mit Götternamen sind vielleicht nicht so bedeutungsschwer; in der Wikingerzeit sollte damit möglicherweise nicht mehr oder nur noch unausgesprochen die schützende Macht des Gottes beschworen werden. Zum Beispiel die zahllosen Vornamen, die den Namen des Gottes Þórr enthielten (Þorgestr, Þorgils, Þorkell, Þorsteinn und andere), wurden offenbar nicht im einzelnen gedeutet. Auch die Überfülle von Namen, die sich auf ein Tier bezogen (Björn – Bär, Ari oder Örn – Adler, Hrutr – Widder, Ormr – Schlange, Úlfr – Wolf) darf nicht dazu verleiten, auf irgendeinen Totemismus zu schließen. Möglicherweise hat es solche religiösen Bezüge bei Namen in ganz früher Zeit einmal gegeben, aber man kann mit einiger Sicherheit sagen, daß sie in der Wikingerzeit außer Gebrauch kamen. Nur eines wissen wir sicher: Nicht die freie Phantasie war bei der Namensgebung im Spiel. Auch darf man nicht vergessen, daß die Wikingergesellschaft keine „Nachnamen" im modernen Sinne kannte; der „Rufname" war also von entscheidender Bedeutung. Im übrigen war man Sohn oder Tochter des Vaters; auch der Mutter, falls der Vater unbekannt war. Außerdem war die Zahl der Vornamen unbegrenzt, daher sicher auch der häufige Gebrauch von Beinamen oder Spitznamen, die den eigentlichen Namen ersetzten. Die zahlreichen und zum großen Teil sehr plastischen Beinamen will ich hier nicht im einzelnen erläutern; sie unterschieden sich nicht von Beinamen, die in anderen Religionen geläufig waren. Im isländischen Landnahmebuch fallen überall Namen wie „der Starke", „der Rote", „die Schöne", „der Weise" ins Auge. Abschließend halten wir fest, daß die Wikingergesellschaft ausschließlich patrilinear war. Über Fälle von mütterlicher Erbfolge ist uns zumindest in dieser Epoche nichts bekannt.

Wir haben schon gesehen, wie das Kind vom ersten Lebenstag an – wo die Ammen auftreten – bis zu seiner „Großjährigkeit" aufgezogen wurde. Unsere Quellen sind sich nicht ganz einig, wann die Großjährigkeit erreicht ist, im allgemeinen aber mit vierzehn Jahren, wenn nicht früher. Kinder tauchen in den Texten selten auf, aber man darf als sicher annehmen, daß sie geliebt und sorgfältig aufgezogen wurden. Kleine Spielsachen aus Holz oder Metall sind bei Ausgrabungen gefunden worden; sie unterscheiden sich nicht von denen, die in anderen Regionen geläufig waren. Wie schon erwähnt, pflegten insbesondere vornehme Familien ihre Kinder für einige Jahre einer hochgestellten Persönlichkeit zur Erziehung anzuvertrauen, und das im gegenseitigen Tausch. Dieser Brauch, *fóstr* genannt, trug häufig dazu bei, sehr starke Gefühlsbindungen zu schaffen und ganz sicher auch die Einflußsphäre des Clans zu erweitern. Es kam sehr häufig vor, daß zwei Männer, die auf diese Weise Adoptivgeschwister geworden waren, als „Schwurbrüder" galten, durch ein magisches Ritual, das es für solche Fälle wohl gab[2]. Die Freundschaft gehörte in der Wikingergesellschaft überhaupt zu den wertvollsten Dingen im Leben, vor allem die Freundschaft unter Männern. In den *Hávamál* der Lieder-Edda lesen wir ergreifende Verse über einen „Mann, den niemand liebt; was nützt ihm schon ein langes Erdendasein?" Ihr ganzes Leben lang betrachteten es diese Menschen als eine Art kategorischen Imperativ, nicht allein zu bleiben und sich mit Freunden, Schwurbrüdern und anderen Vertrauten zu umgeben.

Um abschließend noch einmal auf die Geburtsriten zurückzukommen: Es wird klar geworden sein, daß sie für die Wikinger große Bedeutung hatten. Schon im Prolog habe ich betont, daß die Familie *(ætt)* das eigentliche Fundament der Gesellschaft war. In eine bestimmte Familie aufgenommen zu werden war der entscheidendste Schritt im Leben; er konnte durch Geburt oder durch Heirat, aber auch auf andere Weise, wie durch Anerkennung eines außerehelichen Kindes (ættleiðing, wörtlich: in eine Familie führen), vor sich gehen. Umgekehrt stellte der *einhleypingr* (einer, der kein festes Zuhause hat; was jedenfalls nicht bedeutet, daß er keine Familie hat), der „arme Schlucker", wie wir ihn heute nennen würden, diese Gesellschaft vor schwerwiegende Probleme.

Eine letzte Bemerkung noch über die Kinder: Der erste Zahn des Säuglings wurde mit einem Geschenk *(tannfé)* gefeiert – ein Brauch, der sich bis heute in Skandinavien und sogar bei uns erhalten hat.

Soweit man weiß, gab es zumindest in der Wikingerepoche wohl keine Initiationsriten oder eine feierliche Aufnahme in den Kreis der Erwachsenen, wie wir sie aus älteren vorchristlichen Epochen kennen. Georges Dumézil hat sehr scharfsinnig nachgewiesen, daß die Sage vom Kampf des Þórr mit dem Riesen Hrungnir in der Prosa-Edda die Erinnerung an solche Übergangsriten wiederbelebt. In der Wikingerzeit waren sie abgekommen. Außerdem wurde eine These aufgestellt, die allerdings auf einer flüchtigen Lektüre der Passage bei Dudo von St.-Quentin[3] beruht – ausgerechnet eine der unzuverlässigsten Quellen über die Wikinger: Danach hätte der junge Mann, der in die Gesellschaft der Erwachsenen eintreten wollte, nach dem Prinzip *ver sacrum* (heiliger Frühling) bestimmte Prüfungen bestehen müssen, indem er an einem Wikingerzug teilnahm, der folglich religiösen Charakter angenommen hätte. Diese These hält auch nicht der kleinsten Nachprüfung stand. Es mag zwar sein, daß man von einem jungen Mann erwartete, seine Fähigkeiten bei einem Wikingerunternehmen zu beweisen, aber das bedeutet noch lange nicht, daß er seine kriegerischen Talente beweisen mußte, sondern viel eher seine Fähigkeit, den Gefahren einer langen Seefahrt zu begegnen, dem weitaus wichtigsten Problem eines Wikingerzugs.

Über die Ausbildung eines jungen Menschen gibt es mangels gesicherter Erkenntnisse wenig zu berichten. Höchstwahrscheinlich hat sie in dem Sinn, wie wir sie heute verstehen, nicht existiert. Vielleicht übernahmen alte Menschen die Aufgabe, einem Kind gewisse Grundkenntnisse über die Geschichte einzuprägen, zweifellos die Geschichte seiner Familie und seines Clans. Als das Christentum eingezogen war, änderten sich natürlich die Verhältnisse, aber da war die Wikingerepoche auch schon fast vorüber. Andererseits hat es sicher Handwerksmeister gegeben, die ihre „Lehrlinge" in ihrem Metier unterrichteten. Wie wir weiter unten noch sehen werden, war es zum Beispiel ganz undenkbar, sich unvermittelt als Skalde oder Geschichtenerzähler auszugeben, ohne eine gründliche Ausbildung etwa durch einen Wanderlehrer oder in einer Einrichtung, die wir heute vielleicht als Seminar bezeichnen würden, durchlaufen zu haben. Dasselbe trifft auf das Recht zu. Es war so vielschichtig und kompliziert, daß die Vorstellung, es sei durch einfache mündliche Weitergabe zu erlernen gewesen, absurd ist. Aber wie ich schon sagte, wir besitzen kein Dokument, das uns erlaubt, uns eine Meinung darüber zu bilden.

Auf der anderen Seite kann als sicher gelten, daß die Kinder eine solide Ausbildung in einigen Sportarten wie Reiten und Waffenspielen erhielten. Darüber hinaus wurden junge Männer aus besonders vornehmen Familien möglicherweise in die oben genannten schwierigen Künste eingeführt. Insgesamt war das Leben damals und besonders im hohen Norden hart, und die Erziehung konnte nicht auf Lebensgenuß abzielen; für die Menschen waren Fähigkeiten, die das Überleben sicherten, natürlich wichtiger. Das ist sicher auch der Grund, warum so wenige lyrische, philosophische oder religiöse Texte auf uns gekommen sind! Ich habe mich immer gefragt, warum in Island, wo es so viele Männer mit dem Beinamen „der Weise" gab, nur einige von ihnen *hinn fróði* genannt wurden, mit der speziellen Bedeutung „einer, der sein Wissen weitergibt". Ich vermute beinahe, daß es sich bei den so Bezeichneten um gute Pädagogen handelte, um Gebildete, die von Hof zu Hof wanderten, um ihr Wissen zu verbreiten.

Von der Heirat war im Prolog schon ausführlich die Rede. Wie bei der Geburt lag auch bei der Eheschließung das Hauptgewicht auf der Familie; eine Heirat wurde in erster Linie als Bündnis zwischen zwei Clans begriffen. Hier sei nur angemerkt, daß das Konkubinat üblicherweise dazugehörte. Ein reicher *bóndi* konnte mehrere Konkubinen haben, aber daraus ergab sich kein Anspruch der Konkubine auf das Vermögen oder das Erbe des Hausherrn, es sei denn durch ausdrückliche Verfügung. Auch die Kinder aus dieser Verbindung waren von der Erbschaft ausgeschlossen, außer wenn der Vater anders über sie entschied. In älterer Zeit waren diese Bestimmungen wohl unumstößlich; bei den Wikingern wurden sie offenbar weniger streng gehandhabt. Es kam vor – und ausgerechnet in „königlichen" Häusern – , daß Bastarde gegenüber ihren legitimen Brüdern nicht benachteiligt waren und bei der Thronfolge berücksichtigt wurden. In allen Fällen hatte der Vater die Möglichkeit, seinen natürlichen Sohn zu legitimieren. So war diese Formalität in Schweden und Dänemark relativ einfach; der Vater brauchte nur das Kind vor Zeugen auf seine Knie zu heben, um es zu legitimieren. Eine viel anschaulichere Zeremonie ist uns aus Norwegen bekannt: Wenn ein Vater dort seinen illegitimen Sohn in die Familie einführen wollte, mußte er zunächst ein dreijähriges Rind schlachten und aus dem Leder des rechten Hufs einen Schuh herstellen. Danach veranstaltete er ein Fest, bei dem der Schuh in die Mitte des Raums gestellt wurde. Zuerst mußte der Vater seinen rechten Fuß in diesen Schuh stecken, nach ihm das Kind, das auf diese Weise anerkannt wurde, und danach sämtliche Mitglieder der Familie, um damit anzuzeigen, daß sie dieses Kind für ihresgleichen erachteten.

Die Erbschaftsregelung entsprach im großen und ganzen den Gepflogenheiten im ganzen damaligen Europa. Ich hebe nur einige Punkte heraus, weil sie mir besonders interessant erscheinen. Da gab es zunächst die Übereignung (*arfsal*, wörtlich: Verkauf!) der Erbrechte an einen Dritten, der sich im Gegenzug verpflichtete, für die Bedürfnisse des Übereigners Sorge zu tragen, also eine Art Leibrente. Das konnte natürlich zu Streitigkeiten führen, aber für einen alten Menschen war es sehr bequem, seine letzten Jahre wohlversorgt zu verbringen. Außerdem muß ich das *arfleiðing* erwähnen, einen Vorgang, der dem *ættleiðing* (Einführung eines neuen Familienmitglieds) entspricht und bei dem ein neuer Erbe eingeführt wurde.

Das hervorstechendste Merkmal dieses Erbrechts war das *óðal*, das heißt die unteilbare Erbfolge, insbesondere bei Grundstücken, die im Eigentum der Familie bleiben mußten und vor allem nicht aufgeteilt werden durften. In dem Wort *óðal* klingt die Vorstellung des Unteilbaren mit; deshalb hat es mit unserem „Allod" überhaupt nichts zu tun. Dieser Begriff bezieht sich auf die Feudalzeit in Mitteleuropa, die hier außerhalb unseres Themas liegt. Bei dieser Gelegenheit weise ich noch einmal ausdrücklich darauf hin, daß man die Wikingergesellschaft auf keinen Fall mit Begriffen und Kriterien des Feudalismus beurteilen darf. Gerade französische Forscher begehen häufig diesen Fehler, weil ihnen dieser Bezugsrahmen viel geläufiger ist. Insgesamt ist festzustellen, daß der Feudalismus in den nordeuropäischen Regionen vollkommen unbekannt war.

Nach dem Grundsatz des *óðal* kam es also einem Sohn der Familie – nicht notwendig dem ältesten – zu, das Erbe zu übernehmen. Das Odalsrecht gehörte zu den Fundamenten der frühen Gesellschaften in Skandinavien und hatte dementsprechend hohen Symbolgehalt. Zu Beginn des 19. Jahrhunderts wurde es von dem bedeutenden schwedischen Romantiker Erik Gustaf Geijer in seinem berühmten Gedicht „Odelsbonden" gewürdigt. Doch zurück zur Wikingerzeit: Der Sohn, dem das *óðal* zufiel, mußte seinen Brüdern dafür eine Entschädigung bezahlen. Auf diese Weise blieb der

Grund und Boden der Familie unangetastet. Die anderen Brüder, die durch diese Bestimmung keinen Anteil am Familienbesitz erhielten, sahen sich zweifellos veranlaßt, anderswo ihr Glück zu suchen, insbesondere Neuland fruchtbar zu machen oder andere Einkommensquellen zu finden, oder sie wanderten sogar aus. Allerdings ist hier festzuhalten, daß mit Sicherheit nicht das Odalsrecht zu den Auslösern des Wikingerphänomens gehört – ungeachtet der recht eingängigen Argumentation besonders bei Snorri Sturluson zu diesem Punkt. Die Wikinger gingen nicht deshalb auf große Fahrt, weil sie durch Gesetz von ihrem Erbe ausgeschlossen waren. Wer eine Expedition plante, als Kapitän eines *knörr* seine Mannschaft zusammenstellte und als Hauptlieferant für die Waren sorgte, die er mitführen und zum Verkauf anbieten wollte, mußte ausgesprochen wohlhabend sein, um dies alles in die Wege zu leiten. Also hat es sich vermutlich eher um den Erbbauern als um seine mittellosen Brüder gehandelt.

Andererseits konnte der Erbe den Grundbesitz verkaufen, um den Erlös unter seinen nächsten Miterben aufzuteilen. Damit war die allzu strikte Erbregelung abgemildert. Wie verwickelt die Erbfolge in Einzelfällen – wie übrigens auch heute noch – sein konnte, belegen nicht nur zahlreiche Stellen in den Sagas, sondern auch Runeninschriften, die den Sachverhalt ganz genau darlegen. So heißt es zum Beispiel in der Inschrift von Hillersjö (Schweden), die genau aus der Wikingerzeit stammt:

Versteh, was hier geschrieben steht! Geirmundr erhielt [heiratete] Geirlang, die noch Jungfrau war. Dann bekamen sie einen Sohn, bevor Geirmundr ertrank, und danach starb auch der Sohn. Dann hei-

ratete Geirlang den Guðrikr. Er [Lücke]. Danach
bekamen sie Kinder. Nur eine Tochter überlebte, sie
hieß Inga. Ragnfastr von Snottsá heiratete sie. Dann
starb er und nach ihm auch der Sohn. Und die
Mutter beerbte ihren Sohn. Danach heiratete sie
Eiríkr und starb kurz darauf. Also beerbte Geirlang
ihre Tochter Inga. Þorbjörn der Skalde hat diese
Runen eingemeißelt.

Wir sind uns wohl einig, daß es sich bei dieser Inschrift –
eine Runeninschrift wohlgemerkt, also von einem Wikinger verfaßt – um ein echtes Rechtsdokument handelt
(wie übrigens häufig bei diesen Texten) und daß hier
von einem ziemlich ungewöhnlichen Testament die
Rede ist. L. Musset erläutert[4]: „Geirlang, die Haupt-
person, war zweimal verheiratet, mit Geirmundr und
mit Guðrikr, und ihre Tochter Inga ebenfalls zweimal,
mit Ragnfastr und mit Eiríkr. Da aber ihr Sohn, ihr
Schwiegersohn und ihr Enkel vor ihr starben, vereinigte
sie alle Erbschaften der Verstorbenen auf sich."
 Aber wir sind von unserem eigentlichen Thema, der
Heirat, weit abgekommen. Zum Schluß noch eine kurze
Bemerkung über die Ehescheidung. Ihre Bedeutung darf
man nicht übertreiben, und sie scheint auch nicht sehr
häufig vorgekommen zu sein. Ich habe zwar schon im
Zusammenhang mit der Situation der Frauen erwähnt,
daß die Scheidung verhältnismäßig leicht zu bewerkstel-
ligen war; zumindest wenn wir hier wieder dem
Zeugnis der Sagas vertrauen können. Aber daraus darf
man nicht folgern, die Wikingergesellschaft sei von ständigen Eheauflösungen geprägt gewesen. In Wirklichkeit
kam die Scheidung sehr selten vor und zog schwerwiegende, ja häufig dramatische Konsequenzen nach

sich, weil die Familien der getrennten Ehepartner diese Scheidung als Beleidigung von der einen wie von der anderen Seite empfanden. Aber auch in den Gesetzestexten heißt es, daß sich die Frau verhältnismäßig leicht von ihrem Ehemann trennen konnte. Sie mußte nur einen ausreichenden Beweggrund für ihren Entschluß angeben; entweder sie erklärte, der Ehemann sei impotent (ein Beispiel kennen wir aus der *Njállssaga*), oder sie mißbilligte das Verhalten des besagten Ehemannes im Leben allgemein, oder sie weigerte sich, seine sarkastischen Reden oder die Folgen seiner Taten noch länger zu ertragen, und vieles andere mehr. Auch der Ehemann konnte seine Frau genauso leicht loswerden. In all diesen Fällen mußten Zeugen für die Scheidung beigebracht werden, und dann ging jeder seiner Wege. Allerdings bleib da noch die Schwierigkeit mit der Mitgift *(heimanfylgja)* und mit der Morgengabe *(mundr)*, die der Mann in die Ehe eingebracht hatte. Wir sind inzwischen mehr und mehr zu der Ansicht gekommen, daß in der Welt der Wikinger materielle Werte bei allem, was die Menschen in ihrem Leben taten, im Vordergrund standen. Hochfliegende philosophische Gedanken, die wir so gern bemühen, waren ihre Sache nicht. Deshalb darf man auch hier rein wirtschaftliche Erwägungen vermuten: Eine Scheidung war für den Ehemann eine finanzielle Katastrophe!

Bei unseren Recherchen über Geburt und Heirat mußten wir uns auf schriftliche Quellen stützen, die in der überwiegenden Mehrheit aus der Zeit nach den Wikingern stammen. Beim Thema Bestattung liegt der Fall anders. Hier verfügen wir über reichliches Beweismaterial, das die Archäologen bis in jüngste Zeit zutage gefördert haben: Anhand einer eindrucksvollen Zahl von Grabstätten können wir uns einen allgemeinen Eindruck verschaffen, wie das Begräbnisritual bei den Wikingern aussah.

An dieser Stelle müssen wir etwas ausführlicher werden, denn vielleicht war der Totenkult überhaupt die erste Entwicklungsstufe dieser heidnischen Religion. Noch im 13. Jahrhundert ließen die Sagas, die ja von Christen niedergeschrieben waren, uralte Riten wiederaufleben, die damals längst verschwunden, aber im kollektiven Gedächtnis wohl noch ganz lebendig waren. Zum Beispiel wird in der *Saga von Egill, Sohn Grimrs des Kahlen* sehr genau beschrieben, wie man einem Toten gegenübertreten mußte, der dieselben beunruhigenden Gewohnheiten wie zu Lebzeiten hatte (er konnte sich bei Einbruch der Nacht in einen Werwolf verwandeln; er war *hamrammr* oder *rammaukinn* oder auch *eigi einhamr*). Sein Sohn, der sich ebenfalls in magischen Praktiken auskennt, verstopft ihm die Nasenlöcher und alle übrigen Körperöffnungen – man glaubte also, die Seele oder der Atem könnten aus dem schützenden Körper entweichen, um draußen ganz selbständig zu existieren und alle möglichen Untaten zu begehen. Danach schlägt er ein großes Loch in die Wand hinter dem Toten, und durch diese Öffnung wird der Tote hinausgetragen, und anschließend wird sie wieder zugemauert, damit der Tote nicht mehr auf demselben Weg in das Haus immer wieder zurückkehrt, auf dem er es verlassen hat.

Es besteht gar kein Zweifel, daß die Völker Nordeuropas an die Existenz einer Seele glaubten; ihre Sprache hatte mindestens fünf Vokabeln für „Seele"[5] (*önd, hamr, hugr, fylgja, sál*). Zwei davon sind erkennbar Lehnwörter (*sál* ist aus dem deutschen Sprachraum übernommen; *önd* entspricht unserem Wort „Hauch" und fand wohl erst mit dem Christentum Eingang in die Sprache), aber die drei anderen sind eigene, sehr bildhafte Prägungen; sie bedeuteten auch die feine Embryonalhaut, die bei der Geburt zusammen mit dem Neugeborenen aus dem Körper der Mutter ausgestoßen wird. Damit ist die Vorstellung einer „Form" (das bedeutet *hamr* wörtlich) oder einer Wesenheit, die dem „Menschen folgt" (*fylgja*, folgen, begleiten) verbunden. *Hugr* spiegelt vielleicht die universelle Idee von der „Weltseele" (*mana*, *orenda*), die den Kosmos durchströmt und zu der wir unter bestimmten Umständen Zugang haben oder die sich uns hin und wieder offenbart. Im übrigen ist die Fülle von Wörtern und Begriffen, die sich damit verbinden, sehr aufschlußreich. *Hamr* und *fylgja* haben die besondere Fähigkeit, aus ihrer Körperhülle zu entweichen, um vollkommen getrennt von ihr zu existieren und ihren eigenen Betätigungen nachzugehen, und sie setzen sich über die Kategorien von Raum und Zeit hinweg. Sie können sogar in Gestalt dieses seltsamen Wesens oder *draugr* zurückkehren, das bis heute durch die isländischen Volkserzählungen „geistert", im wahrsten Sinne des Wortes, und ihnen den Charakter des Unheilvollen gibt, der ihnen anhaftet[6].

Diese sehr summarischen Erklärungen sind nützlich, wenn man den ganzen Prunk verstehen will, der eine Bestattung bei den Wikingern umgab. In den weiter zurückliegenden Epochen gab es wohl auch die Totenverbrennung – ein weiterer Beweis für den Glauben an ein Jenseits und an eine Seele, ebenso wie bei den Gemeinschaftsgräbern, vor allem in der merkwürdigen Form eines Schiffs (*skipsætninger*), die ich oben schon beschrieben habe. Aber in der Wikingerzeit war das Einzelgrab die Regel. Der Tote wurde in kostbarer Kleidung zusammen mit Speisen, Waffen, Tieren und möglicherweise sogar, wenn man einigen Quellen glauben darf, mit mehr oder weniger zweifelhaften „Beigaben", einer Lieblingssklavin oder Konkubine in das Grab gelegt. So berichtet uns zum Beispiel ein Araber mit Namen Ibn Rustah von den Rūs, deren Gebiet er mehrfach besuchte:

> Wenn bei ihnen ein bedeutender Mann stirbt, errichten sie ein Grabmal in Form eines großen Hauses und legen ihn hinein. Auch seine Kleider und die goldenen Armreife, die er früher trug, geben sie ihm mit, außerdem reichlich Nahrung und Trinkschalen, dazu auch Münzen. Außerdem geben sie ihm seine Lieblingsfrau bei, während sie noch lebt. Danach verriegeln sie das Grabhaus, und sie stirbt dort.

Das Detail von der lebendig begrabenen Ehefrau ist eher mit Skepsis zu betrachten. Ibn Fadhlan, der hier schon mehrfach zu Wort kam, hat zur selben Zeit und am selben Ort eine eindrucksvolle Bestattungszeremonie beobachtet; diesmal wurde zwar auch eine Sklavin zusammen mit ihrem toten Herrn begraben, aber man hatte sie zuvor erdrosselt. Auch in Birka wurden zahlreiche Gräber entdeckt; einige bestanden aus einer Art Holzverschalung, die man um den Toten herum angebracht hatte. Der Tote wurde in sitzender oder auch in Embryonalstellung begraben; letztere ist zweifellos ein Brauch aus viel älterer Zeit. Die Zwerge waren in dieser wie in zahlreichen anderen Mythologien die Totengeister, oder genauer: die Toten selbst – gemäß der Gleichsetzung homo–humus nach Mircea Eliade sind sie die

Schutzgeister der Fruchtbarkeit. Aber das Wort *dvergr* (Zwerg) bedeutet im Altnordischen eigentlich „gekrümmt", und das erinnert unmittelbar an die Stellung des Toten in seinem Grab. Den hochdramatischen Bericht des Ibn Fadhlan von der Bestattung eines Anführers der Rūs (also der Schweden) am Wolgaufer um Jahr 922[7] darf man zwar auch nicht unkritisch lesen, allerdings werden zahlreiche Einzelheiten der Erzählung durch andere Quellen bestätigt.

Jedenfalls gab es die Vorstellung von einer Reise ins Jenseits, das beweisen Gräber, die so häufig die Form eines Schiffes hatten, oder die Tatsache, daß ein richtiges Schiff das Grab darstellt (Oseberg, Groix), und schließlich die Ausrüstung, die man einem Krieger oder einem Kaufmann in seine letzte Ruhestätte mitgab. Übrigens trifft dies alles auch auf die verstorbenen Frauen zu; sie wurden reich ausgestattet und mit kostbarem Schmuck, außerdem mit allen möglichen Dingen versehen, die für ihr weiteres Leben und zu ihrer Erheiterung gedacht waren. So hat man in Birka das Grab einer Frau von zweifellos hohem gesellschaftlichen Rang gefunden; die Tote trägt den kostbaren Schmuck, der ihr zu Lebzeiten gehörte: eine Halskette aus silbernen Kettengliedern, 24 Kristallperlen und gold- und silbergefaßte Glasperlen; zwei silberne Anhänger, die an ihrem Kleid festgehakt waren und höchst kunstvoll gearbeitete Pferde darstellten; eine wunderbare Brosche aus vergoldeter Bronze im Borre-Stil[8], also aus den Anfängen der Wikingerepoche, mit einer zauberhaften Verzierung aus Tierfiguren offenbar zum Befestigen ihres Umhangs; außerdem zwei kleine Schmuckstücke, die wohl entweder als Ohrclips getragen wurden oder zu einer Halskette gehörten; eine Bronze-Schließe für einen Gürtel oder einen anderen Lederriemen; ein Schmuckstück aus vergoldeter Bronze, besonders fein gearbeitet und als zweite Halskette getragen. Außerdem fanden sich in dem Grab verschiedene Gefäße, darunter eines aus friesischer Herstellung, ein Glas aus dem Rheinland, ein Bronze-Wasserkessel aus Irland, zwei Holzeimer und ein Holzkästchen, in dem sich ein Hornkamm befand. Das Grab stammt aus dem frühen 9. Jahrhundert; die Tote muß aus vornehmer Familie und jedenfalls sehr wohlhabend gewesen sein – sie trug seidene Kleider, der Inbegriff von Luxus in dieser Epoche.

Ein anderes Grab in Birka ist wegen einer beigegebenen bekannten Silbermünze genau zu datieren: frühestens im Jahr 913, spätestens 980. Es enthielt die Überreste eines Kriegers, der in sitzender Stellung begraben wurde. Er hatte zwei Rundschilde, einer beim Kopf und einer bei den Füßen; an der linken Seite sein doppelschneidiges Schwert und an der rechten ein verziertes Messer, eine Axt, 24 Pfeile und einen eisernen Wurfspieß mit Gold- und Kupferinkrustierung, außerdem zwei Steigbügel und zwei Pferde in einem abgetrennten Teil des hölzernen Grabes[9]. Es sieht so aus, als sei dieser Tote eher ein Krieger als ein Händler gewesen – auch wenn ich schon mehrfach betont habe, daß diese Art von Unterscheidung kaum der Realität entspricht.

Die altnordische Kultur kannte merkwürdigerweise zwei verschiedene Jenseitsvorstellungen, die wahrscheinlich in zwei Etappen nacheinander aufkamen und nicht, wie allzu oft behauptet wurde, zwei verschiedenen Gesellschaftsschichten entsprachen. Die eine war Hel, das Jenseits, ganz schlicht und ohne spezielle Implikationen – Hel hieß auch das Reich der „Hölle", genauso wie die häßliche Göttin (nach Snorri Sturluson war ihr Körper halb schwarz und halb blau), die dort das Regiment führte. Die andere wurde Valhöll (Walhalla) genannt. Auf den ersten Blick könnte man sie für einen speziellen Kriegermythos halten, aber sie scheint wohl eher der Magie zu entstammen. In Walhalla versammelt der Gott Oðinn angesichts der Ragnarök (Niedergang der himmlischen Mächte, nicht die „Götterdämmerung" nach Richard Wagner, auch wenn es beide Versionen gibt) die tapfersten Krieger *(einherjar)*, die er von seinen Walküren für den Tod auf dem Schlachtfeld auswählen ließ. Beide Jenseitsvorstellungen, Hel und Valhöll, sind sehr alt, aber es wäre abwegig, der zweiten einen höheren Rang zu geben. Dazu muß man im übrigen nur die *Baldrsdraumar* aus der Lieder-Edda noch einmal lesen: In Hel und nicht in Valhöll will man den toten Gott Baldr suchen gehen.

Vor romantischer Idealisierung wird man sich hüten müssen. Es gibt keinen Beleg dafür, daß die Wikinger sich besonderer Todesverachtung gerühmt hätten oder daß sie auf ein Jenseits hofften, wo vorgebliche kriegerische Ideale ihre Erfüllung fanden. Was sich in der Valhöll abspielt, ist eher langweilig als martialisch, und man muß betonen, daß dieses „Paradies" zum einen vergänglich ist und zum andern von den Skalden verherrlicht wurde, den Sängern, die vom Gott der Dichtkunst Óðinn erwählt waren, und Óðinns eigentliches Reich war Walhalla. Auch das wunderbare Bild in der Sage vom Tod Baldrs, wie der Leichnam des strahlend-schönen Gottes in einem brennenden Boot seine Reise ins Jenseits antritt, hat möglicherweise, so romantisch es auch sein mag, eher keltische als nordgermanische Ursprünge. Andererseits erkennt man an dem Schmuck der Frauen und der Kleidung und Ausrüstung der Männer in ihren

Gräbern sehr wohl, daß die Menschen sich das Jenseits als einen angenehmen, ehrfurchtgebietenden Ort ausmalten; wenn sie die Reise dorthin antraten, waren sie mit allen ihnen zustehenden Ehrenzeichen angetan.

Das mußte auch in den äußeren Formen der Bestattung zum Ausdruck kommen. Auch hier werden wir wieder feststellen können, daß alles, was das öffentliche Leben der Wikinger betraf, Gegenstand juristischer Maßgabe war. Gesetz und Recht waren geradezu die Seele dieser Gesellschaft. Das wird beim Bestattungsritual besonders deutlich. Zunächst mußte der Verstorbene „richtig" tot sein, das heißt in den gesetzlich geregelten Formen; andernfalls würde er – wie oben beschrieben – zurückkehren und an den Orten herumgeistern, wo er gelebt hat; er würde versuchen, all seinen nächsten Angehörigen Schaden zuzufügen und alles mögliche Unheil anzurichten. Der berühmteste Wiedergänger ist Glámr in der *Saga von Grettir*, aber es gibt viele andere, häufig in Gespenster- und Schauergeschichten. Ihr typischster Vertreter ist sicher Þorbjörn der Krüppel aus der *Saga von Snorri dem Goði*. Der *draugr* ist ein Toter, der „nicht richtig" tot ist, entweder weil er nicht nach dem vorgeschriebenen Ritual begraben wurde oder weil er in einer juristisch unhaltbaren Situation verstarb (wenn er zum Beispiel Opfer einer Beleidigung war, die ungesühnt blieb) oder auch weil er nicht zufrieden war mit der Art, wie die Nachkommen mit seinem Erbe umgingen. In diesen Fällen mußte man dem Toten meistens einen richtigen Prozeß machen (*duradomr*, Prozeß an der Pforte – des Todes) und ihn dazu verurteilen, gewissermaßen vorschriftsmäßig tot zu sein[10].

„Vorschriftsmäßig": Das setzte voraus, daß sich die Lebenden in allen Einzelheiten an das vorgeschriebene

Ritual hielten. Ein Toter war erst richtig tot, wenn seine Nachkommen oder Erben die Bestattungsfeierlichkeiten zu seinen Ehren begangen hatten, soll heißen: auf seine Erbschaft getrunken hatten *(drekka erfi)*. Die besten Beispiele findet man zum einen in der *Saga der Wikinger von Jómsborg*, wo es ausdrücklich heißt, daß König Sveinn nichts unternehmen will, bis dieses Bestattungsfest gefeiert ist, und zum andern in der *Saga der Anführer des Tals am See*; nach dem Tod Ingimundrs des Alten, des Clanoberhaupts, weigern sich die Nachkommen so lange, seinen Hochsitz einzunehmen, bis das Trauerfest *(erfi)* „getrunken" war. Um noch einmal auf den Bericht unseres arabischen Gewährsmannes Ibn Fadhlan von der Bestattung eines Anführers der Rūs, die ihn so stark beeindruckte, zurückzukommen: Interessant ist hier vor allem das Ende des Berichts. Die Feierlichkeiten sind von einem fremdartigen Pomp begleitet, der in den altnordischen Quellen sonst nicht bezeugt ist, und der Erbe (oder der nächste Verwandte, wie es bei Ibn Fadhlan heißt) des Verstorbenen zündet selbst das Schiffsgrab an [11].

Zum Schluß sei noch ein charakteristisches Merkmal dieser nordischen Kultur hervorgehoben: Sie kannte keine genau markierten Grenzen zwischen der Welt der Lebenden und dem Reich der Toten. Man beobachtet erstaunt, wie leicht der Lebende einen Abgeschiedenen auf die eine oder andere Weise dazu bringen kann, ihm die gewünschten Auskünfte zu geben. Etwas ähnliches geschieht sogar auf der Ebene der Götter in den *Baldrsdraumar* der Lieder-Edda: Oðinn hat nicht erfahren, welches Schicksal seinem Sohn Baldr nach dessen gewaltsamem Tod beschieden ist, deshalb zwingt er eine Seherin, ihm die verlangte Auskunft zu geben. Umgekehrt ist es ganz selbstverständlich, daß der Verstorbene dem Lebenden von selbst etwas mitteilt, entweder direkt und in seiner eigenen Gestalt oder indirekt über das Medium der Träume. In des Sagas und den eddischen Liedern gehören diese Träume zu den immer wiederkehrenden Motiven. Insgesamt gewinnt man den Eindruck, daß in dieser nordischen Welt die Geister aus- und eingingen, und das in beiden Richtungen – auch dies ein Grund, wie ich meine, warum der Magie dort so große Bedeutung zukam.

## Große Jahresfeste

In diesem Abschnitt sollen Religion und Recht nicht als abstrakte Größen dieser Kultur, sondern nur ihren erkennbaren Einfluß auf den Alltag der Wikinger zur Sprache kommen. Wir haben ja schon mehrfach feststellen können, in welchem Maß das Recht ein geheiligter Begriff, ja der eigentliche Ausdruck des Geheiligten war, und man kann sogar sagen, daß die Religion nichts anderes als die feierliche Huldigung an diese besondere Art des Geheiligten war. Andererseits ist es nicht angebracht, alle Sagen, Riten und Rituale dieser heidnischen Kultur nur unter diesem einen Aspekt zu sehen[12].

Der moderne Betrachter ist überrascht, wie tief und anhaltend diese nordische Gesellschaft von den Begriffen Recht und Gesetz geprägt war. Alles, was die Menschen unternahmen, war von feierlichen Eiden begleitet oder geschah in Gegenwart von Zeugen. Sämtliche Aktionen, von der banalsten – zum Beispiel der Abtretung von Landbesitz – bis zur bedeutungsvollsten – einer Heirat – , bewegten sich im Rahmen der Gesetze. Die

erhaltenen Gesetzeswerke sind zum großen Teil überhaupt die ersten schriftlichen Quellen, die in Skandinavien oder sogar in Gesamtgermanien entstanden, und
sie sind einfach unvorstellbar akribisch ausgearbeitet, als
müßte alles im vorhinein bekannt und gesetzlich
geregelt sein. Nur so ist auch der übertriebene Forma-
lismus zu erklären, den alle Beteiligten beim kleinsten
Rechtsstreit an den Tag legen: Es kommt nicht in erster
Linie darauf an, recht zu haben, sondern die Prozeßordnung auch im kleinsten Detail respektiert zu haben,
denn das Recht ist heilig, und wer nicht weiß, wie es
angewendet wird, ist schon allein dadurch im Unrecht.

Bemerkenswert ist auch, daß Týr[13], der älteste Gott im
nordischen Pantheon (sein Name bedeutet eigentlich
„Gott") als Garant der Weltordnung auftrat, oder genauer: Er hatte die Mächte des Chaos gebannt, indem er
seine rechte Hand preisgab, die er in den Rachen des
riesigen Fenriswolfes – Symbol des „Bösen" – steckte.
Diesem heiligen Pakt ist es also zu verdanken, daß die
Welt besteht und überlebt[14]. Im übrigen heißt es in allen
eddischen Liedern übereinstimmend: Sobald irgend
etwas dem Gang der Eireignisse zuwiderläuft, versammeln sich als erstes die Götter und „nehmen ihre
Richterstühle ein", um Gesetze zu machen. Das erinnert
auch an ein sehr treffendes Sprichwort, das in der *Njállssaga* ebenso wie in mehreren Gesetzestexten auftaucht:
„Mit dem Gesetz baut man ein Land auf, durch
Gesetzlosigkeit geht es zugrunde" (*með lögum skal land
byggja en með ólögum eyða*). So erstaunt es also nicht,
wenn Recht und Gesetz in alle Lebensbereiche mit ver-
wirrender Akribie eingriffen. Dafür gab es, wie gesagt,
Rechtsexperten, aber auch jeder *bóndi* war eine Art
wandelndes Gesetzbuch.

Da die Rechtsprechung, das Recht und das Gesetz von den Göttern gegeben waren, hatte auch der Mensch definitionsgemäß teil an dem Geheiligten, das von ihnen kam, und die Ehre eines Menschen – oder was er sich darunter vorstellte – anzutasten kam demnach einem Frevel gleich. Hier muß ich etwas ausführlicher werden und wenigstens die allgemeinen Grundlagen des berühmten tragischen Widerstreits von Schicksal, Ehre und Rache erläutern [15]. Nach Auskunft der Sagas und der Gesetzestexte war es nahezu üblich, daß ein Mensch im Lauf seines Lebens in diese endlosen Rechtsstreitigkeiten verwickelt wurde, für die gerade die Isländer so bekannt waren. Ich will damit nicht sagen, daß sie zu seinem Alltag gehörten, aber er mußte sich gewissermaßen täglich darauf gefaßt machen. Auf diesem Gebiet gibt es eine Menge Mißverständnisse auszuräumen.

Zu den Geburtsriten, die ich weiter oben in aller Kürze beschrieben habe, ist noch zu ergänzen, daß sie wahrscheinlich unter dem Patronat von ansonsten ganz unbekannten, aber vermutlich sehr alten Gottheiten, den Disen, standen. Sie waren sowohl Schicksals- als auch Fruchtbarkeitsgottheiten – die großen Feste zur Wintersonnenwende wurden häufig *dísablót*, Opfer für die Disen, genannt. Sie schenkten dem Neugeborenen *eiginn máttr ok megin*, „die Fähigkeit zu Glück und Erfolg" [16]. Die Forscher haben sich lange Zeit von der – wie sie fanden – fremdartigen Formulierung irreführen lassen: „Er opferte nicht den Göttern, er glaubte nur an sein *eiginn máttr ok megin*." Das hat natürlich nichts mit Skeptizismus zu tun, sondern mit einer Art impliziten Anbetung, wie ich es im weiteren zu erklären versuche. Diese Gabe wird von den göttlichen Mächten – Disen oder anderen – einem Menschen anvertraut, und sie kommt über ihn, bevor er etwas davon weiß. Sie ist natürlich eine Sache des Verstandes, aber sie verleiht auch den allmächtigen seherischen Blick, wie er nur ganz wenigen Menschen beschieden ist, den Rat der Weisen, mitunter auch Träume und Visionen, die so glaubwürdig sein können, wie sie auch aus dem Fundus der mittelalterlichen Heiligenleben hervorgingen. Es war nicht so wichtig für den Menschen, in einem bestimmten Alter zu wissen, wer er war, was er wert war und wozu er fähig war, oder besser: Er mußte keine klare Vorstellung davon haben, wie die himmlischen Mächte ihn haben wollten. Er mußte, um es im modernen Jargon auszudrücken, der werden, der er war, aber zuvor mußte er wissen, woran er sich zu halten hatte. Der zweite Schritt war, sich selbst zu akzeptieren, und daran hat es einem Wikinger wahrhaftig nicht gemangelt. Romantische Revolte, Verzweiflung und das Gefühl für das Absurde lagen diesem geistigen Universum vollkommen fern; gegen den Spruch der Götter gab es keine Auflehnung.

Später folgte dann, was den Höhepunkt aller Sagas und verwandter Texte ausmacht: *skapraun*, wörtlich: Charakterprüfung. Es konnte sich um alle nur denkbaren Beleidigungen, verbale Beschimpfungen (oft versteckt, seltener ausgesprochen; ein gut plaziertes höhnisches Grinsen konnte schon genügen) bis zu Tätlichkeiten zusammen mit Raub, Diebstahl und Verbrechen handeln: Die Art, wie der einzelne darauf reagierte, entschied nicht nur über sein Ansehen, das oberste Ideal dieser Gesellschaft, auch über seinen Nachruhm. Die bekanntesten und meistzitierten Verse 76 und 77 der *Hávamál* der Lieder-Edda sind in diesem Punkt eindeutig:

*Es sterben Hab und Gut,*
*Es sterben die Eltern,*
*und du wirst auch sterben.*
*Aber das Ansehen stirbt niemals,*
*das gute, das man sich erworben hat.*

*Es sterben Hab und Gut,*
*Es sterben die Eltern,*
*und du wirst auch sterben.*
*Aber ich kenne eines*
*Was niemals stirbt:*
*Das Urteil, das über jeden Toten gefällt wird.*

Dazu gehörte aber auch seine Fähigkeit, aus dem Einlagekapital den Gewinn zu erwirtschaften (wie der Finanzmann heute sagen würde), den die göttlichen Mächte bei ihm an den Tag bringen wollten. Deshalb hat man auch nicht ihn, sondern diese Gottheiten beleidigt, die in ihm wohnen, und jeder Angriff auf seine Unversehrtheit kommt einem Götterfrevel gleich. Folglich ist es auch sein ureigenes Recht, Rache zu nehmen; sein Recht, nicht seine Pflicht, – um einem weitverbreiteten Irrtum ausdrücklich entgegenzutreten. Er kann sich nicht einmal weigern, Rache zu nehmen, aus welchen Gründen auch immer. Aber wenn er Rache nehmen will, dann ist es sein Recht, denn er stellt damit gewissermaßen das Geheiligte wieder her, das in seiner eigenen Person Schaden genommen hat, und nicht nur in seiner Person, nein, der ganzen Familie, als deren integren Teil er sich empfindet, und durch ihn wurde im Grunde die Familie beschädigt. Im Zusammenhang mit der Heirat habe ich schon mehrfach betont, wie umfassend und allmächtig die Institution Familie in der Wikingergesellschaft war.

Alles, was ich hier über Recht und Gesetz gesagt und über den Zusammenhang von Ehre und Rache in aller Kürze vorgeführt habe, erklärt also zur Genüge, warum die Thematik geradezu leitmotivisch in fast allen Sagas auftaucht und warum die Gesetzestexte so peinlich genau formuliert sind; alle Quellen sind hier zusammengeflossen.

Auch das *Þing* war vor allem aus diesem Grund eine in jeder Hinsicht umfassende Institution der Wikingergesellschaft. Es fand mehrmals im Jahr statt; der Ort war durch Tradition festgelegt, oder er wurde nach den Gegebenheiten der Landschaft ausgewählt: Das isländische *alþing* von Þingvellir zum Beispiel liegt an einem Platz von überwältigender Naturschönheit, der sich außerdem besonders gut für die zweifellos sehr alten Gebräuche einer solchen Volksversammlung eignete: Eine Lavasteilwand diente als natürlicher Resonanzboden für den Redner, der auf dem „Berg des Gesetzes" (Lögberg) stand. Wahrscheinlich versammelte sich ein *þing* im Frühjahr *(varþing)*, ein anderes im Herbst *(leið)*, aber das wichtigste *Þing* fiel in die zweite Juniwoche. Vermutlich wurden bei dem ersten *þing* im Frühjahr die zur Verhandlung anstehenden Fälle mitgeteilt und das wichtigste *Þing* im Frühsommer vorbereitet; bei der Herbstversammlung wurden die Entscheidungen des *alþing* noch einmal zusammengefaßt; der Begriff *alþing* taucht allerdings nur im Zusammenhang mit Island auf.

Da das *Þing* offensichtlich die wichtigste Institution der Wikinger war, werde ich mich an dieser Stelle noch einmal sehr eingehend mit ihm befassen, denn als Versammlung des ganzen Volkes hatte es nicht nur gesetzgeberische und richterliche Funktion; es befaßte sich auch mit allen Bereichen der Wirtschaft und der Gesellschaft.

Stellen wir uns also vor, wir befänden uns in Þing-vellir auf Island. Über diesen *Þing*-Platz sind wir am besten und seit langem unterrichtet, denn er wird überall in den Sagas erwähnt; aber er könnte auch in Ribe (Dänemark), Frosti (Norwegen), Uppsalir (heute Gamla Uppsala, Schweden) oder auch in Visby auf Gotland liegen. Man mußte wie gesagt einen günstig gelegenen Ort aussuchen, der außerdem eine Bodenerhebung mit einer Steilwand *(þingbrekka)* aufweisen mußte; diese hatte wohl ursprünglich eine kultische Bedeutung, die uns heute nicht mehr bekannt ist. In einigen Quellen heißt es nur, daß man sie vor der Eröffnung des *Þing* „weihen" mußte. Darüber hinaus wurde weitläufiges Gelände gebraucht, wo sich die Teilnehmer des *þing* niederlassen konnten. Das allgemeine *Þing* zog sich oft über mehrere Tage, ja sogar über zwei Wochen hin, und deshalb mußte man sich auch häuslich einrichten. In Island wurden zu diesem Zweck provisorische Hütten (*búð*, englisch *booth*, deutsch „Bude") errichtet, eine Art Zelt auf Holzgerüsten; das Ganze ruhte auf einem festen Sockel aus Steinen oder aus Erde. Sicher waren sie auch anderswo in Skandinavien üblich. Desgleichen kann man aus den isländischen Gebräuchen auch schließen, daß überall eine Art Vorsitzender dieser Volksversammlung (isländisch *lögsögumaðr*) für eine bestimmte Zeit, wahrscheinlich drei Jahre, gewählt wurde. Seine Aufgabe bestand zum einen darin, das gesamte Gesetz laut vorzutragen, und das in drei Teilen, also über einen Zeitraum von drei Jahren hinweg, damit niemand in Unkenntnis des Gesetzes blieb. Zum andern mußte er vermutlich die Diskussionen leiten, wenn es darum ging, bestimmte Neuerungen zum Wohl der Allgemeinheit einzuführen, vor allem im Bereich der Legislative und nicht so sehr der

Exekutive, denn es war ein ganz bemerkenswerter Zug dieser altnordischen Gesellschaften, daß sie, soweit man weiß, zu allen Zeiten weder eine „Polizei" noch eine Miliz und schon gar keine reguläre Armee besaßen. Aber ich habe wohl schon hinreichend deutlich gemacht, daß das Gesetz, sofern es einstimmig angenommen wurde, was offenbar unerläßliche Bedingung war, als per se geheiligt galt. Eine Schwäche des Systems könnte man im übrigen darin sehen, daß derjenige, der einen Prozeß gewann, auch das Urteil an seinem Gegner selbst vollstrecken durfte.

Aber ich greife vor. Wir beobachten gerade, wie das *Þing* sich eingerichtet hat; alle *búð* sind aufgebaut, die *bœndr* haben sich auf dem beschriebenen großen Platz eingefunden, und die Beratung kann beginnen. Wir hören, wie der Vorsitzende das Gesetz laut vorträgt, und danach geht man zu Fragen von allgemeinem Interesse über, die sich meist um Sorgen drehen, die man in einer bäuerlichen Gesellschaft erwartet. Ein wichtiger Punkt: Jeder *bóndi* hat absolute Redefreiheit, und das ist sogar sein oberstes Privileg. Es ist sogar vorstellbar, daß dieses Privileg die etymologische Bedeutung des germanischen Wortes *bóndi*, die man erst kürzlich vorgeschlagen hat, rechtfertigen würde. Danach käme es aus dem Keltischen und würde soviel wie „Schreihals" bedeuten (diesen Spitznamen trägt tatsächlich mindestens eine Figur in den Sagas). Man kann sich mühelos ausmalen, wie diese Versammlung auf einen uneingeweihten Fremden gewirkt haben mag: Jeder hatte die Freiheit, sich zu äußern, aber man brauchte sicher ein gewaltiges Stimmorgan, um sich Gehör zu verschaffen!

Wenn diese Tagesordnungspunkte schließlich erledigt sind, wirft sich das *Þing* zum Tribunal auf und richtet über die anstehenden Streitfälle. Auch hier sind wir durch die Sagas gut unterrichtet; viele bieten nur kurze Ausschnitte eines endlosen Prozesses, der geführt und mehr oder weniger abgeschlossen, wiederaufgenommen und aufgrund neuer Beweislage noch einmal geführt wird – und so weiter. Die *Njállssaga* stellt ein perfektes Beispiel dar. In Wirklichkeit gab es drei Arten, einen Streitfall zu regeln – er mußte in jedem Fall geregelt werden; es galt als unehrenhaft, ihn nicht regeln zu wollen und eine Beleidigung ungesühnt hinzunehmen. Man konnte versuchen, den Fall gütlich beizulegen, oder Blutrache *(hefnd)* fordern, in den meisten Fällen aber gingen die Kontrahenten in der gehörigen Form vor Gericht. Wir werden uns alle drei Möglichkeiten der Reihe nach anschauen.

Die erste bestand also darin, Versöhnungsgespräche herbeizuführen, insbesondere durch die Vermittlung von „Männern, die guten Willens sind" *(goðviljamenn)*, die zwar in den Gegenwartssagas eine bedeutende Rolle spielen, aber in der Wikingerepoche möglicherweise nicht so häufig vermittelnd eingriffen, denn sie sind selbstverständlich der reale oder für Rechtsstreitigkeiten erfundene Reflex späterer, christlicher Verhaltensmaßstäbe. Außerdem konnte der Beleidiger dem Kläger das Recht einräumen, allein das Urteil zu fällen *(eindæmi* oder *sjalfdæmi)*. Damit wurde dem Kläger eine hohe Ehre erwiesen, und man durfte in diesem Fall erwarten, daß der Urteilsspruch erheblich milder ausfiel. In jedem Fall war dies immer mit einer gewissen Demütigung auf seiten des Beleidigers verbunden. Aber bei der rührenden Geste, die wir aus den Gegenwartssagas kennen, dem Kläger „seinen Kopf hinzulegen" (auf die Knie des Beleidigten zu legen, sich ihm gewissermaßen anheimzugeben), was zur sofortigen Vergebung führen konnte, habe ich meine Zweifel, ob man den Wikingern so viel Milde unterstellen darf. Immerhin wurden die Gegenwartssagas erst nach den Ereignissen des 12. und 13. Jahrhunderts und von Geistlichen aus dieser Epoche niedergeschrieben.

Nach meiner Ansicht und aufgrund meiner Deutung des Heiligen, wie ich sie oben vorgetragen habe, entsprach es eher den Lebensgewohnheiten der Wikinger, die beiden letzteren Möglichkeiten, Rache oder Gericht, zu wählen. Bei dem Thema Blutrache will ich mich kurz fassen: Sie bezog sich wie gesagt nicht auf die Person des Angeklagten selbst, sondern auf irgendein anderes Mitglied seiner Familie, weil ein ganzer Clan in der Person des Klägers beleidigt wurde. Diese „Scharte" *(skarð)*, die man dem Clan beigebracht hatte, mußte in jeder nur denkbaren Form innerhalb des Clans ausgewetzt werden; daraus ergaben sich zum Beispiel die – nach unserem Dafürhalten – völlig absurden Manöver der beiden Rivalinnen Hallgerðr und Bergþora in der *Njállssaga*: Ich töte dir einen Dienstboten, du tötest mir einen Verwalter, ich töte dir einen Freund, du tötest mir einen Vetter, und so weiter ohne Ende! Übrigens wird die Pflicht zur Rache in keinem einzigen Gesetzeskodex erwähnt. Auch die wohlbekannte Angewohnheit der Frau, die Männer ihres Clans ständig an ihre Pflicht zur Rache zu erinnern, dürfte nur ein literarisches Motiv sein. Trotzdem ist nicht zu erkennen, daß der Mann kein Recht hatte, auf die eine oder andere Art Rache zu nehmen. Im Gegenteil: Wenn er sich nicht mit einem Mord rächen wollte und sich folglich mit irgendwelchen anderen Sühneleistungen zufriedengab, hielt man dies für eine durchaus unmännliche Lösung des Problems; man nannte es

„seine toten Eltern in der Geldbörse mit sich tragen". In den Gegenwartssagas wird immer wieder von jungen Anführern, die behaupten, beleidigt worden zu sein, gesprochen; wenn die anderen ihn aber zwingen wollen, eine friedliche Aushandlung des Konflikts zu akzeptieren, antwortet er sinngemäß unter lauten Klagen: Aber wie soll dann aus mir eine Saga werden? Dazu paßt auch, daß in den Sagas das Lachen selten vorkommt, aber wenn die Personen schon einmal freudig auflachen, dann nicht aus purer Heiterkeit, sondern weil sich der Held endlich entschlossen hat, seinem Konflikt ein gewaltsames Ende zu setzen! Trotzdem dürfen wir nicht daraus schließen, diese Menschen seien von Natur aus besonders rachsüchtig oder blutrünstig gewesen. Wenn meine vorgeschlagene Deutungslinie richtig ist, dann war ihnen auch bewußt, daß sie einen Frevel begingen, oder genauer: daß das Geheiligte in ihnen durch sie einen Frevel beging. Es lag also eine gebieterische, im Grunde unbezähmbare Macht in dem Wunsch, Blut mit Blut zu sühnen. Und doch war das Gesetz der Blutrache nicht unumstößlich. Es wäre völlig abwegig, die folgende gutbezeugte Redensart ganz wörtlich zu nehmen: *„blóðnætr eru hverjum bráðastar"* (etwa: Der Blutnacht muß die Rache sofort folgen). Aber der Gedanke, daß eine Beleidigung ungesühnt bleiben sollte, war wohl unerträglich.

Dessenungeachtet wurde der ordentliche *(sókn og vörn)* Prozeß am häufigsten zur Streitschlichtung genutzt. Von der verwirrenden Detailbesessenheit der geltenden Vorschriften war schon die Rede. Sie sind in den umfangreichen Gesetzessammlungen aus dieser Zeit erhalten geblieben. Als Richter traten im allgemeinen Nachbarn *(búakviðr)* oder örtliche Amtspersonen auf, und es gab

Geschworene *(kviðr)*, deren Entscheidungen bindend waren. Über den Prozeßverlauf ist nicht viel zu sagen, außer daß in allen wichtigen Phasen Zeugen vorgeführt und Plädoyers gehalten werden mußten. Das Urteil konnte unterschiedlich ausfallen. Die Todesstrafe gab es nur für solche Taten, die als eines Mannes absolut unwürdig und als unsühnbar galten *(óbótamal:* aus *mál,* „Fall", für den es keine gesetzliche Sühnung *[bót]* gibt), darunter Vergewaltigung, vorsätzlicher Diebstahl (in diesen sehr armen Gesellschaften ein Verbrechen) und der „schändliche" Mord, das heißt, begangen zum Zeitpunkt, als das Opfer vollkommen wehrlos war, zum Beispiel in seinem Bett, oder als es am Boden lag oder sich in einem vergleichbaren Zustand absoluter Hilflosigkeit befand. Dazu kamen möglicherweise das Verbrechen der Hexerei und der Magie [17], es sei denn, wir haben er hier mit viel späteren Ergänzungen unter christlichem Einfluß zu tun.

Die Urteile lauteten also auf Geldstrafen (selten) oder auf Sachleistungen, zum Beispiel in *vaðmal* oder jeder anderen wertvollen Handelsware; in schweren Fällen – obwohl auch die Geldbußen den Verurteilten schon vollständig ruinieren konnten – auf Verbannung oder Proskription; so übersetze ich entsprechend die Begriffe *fjörbaugsgarðr* und *skóggangr.* Die Verbannung dauerte normalerweise drei Jahre und wurde meist räumlich begrenzt, das heißt, der Verbannte konnte nur aus einem genau abgegrenzten Gebiet verwiesen werden. So mußte er also für die Dauer seiner Strafe zum Beispiel Island, dessen Grenzen ja eindeutig feststehen, oder einen bestimmten Distrikt verlassen. Wenn die Strafe verbüßt war, dann war er gereinigt und gewann seine Ehre wieder. Ganz anders die Ächtung: Diese Art der Bestrafung ist sicher sehr alt und stammt aus Norwegen oder Schweden, wenn der Name *(skóggangr)* nicht täuscht. Der Verurteilte mußte in die Wälder *(skógr)* gehen, und dort wurde er zum „Waldmenschen" oder „Wolf" *(vargr,* das schlimmste Schimpfwort in dieser Sprache). Kurz, ihm wurden alle Vorrechte des Menschen weggenommen, und er sank in den Rang eines Tieres ab. Niemand konnte ihn bei sich aufnehmen, ihm zu essen geben oder ihn von einem Ort zum anderen bringen; niemand konnte ihm irgendwelche Hilfestellung leisten; er war der menschlichen Gemeinschaft nicht mehr würdig und im wahrsten Sinne des Wortes entmenschlicht durch das Verbrechen, für das er auf diese Weise bestraft worden war.

Ich habe bisher schon mehrfach von der Disziplin und Moral dieser kleinen Wikingergesellschaften gesprochen. Auch die Formulierung solcher Strafen entsprach ihrer Mentalität vollkommen. Aus der menschlichen Gesellschaft ausgestoßen zu werden war in gewisser Hinsicht schlimmer als der Tod. Im übrigen haben die Sagas die Erinnerung an zwei „Waldmenschen" bewahrt, denen die unerhörte Heldentat gelang, mehrere Jahre in den Wäldern zu überleben: Gísli Súrsson und Grettir Ásmundarson der Starke sind die Helden der Saga, die nach ihnen benannt ist.

Schließlich gab es noch eine andere Möglichkeit der Konfliktbeilegung: den Schiedsspruch *(görð).* Da ich nicht ganz sicher bin, ob er in der Wikingerepoche überhaupt in Gebrauch war, nenne ich ihn an letzter Stelle. Spezielle Angaben darüber, wie er gehandhabt wurde, besitzen wir nicht. Ich bin deshalb im Zweifel, daß es ihn in der Wikingerepoche gab, weil er nach allem, was wir über die Wikinger wissen, nicht ihrer Denkart entsprach. Unabhängig von ihrem ungewöhnlich wachen Gespür für jede Beleidigung, die ihnen angetan wurde, gebrauchten sie allzu gern die List und allerhand Winkelzüge, um ihr Schicksal einem anderen anzuvertrauen – ganz ähnlich wie in einigen Sagas bestimmte Leute auf ihre Ehre schwören, wie auch der Beklagte im Bestreben, sich zu rechtfertigen, auf seine Ehre geschworen hat. Denn die Eidesleistung *(eiðr)* zum Zweck, sich für unschuldig zu erklären, scheint es ebenso gegeben zu haben wie das Rechtsmittel der Aufforderung zum Zweikampf, der als eine Art Gottesurteil galt. Dieser letztere Punkt ist schwierig anzugehen[19]. Von Gottesurteilen ist in den Sagas die Rede, aber die Schwierigkeit besteht darin festzustellen, ob dieser Brauch den Wikingern von jeher vertraut war oder ob sie ihn aus südlicheren Regionen, vielleicht durch Vermittlung der christlichen Kirche, übernahmen. „Das Schwert tragen" *(jarnburðr)* oder die Hand in einen Kessel mit kochendem Wasser tauchen, um einen Stein herauszuholen, den man hineingelegt hatte *(ketiltak)*, oder sogar über rotglühende Pflugscharen laufen sind Motive, die hier und da verwendet werden. Bei dieser Art von Prüfungen handelte es sich allerdings nicht darum, sie völlig unversehrt zu überstehen, er gab „Fachleute", die danach die Wunden oder Verbrennungen prüften und daraus auf die Schuld oder Unschuld des Beklagten schlossen. Trotzdem bin ich etwas im Zweifel, ob dieser Brauch schon in vorchristlicher Zeit bekannt war, denn nach allem, was wir wissen, entsprach es nicht der Mentalität der Wikinger, sich auf ein so unmittelbares Eingreifen göttlicher Mächte zu beziehen. Das Prinzip, nach dem sie sozusagen Selbstjustiz betrieben, um die Gegenwart des Göttlichen oder Heiligen in Taten umzusetzen, bedurfte kaum solcher zusätzlicher Beweismittel.

Eine weniger mühsame Methode, alle hier vorgetragenen Gesichtspunkte zusammenzufassen, besteht
vielleicht darin, einen Text vorzustellen, der häufiger
zitiert wird[20] und aus dem alten Gesetz von Västergot-
land (Schweden) entnommen ist. Hier stolpern wir zwar
wieder über die Tatsache, daß es in dieser Form erst
nach der Christianisierung niedergeschrieben wurde,
was bei der Lektüre sofort zu erkennen ist, aber es gibt
keinen Grund zu bezweifeln, daß die Rechtsvorschriften
zumindest im Kern damals so bestanden. Da heißt es:

*Über das Verbrechen:* Wenn ein Mensch getötet und
seines Lebens beraubt wurde, muß das Verbrechen
einem *Þing* vorgetragen werden, und der Tod dem
Erben [soll sicher heißen: dem obersten Kläger
*(aðili)*] mitgeteilt und der Vortrag beim nächsten
*Þing* wiederholt werden [das könnte *lýsa vígi* be-
deuten]. Und beim dritten *Þing* muß er [der Erbe]
seinen Fall darlegen, es sei denn, der Prozeß ist null
und nichtig. Dann muß sich der Mörder zum *Þing*
begeben und sich außerhalb der Versammlung des
*Þing* aufhalten, und er muß Leute in das *Þing*
schicken, die um Waffenruhe bitten sollen [*grið*,
kann auch „freies Geleit" bedeuten]. Die Mitglieder
des *Þing* müssen ihm erlauben, vor dieser Versammlung zu erscheinen. Er muß den Mord zugeben.
Danach muß der Erbe den Namen des Mörders
bekanntgeben. Falls es mehrere Mörder gibt, hat er
das Recht, den Mord einem von ihnen nach seinem
Gutdünken zuzuschreiben. Wenn der Erbe noch ein
Kind ist, darf sein nächster Verwandter väterlicherseits mit ihm zusammen den Mörder benennen.
Wenn eine Frau ein Kind hat, das noch so jung ist,

daß sie es auf ihren Knien hält, darf sie den Mörder benennen. Dann müssen die Männer benannt werden, die Hand an den Ermordeten legten, und die Männer, die bei dem Mord zugegen waren. Es werden höchstens fünf sein, und einer von ihnen wird des Mordes an dem Mann angeklagt werden. Dann wird eine Gerichtsversammlung im Haus des Angeklagten anberaumt, an einem Tag, der vom ganzen Þing gebilligt wird. Während dieses Gerichtstags muß die Zeugenaussage der Mitglieder des Þing abgegeben werden: „Ich war beim Þing anwesend, mit fünf anderen Männern insgesamt. Der Richtspruch über deinen Fall lautete, daß du dich heute hier einfinden und dem Vorwurf des Mordes an diesem Mann zustimmen mußt durch Eid, der von zwei Dutzend Anwesenden bestätigt wird [*tylftareiðr*, allgemein die vorgeschriebene Zahl für diese Art von Prozessen]. Gott sei mir gnädig, mir und meinen Zeugen, daß der Richterspruch über deinen Fall so verlaufen ist, wie ich ihn hier und heute bezeuge."

Danach muß der Erbe schwören: „Gott in seiner Gnade stimme mir zu, mir und meinen Zeugen, daß du Hieb und Stoß gegen ihn geführt hast und daß du wahrhaft sein Mörder bist und daß dies der Name ist, den ich dem Þing genannt habe." Darauf soll sich der Erbe vor dem zweiten Dutzend der Eidesleistenden aufstellen und denselben Eid schwören. Es soll zwölf Männer in jedem Dutzend geben, und jedes Dutzend wird dieselbe Formel sprechen. Dies ist die Formel, die man in jedem „Schwur der Zwölf" verwenden soll: „Gott sei milde oder zornig gegen ihn."

Danach soll sich der Erbe zum nächsten allgemeinen *Þing* begeben [...] und Zeugnis ablegen zusammen mit den Personen, die anwesend waren, indem er Gott um Gnade für sich und seine Zeugen bittet dafür, daß er bei der Zusammenkunft in seinem Haus alle Vorkehrungen getroffen hat, um die Sicherheit des Angeklagten zu gewährleisten, wie das Gesetz es vorschreibt. Danach muß er wieder vor das *Þing* hintreten und es so entscheiden lassen, daß er seine Unverletzlichkeit gegenüber dem Erben und Hauptkläger verliert und untauglich ist, Wiedergutmachung zu erlangen. Danach muß der Verurteilte seines Friedens *[frið]* beraubt werden – beim Morgenmahl im *Þing* und beim Nachtmahl in den Wäldern. Der Obmann des Distrikts *[heraðshöfðing;* dies ist eine schwedische Verfügung] darf 12 Mark erhalten, wenn der auf ewig Verbannte bleibt, wo er ist, und wenn er sich nicht um ihn kümmert, und der Distrikt *[herað]* muß 40 Mark und jeder, der mit dem Verbannten ißt und trinkt und Freundschaft mit ihm hält, 3 Mark entrichten [...]. Wenn man allerdings Wiedergutmachung für ihn fordert, kann er ungestraft sein Nachtmahl bei ihm nehmen. Wenn man geneigt ist, die Wiedergutmachung anzunehmen, kostet das 9 Mark Wiedergutmachung für den Erben und 12 Mark Wiedergutmachung für seine Verwandtschaft. Über diese 12 Mark hinaus sind sechs vom Erben des Mörders, sechs von seiner Familie, drei von der väterlichen und drei von der mütterlichen Linie zu bezahlen. Diese sechs Mark setzen sich wie folgt zusammen: Der nächste Verwandte zahlt 12 *aurar*, danach der nächste Verwandte sechs *aurar*, der folgende drei *aurar*, der nächste einen *eyrir* und einen halben. Auf diese Weise müssen alle zahlen, und alle müssen empfangen, immer um die Hälfte weniger, bis der sechste Verwandtschaftsgrad erreicht ist [was uns bis zum Vetter fünften Grades führt, der schließlich $\frac{3}{8}$ *eyrir* bezahlen muß].

Leider gehen bei der Übersetzung die alliterierenden Wendungen und der charakteristische Rhythmus dieser alten Gesetzestexte verloren – ansonsten bedarf diese bilderreiche Passage keines Kommentars. Immerhin wird man ihr entnehmen, daß die gewaltsame Lösung des Konflikts keineswegs im Vordergrund stand. Andererseits bestätigt der Text mit seiner ungeheuren Genauigkeit der Prozeßordnung und der Formalitäten alles, was bisher zum Rechtswesen der Wikinger gesagt wurde.

Der Rechtsprechung gehörte zwar sicher zu den wichtigsten und langwierigsten Aufgaben eines normalen *Þing*, aber damit sind bei weitem nicht alle Aktivitäten dieser Institution aufgezählt. Wenn die Gesetze und unumgänglichen Gesetzesänderungen, die Prozesse und Urteilssprüche abgehandelt sind, ist das *Þing* noch lange nicht zu Ende, weit gefehlt! Da gibt es zunächst die Neuigkeiten, die geliebten Neuigkeiten, wonach diese kleinen Gemeinschaften hungerten, wenn sie, fast das ganze Jahr von der Außenwelt abgeschnitten, auf ihrer Insel wie die Isländer oder verloren tief in einem Fjord oder in unzugänglicher Bergeinsamkeit wie die Norweger oder versteckt in ihren geheimnisvollen, nur von Seen durchbrochenen Wäldern wie die Schweden hausten. Wer aus fernen Ländern oder auch nur von weither kam, wurde geradezu enthusiastisch aufgenommen. Ein *alþing* auf Island soll einmal seine normale Tagesordnung plötzlich abgebrochen haben, als ein Bischof eintraf und einiges zu berichten hatte. Noch heute sagt man in Island nicht: „Wie geht's?", sondern *„Hvað er ad fretta?"* (Irgendwelche Neuigkeiten?). Ich war immer der Ansicht, daß dieses Volk der Seefahrer und Reisenden in alle Winkel der damals bekannten Welt einfach alle wichtigen Informationen austauschen, die Fahrtrouten beschreiben, von den fremdländischen Sitten erzählen mußte – alles unerläßliche Details für den, der sich auf weite Fahrt mit glücklichem Ausgang begeben wollte. Auch in den Sagas kann naturgemäß der Dichter selten der Versuchung widerstehen, uns einen seltsamen Gegenstand zu beschreiben, den er irgendwo auf seiner Reise sah, von einem ungewöhnlichen Brauch zu berichten oder einfach in seine Erzählung mit wunderbarer Einfallskraft und künstlerischem Geschick irgendeine Episode einzuflechten, die er gerade gelesen oder von anderen gehört hat. Die Geschichte von Spes in der *Saga von Grettir* zum Beispiel ist geradewegs aus dem Tristanroman übernommen[21]. Das *Þing* war dafür der geeignetste Ort.

So ist das *Þing* auch die beste Gelegenheit, ein- oder zweimal im Jahr seine Jugendfreunde wieder zu treffen oder weit entfernte Familienmitglieder aufzufinden oder die großen Helden zu sehen, von denen man an den langen Winterabenden sprach. Am Abend herrscht ein lebhaftes Kommen und Gehen im Umkreis der *búð*. Dort verheiratet man zum Beispiel seine Töchter, soll heißen, man trifft eine Vereinbarung über die Heirat; man verkauft oder kauft Land und andere Güter, und dort entscheidet man über die nächsten großen Wikingerfahrten, und man bezahlt seine Schulden oder betreibt alle nur möglichen Handelsgeschäfte. Ja, das *Þing* ist wirklich das Nervenzentrum dieser kleinen Gemeinschaften.

Mit Absicht habe ich bis jetzt einen weiteren Aspekt dieser Versammlung beiseite gelassen: den religiösen Aspekt. Alles läßt darauf schließen, daß das *Þing* auch der Anlaß für einige wichtige Zeremonien war – sei es zur Eröffnung der Versammlung, die im übrigen auch selbst als heilig erachtet wurde; wenn man einigen Quellen glauben kann, hatten die Teilnehmer nicht das Recht, dort Waffen zu tragen; allerdings paßt dieses Detail nicht zu den Angaben, die uns die Sagas dazu liefern; – sei es also, um die Höhepunkte des *Þing* zu markieren, oder vielleicht auch zum Abschluß der Versammlung. Es gab den Ausdruck *Þinghelgi*, etwas Heiliges, das mit dem *Þing* verbunden ist. Jedenfalls haben die Archäologen festgestellt, daß es häufig eine direkte Verbindung zwischen dem Ort des *Þing* und einem *vé* gab; dieser letztere Begriff bezog sich auf einen der Kultorte unter freiem Himmel, die meiner Ansicht nach immer die einzigen „Tempel" der Wikinger waren.

Schon mehrfach ist uns das Wort *helgi* begegnet, entweder in dieser einfachen oder in zusammengesetzten Formen (zum Beispiel *Þinghelgi*); daraus ist das hier grundlegende Adjektiv *heilagr* abgeleitet (deutsch „heilig", englisch holy). Das Substantiv bedeutet den Zustand der heiligen Unverletzlichkeit, die ein Mensch aufgrund der einfachen Tatsache genießt, daß er existiert und einen Namen bekommen hat und demnach in eine Familie integriert ist. Man könnte also sagen, daß es der Ausdruck seines geheiligten Charakters, seiner Teilhabe ist, daß er zum Heiligen gehört. Eine anerkannte und bezeugte Beleidigung ist also ipso facto eine Verletzung seines *helgi*, *mannhelgi* (es betrifft also den Mann, wohlverstanden). Wer das *helgi* eines anderen so schwer beschädigt, ist ein *niðingr* (*hvers manns niðingr*: von jedermann als Verfluchter erachtet). Das Altnordische kennt kein schlimmeres Wort, um diese Schande zu brandmarken. Es bestand also zugleich das Gefühl für das Heilige, das jedem Menschen innewohnt, und ein Bezug zur öffentlichen Meinung, der in diesem Punkt ganz gewissenhaft in den Gesetzestexten niedergelegt ist als eindrucksvolle Illustration dieser bemerkenswerten Dialektik von Individuum und Gemeinschaft, auf der das Recht gegründet ist.

Deshalb haben wir auch allen Anlaß, einige Beschreibungen von „Tempeln" mit Skepsis aufzunehmen, die uns zum Teil aus den Sagas (wie gesagt, erst aus dem 13. Jahrhundert und von Mönchen niedergeschrieben) oder von anderen Zeugen vorliegen, die man viel zu häufig heranzieht, ohne zu beachten, daß sie nur Berichte aus zweiter Hand wiedergeben. Das ist auch bei Adam von Bremen der Fall. Seine „Beschreibung" des Tempels von Uppsala, die so oft zitiert wird, beruht nicht auf eigener Beobachtung; er berichtet nur, was ein Augenzeuge, dessen Namen er nicht nennt, ihm gesagt habe. Hier die Passage bei Adam von Bremen[22]:

Dieses Volk [die Sviar, Schweden] hat einen berühmten Tempel mit Namen Uppsala, nicht weit von der Stadt Sigtuna oder Birka gelegen. In diesem Tempel, der vollständig mit Gold überzogen ist, verehren sie die Statuen von drei Göttern dergestalt, daß der mächtigste Gott Thor einen Thron in der Mitte des Raumes einnimmt; Wodan und Fricco sind rechts und links von ihm aufgestellt [...]. Dieses Volk verehrt außerdem Helden, die zu Göttern aufstiegen; diesen schreiben sie wegen ihrer bemerkenswerten Ruhmestaten Unsterblichkeit zu, wie es auch in der Vita des heiligen Ansgar heißt, die sie für König Eric machten. Für alle ihre Götter gibt es Priester, die dazu bestimmt sind, die Opfer für das Volk darzubringen. Wenn Hungersnot droht, bringt man dem Standbild des Thor ein Trankopfer dar; bei Kriegsgefahr dem Wodan, und wenn eine Hochzeit gefeiert wird, dem Fricco. Außerdem besteht der Brauch, alle neun Jahre eine große Zeremonie aller Provinzen Schwedens feierlich zu begehen. Niemand darf bei diesem Fest fehlen. [...] Das Opfer sieht folgendermaßen aus: Von jeder lebenden männlichen Kreatur bieten sie neun Köpfe dar, und sie haben den Brauch, mit deren Blut die Götter einzureiben. Die Körper der Opfertiere hängen sie in einem Wäldchen gleich neben dem Tempel auf. Dieser Hain ist in den Augen dieser Heiden so heilig, daß man jeden einzelnen Baum für heilig hält wegen des Todes oder der Verwesung der Opfer. Sogar Hunde und Pferde werden dort zusammen mit menschlichen Wesen aufgehängt, und ein Christ hat mir berichtet, daß er dort 72 Körper auf diese Weise hängen sah. Außerdem sind die Gesänge, die sie gewöhnlich während des Opferrituals anstimmen, zahlreich und schamlos; auch ist es besser, über diesen Punkt Schweigen zu bewahren.

Dazu kommen noch zwei weitere Details:

Nahe dem Tempel erhebt sich ein sehr großer Baum mit üppigem Blattwerk, das immer grün ist, sommers wie winters. Niemand weiß, wie der Baum

heißt. Auch eine Quelle gibt es, der die Heiden zu
opfern pflegen; sie tauchen einen lebendigen Menschen dort hinein. Wenn man ihn nicht wieder-
findet, bedeutet es, daß das Gebet des Volkes erhört
wird.

Eine goldene Kette umgibt den Tempel. Sie hängt an
den Giebeln des Gebäudes und funkelt von weitem
für die Herankommenden, denn dieser kostbare
Schmuck befindet sich auf derselben Höhe wie die
Berge, die sich überall in der Runde wie ein Amphi-
theater erheben.

Ich habe diesen Text so ausführlich zitiert, zum einen,
weil wir ihn noch brauchen werden, und zum andern,
weil er übereinstimmend mit dem, was ich im 2. Kapitel
sagte, ein hervorragendes Beispiel für die verschiedensten Mißverständnisse abgibt, die man dieser Art von
Zeugen zuschreibt. Die Einzelheiten, die nicht unmittelbar den Tempel betreffen, mögen zwar richtig sein, zum
Beispiel der große Baum, die heilige Quelle, die auf-
gehängten Tiere oder Menschen, die Menschenopfer),
aber alles, was den Tempel angeht, entzieht sich unseren
Nachforschungen, und man hat schon vor längerer Zeit
darauf hingewiesen, daß es sich bei diesem Phantasie-
gebäude in Uppsala um Reminiszenzen an den Tempel
Salomons in Jerusalem handelt. Auch die Priester sind
eine freie Erfindung.

Andererseits kann man als sicher annehmen, daß die
alten Völker Skandinaviens wie übrigens alle Germanen
den großen Naturgewalten und ihren Erscheinungsformen einen Kult weihten; Quellen, Brunnen oder
Wasserfälle, Wälder oder alleinstehende Bäume und

Berggipfel waren ihnen heilig. Was sie *vé* nannten – das Wort bedeutet ebenfalls „Heiligtum" –, muß sich auf diese Teile der Landschaft bezogen haben; man kann es also genausogut an den Platz eines *Þing* verlegen, wie in Jelling (Dänemark), wo man außer dem wohlbekannten herrlichen Runenstein ein Grab und einen Ort der Anbetung entdeckte, der kein Tempel in dem uns geläufigen Wortsinn war. Fest steht außerdem, daß in *Þingvellir* (Island) nach dem Einzug des Christentums eine Kirche gebaut wurde.

Es war mir daran gelegen, die direkte Verbindung zwischen richterlichen und gesetzgeberischen Aktivitäten auf der einen Seite, religiösen Bräuchen auf der anderen Seite und schließlich ökonomischen und gesellschaftlichen Belangen hervorzuheben. Das *Þing* stellte wahrhaft die Summe des Wikingerlebens dar, und inzwischen versteht man, warum es eine so bedeutende Rolle in unseren Quellentexten gespielt hat.

Der Übergang mag dem Leser ein wenig gewaltsam erscheinen, aber hier ist wohl eine günstige Gelegenheit, sich die religiösen Bräuche der Wikinger etwas genauer anzusehen. Ich habe sehr bewußt „religiöse Bräuche" und nicht „Religion" gesagt. Es ist nicht von ungefähr, wenn ich „religiös" und „juristisch-gesetzlich" in Übereinstimmung bringen will, wenn ich auf der organischen Verbindung von Recht und dem Heiligen so nachdrücklich beharrt habe. Eine „Religion" im abstrakten Sinn, wie wir sie verstehen, gab es bei den alten Völkern Skandinaviens nicht. Das Wort für Religion hieß *siðr* (wörtlich Brauch, deutsch „Sitte"). Man würde nämlich vergeblich in den erhaltenen Quellentexten so etwas wie Glaubenssätze, kontemplative Haltung, Meditation oder Gebete, wie wir sie verstehen, suchen. Auch Priester hat es in diesem Sinne nicht gegeben, die eine besondere Weihe empfangen oder eine Kaste oder einen eigenen Berufsstand gebildet hätten.

Wenn dem so war, auf was begründete sich dann überhaupt die Religion der Wikinger? Die Antwort ist leicht: auf dem Kult, auf symbolischen Gesten mit sehr nützlichen Hintergedanken, die auf dem Do-ut-des-Prinzip beruhten, auf Bräuchen und Praktiken, die unmittelbar zu realisieren waren. Der Höhepunkt dieser Religion war das Opfer *(blót)*, das in der Öffentlichkeit oder im Haus stattfinden konnte. In viel älterer Zeit waren wohl auch Menschenopfer üblich, aber das führt zurück in die Anfänge der Epoche, von der wir hier sprechen, in die sogenannte Eisenzeit der nördlichen Breiten. In der Wikingerepoche hat es nichts dergleichen mehr gegeben. Andererseits war das Tieropfer wohl weitverbreitet. Es bestand erstens aus dem *blót*, zweitens wurden die Wahrsager befragt – ganz üblich bei Völkern, die so aufmerksam die Entscheidungen des Schicksals verfolgten –, und drittens wurde ein Opfermahl *(blótveizla)* gehalten; wie es ablief, habe ich im Zusammenhang mit den Jahresfesten schon in aller Kürze beschrieben, und wir werden weiter unten darauf zurückkommen. Bei diesem Opfermahl wurde das Fleisch des geopferten Tieres verzehrt, und es wurden auch Trankopfer entweder den Ahnen, den Göttern oder vielleicht auch anwesenden Personen dargebracht. Auch heilige Eide wurden abgelegt – wie wir in der *Saga der Wikinger von Jomsborg* lesen können. Es ist auch nicht auszuschließen, daß einige magische Riten wie der *seiðr*, von dem später die Rede sein wird, in Verbindung mit dem *blót* ausgeführt wurden.

Der Kult konnte auch sehr privaten Äußerungen Raum geben, was einen modernen Christen stark an die

Verehrung eines Schutzheiligen erinnern dürfte. Offenbar wählte sich der Wikinger einen Schutzgott (*fulltrúi*, Wortbedeutung: einer, dem man volles Vertrauen schenken kann), mit dem er in einer Beziehung stand, die man nur als sehr bedeutsam bezeichnen muß, wenn man diese Kultur kennt. Er nannte ihn seinen „lieben Freund" *(kæri vinr)* und trug sogar ein Amulett mit seinem Bild im Geldbeutel mit sich. Die Archäologen haben mehrere solche Votivbilder ausgegraben, die Freyr, Óðinn und vor allem Þórr darstellen sollen. Die *Saga der Anführer vom Tal am See* erzählt eine magische Geschichte des Amuletts mit dem Abbild Freyrs, das Ingimundr dem Alten gehörte und wunderbarerweise in Island auftauchte (als Ingimundr sich in Norwegen befand), und zwar an dem Platz, wo sich später der Siedler niederließ. Man gewinnt also den Eindruck, daß der Wikinger auch im kleinsten Detail seines Alltags persönliche und nutzbringende Beziehungen mit dem Gott oder den Göttern unterhielt, die er zu verehren beschlossen hatte – oder die innerhalb seines Clans Aufenthaltsrecht genossen. In der oben zitierten *Saga der Anführer* fällt auf, daß sie im Gegensatz zum üblichen Schema in zahlreichen anderen Sagas nicht vom Schicksal eines Helden, sondern einer ganzen Ahnenreihe von *goðorðsmenn* (Würdenträger, die eine Macht auf Zeit und, wie man vermutet, im spirituellen Bereich hatten) erzählt. Ihnen allen ist gemeinsam, daß sie sich einem persönlichen Kult des Freyr verschrieben haben wie ihr Vorfahr, der oben erwähnte Ingimundr der Alte.

Hier wollen wir einen Augenblick innehalten. Wenn man einmal von den großen Sonnwendfeiern absieht (S. 101 f.), war der Wikinger wohl kein besonders religiöser Mensch in dem Sinn, was wir im allgemeinen dar-

unter verstehen, außer daß er sich einige sehr abstrakte
Vorstellungen vom Göttlichen bildete. Als Pragmatiker
und Realist kannte er offenbar weder das Gebet noch die
Meditation und schon gar keine Mystik. Er war überzeugt, daß es ein Jenseits gibt oder so etwas wie ein
spirituelles Universum, in das er irgendwann eingehen
würde. Aber seine „Religion" äußerte sich in Taten: in
Opfergaben, mit der Absicht, die Macht des Göttlichen
neu zu stärken, um von ihr die Gunstbezeigung zu
erhalten, die er erwartete. Darin bestand sein „Glaube".
Man könnte eine absolute Gleichsetzung von „glauben"
und „opfern" feststellen.

Das überzeugendste Beispiel ist das Verhalten des Jarls
Hákon während der berühmten Schlacht von Hjorunga-
vágr gegen die nicht minder berühmten Wikinger von
Jómsborg, auch wenn man immer einwenden könnte,
daß sie nicht historisch belegt ist. (Trotzdem, meine ich,
haben wir es hier zumindest im Kern mit einer
lebendigen Tradition zu tun.) Dem Jarl gelingt es nicht,
die wild anstürmenden Wikinger von Jómsborg zurück-
zudrängen, im Gegenteil, er ist im Begriff, diese ent-
scheidende Seeschlacht zu verlieren. Und nun, berichtet
die Saga, geht er an Land und opfert seiner Schutzgöttin
Þorgerðr Hölgabrúðr, die schon immer seine Familie
beschützt hat. Vergeblich – die Göttin bleibt offenbar
ungerührt durch seine Opfergaben. Schließlich opfert
der Jarl seinen kleinen Sohn. Mehr verlangte die Göttin
nicht von ihm, sie zeigte sich zufriedengestellt und ent-
fesselte einen gewaltigen Sturm, der die Wikinger von
Jómsborg blind machte und die Schlacht verlieren ließ.
Man könnte sagen, daß der „Vertrag" (ein zentraler
Begriff in der Gedankenwelt der Wikinger), den der Jarl
mit der Göttin schloß, erfüllt wurde: dein Sohn für

deinen Sieg – ein sehr bezeichnendes Beispiel, jenseits jeglicher moralischer Erwägung.

Wenn man diese Götterwelt, die nach dem Zeugnis der beiden Eddas und anderer Quellen vermutlich schon in der Wikingerepoche existierte, angemessen beschreiben will, muß man von einem psychologischen oder phänomenologischen Prinzip ausgehen[23]. Alles, was wir damals wie noch heute über die Mentalität dieser nordischen Götter in Erfahrung bringen konnten, läßt darauf schließen, daß sie großen Wert auf Ordnung, Organisation und eine bestimmte Art von Gewalt legten, die nicht roh, aber entschlossen und geeignet war, Ordnung in das Chaos zu bringen. Man sollte sie besser als Dynamik und Aktionismus bezeichnen; nichts war starr oder statisch in diesem Universum, die Götter waren ständig unterwegs, wie etwa Þórr. Es gab keinen verborgenen Gott; alles wurde klar ausgesprochen, und sogar die Magie war mehr auf sichtbare Erfolge ausgelegt als zur Durchdringung irgendwelcher Geheimnisse. Ein gewisser Fatalismus beherrschte zwar einige dieser Göttergestalten und Halbgötter (die Helden insbesondere), aber man muß ihn eher als aktiven Fatalismus bezeichnen; der Held ging sehr bewußt seinem Schicksal entgegen, das ihm bekannt war, und dies nicht aus Resignation, sondern weil er wußte, daß die göttlichen Mächte dieses Schicksal für ihn bestimmt hatten. Das führt uns wieder auf die oben dargelegte Dialektik von Schicksal, Ehre und Rache zurück. Wenn man also ein Ordnungsprinzip in einigen recht unklaren Texten unterstellen darf, dann hat es drei Varianten dieses Gedankenkomplexes um den Begriff der nutzbringenden göttlichen Macht herum gegeben: die Macht des Gesetzes und des Rechts (notfalls auch des sogenannten

„gerechten" Krieges), die wir schon im Zusammenhang mit dem *Þing* kennengelernt haben; die Macht des Wortes oder des „Wissens" (Poesie, Magie) und schließlich die Macht der „Hervorbringung" oder Fruchtbarkeit.

Diese Art von Dreiteilung, die recht nützlich ist, aber nicht unbedingt richtig sein muß, entspricht genau der Idee des *bóndi*, den wir oben schon in anderen Zusammenhängen betrachtet haben, und deshalb scheint sie mir auch hier wieder erhellend. Der *bóndi* ist rechtskundig und deshalb Anhänger des Gottes Týr, er lebt in einer Gemeinschaft, die von den Gesetzen regiert wird, deren Garanten seit Urzeiten die berühmten Ahnen der Familie sind. Er ist so etwas wie ein „Aristokrat", denn die Anführer werden aus der Mitte der *bœndr* gewählt, ja sogar die Könige, also muß er auch befähigt sein, große Kultfeiern zu leiten, magische Riten auszuführen oder sie jedenfalls zu überwachen; und schließlich ist er auch Bauer, Fischer, Jäger und Handwerker mit wachem Bezug zu materiellen Werten, die seinem „Haus" das Überleben sichern. So vereinigt er in seiner Person alle drei Varianten der Macht. Es wäre schwierig, aus ihm einen Teil des einen oder anderen Gottes zu machen; in seiner Person versammelt er vielmehr das eigentliche Wesen des Pantheons, das er vielleicht verehrte.

Unter die Rubrik „Macht – Recht", „Macht – Gesetz" ist also der Gott Týr einzuordnen, den wir oben schon kennenlernten. Eine Inschrift, allerdings friesischer Herkunft, die man auf dem Hadrianswall in Nordengland gefunden hat, bezeichnet ihn (es kann eigentlich nur dieser Gott gemeint sein) als *„Mars þincsus"*, also Mars (der Kriegsgott) des *Þing*. Besser könnte man es nicht formulieren. Es ist nicht verwunderlich, daß dieser Gott relativ selten in diesem Pantheon auftaucht, denn er ist dessen eigentliche Seele, seine Anwesenheit selbstverständlich, und wenn er nicht verborgen *(otiosus)* wäre, dann dürfte er es sein. Im übrigen bedeutet Týr einfach „Gott", und der Name wird häufig als allgemeiner Wortteil oder als Substantiv verwendet: Óðinn zum Beispiel heißt gelegentlich auch Farmatýr, týr (Gott) der Schiffsladung. Týr ist der Gott des Vertrags; durch den Pakt mit den Mächten des Chaos hat er die Weltordnung begründet. Seine rechte Hand hat er dafür eingebüßt, aber so steht der Kosmos an seinem festen Platz.

Ganz anders Þórr; sein Name bedeutet „Donner", und er ist in der Wikingerepoche der weitaus beliebteste Gott und zugleich Namensgeber für Menschen und Orte. Nicht nur wegen der urwüchsigen Bildhaftigkeit wurde er in seinem Zeitalter so hoch geschätzt; er war auch stark interessiert an Fragen, die wir „intellektuell" nennen würden; er befragte den Zwerg Alviss nach den *heiti* (Synonyme in der skaldischen Dichtung), die „in allen Welten" herrschen; er war ein passabler Magier, denn er konnte die Ziegenböcke, die er geschlachtet hatte, um ihr Fleisch zu essen, wieder zum Leben erwecken. Aber er war auch die Verkörperung des Realismus und Pragmatismus, und er war die Dynamik in Person. Ständig brach er „gen Osten" auf, um sich mit den Riesen um das Land zu schlagen, – die Riesen wurden ganz eindeutig als die Mächte des Chaos verstanden. Mit seinem Hammer mit Namen Mjölnir (Symbol für den Blitz) trieb er jeden zurück, der es wagte, Göttern und Menschen Schaden zuzufügen. Er war wohltätig und beschützend, deshalb schenkten ihm die Wikinger eine Art Zuneigung. Möglicherweise nahm er in älteren Zeiten einen viel wichtigeren Rang ein, weshalb man auch einen Wochentag nach ihm benannte:

*þ∂orsdagr*, Donnerstag, und das setzte ihn mit Jupiter, also Óðinn gleich; *oðinsdagr* war Mittwoch (franz. mercredi, Tag des Merkur). Sein malerisches Aussehen, sein enormer Appetit und seine nie nachlassende Gutmütigkeit werden in den eddischen Liedern hervorgehoben. Und er verkörpert die göttliche Kraft. Dafür besitzt er einen Gürtel, Handschuhe aus Feuer, und er konnte sich in eine Wut hineinsteigern, die seine Körperkräfte verzehnfachte. Noch etwas zu dem „Hammer": Er ist das Symbol der Gewalt, wie es Blitz und Donner sind oder eine bestimmte Auffassung vom Krieg, aber auch des Schutzes gegen feindliche Mächte, auch der Magie; mitunter „weiht" er Personen oder Ereignisse mit seinem Hammer, wie er auch einige Runeninschriften „weiht": *Þórr vígi rúnar* – Þórr weihe diese Runen.

So versteht man, daß er beliebt war. In der Wikingerzeit hat er göttliche Attribute „zurückerobert", die uns entweder nicht bekannt sind oder mehr oder weniger in den Hintergrund gedrängt waren, wie Týr. Denn statistisch, wenn man das so sagen darf, gehört er zumindest zur Magie, von der ich schon sagte, sie sei vielleicht die ganze „Religion" der Wikinger gewesen, und zur Intelligenz oder zur Kriegskunst. Im übrigen galt er als Sohn der Jörð (wörtlich: Erde, im altnordischen Universum zur Göttin erhoben); er reiste auf einem Wagen, der von Ziegenböcken gezogen wurde – ein Bild, das unmittelbar an bestimmte Bräuche bei kultischen Umzügen erinnert, die an anderer Stelle für Skandinavien gut bezeugt sind. Außerdem wird er mit der Esche, die als magischer Baum galt, zusammengebracht; vor allem der ausführliche Bericht Snorri Sturlusons von seiner Reise zur den Utgarðaloki (in der Prosa-Edda) rückt ihn zu stark in die Nähe der Magie, als daß man ihn ausschließlich als Kriegsgott betrachten könnte. Vielleicht ist das auch der Grund für sein hohes Ansehen bei den Wikingern, vor allem in Norwegen und Island; die Dänen waren eher Óðinns Anhänger und die Schweden entschiedene Parteigänger Freyrs. Kurz vor dem Jahr 1000 entwickelte er sich zu einer Art synthetischer Gottheit, weshalb Adam von Bremen ihn auch für ein Äquivalent des römischen Gottes Jupiter hält. Aber, um es doch noch einmal zu sagen, er war von ganz bemerkenswerter Wesensart, weder zerstörerisch noch sinnlos gewalttätig – übrigens auch nie bösartig oder zynisch wie Óðinn oder träge wie Freyr. Er war gutherzig, hilfsbereit und nutzbringend für die Menschen. Ich sagte schon, daß er auf wunderbare Weise dem *bóndi* gleicht, sittenstreng, von Grund auf rechtlich denkend und vielleicht ein wenig naiv, kein Intellektueller von der allerfeinsten Art, aber hat nichts Stupides, weit gefehlt; er ist lebenslustig, mitunter ein richtiger Wüstling, und er fehlt bei keinem Festmahl, insgesamt ein sympathischer Gott, nach unserer Einschätzung!

Baldr dagegen hat einen anderen Ursprung und Charakter. Er könnte überhaupt einen ganz anderen Überlieferungsstrang verkörpern, ein rätselhafter Gott, der uns nur durch die Sagen von seinem Tod und seiner Bestattung bekannt ist; beides wird sehr ausführlich berichtet, und die Erzählungen sind so lang, daß ich sie hier nicht wiedergeben kann. Wichtig ist nur zu betonen, daß er nicht der schöne, untätige und einigermaßen orientalische Gott war, den man in ihm sehen wollte. Saxo Grammaticus und die Skalden überliefern einhellig ein ausgesprochen martialisches Bild. Auf der anderen Seite wollte man Baldr auf einen Vegetationsgott reduzieren, wie Frazer das versuchte, aber das gilt heute als überholt. In der Wikingerepoche hatte der Gott einen geradezu exemplarischen Wert: In seiner Person offenbarte er, daß sogar die Götter gegen das Schicksal nichts ausrichten können. Es könnte auch sein, daß diese Göttergestalt, deren Name „Herr" bedeutet, im Lauf der Jahrhunderte die vorrangigen Qualitäten der Völker angenommen hat, die ihn jeweils verehrten: kriegerisch bei den prähistorischen Jägern und Sammlern, eher träge und friedlich bei den Bauern und Viehzüchtern, die ihnen folgten, und schließlich das Wikingerideal: strahlend, großzügig, mutig, tapfer, auch wenn ich hier im Zweifel bin; ich muß es im Fall Óðinns präzisieren. In jedem Fall stand Baldr in deutlicher Beziehung zur Sonne, deren Qualitäten er, wenn auch in männlicher Gestalt (*sól*, Sonne, ist im Altnordischen femininum), verkörperte: Aufrichtigkeit, herrscherliche Macht und Glück.

Das gestattet mir einen willkommenen Übergang, um ein wenig über den Gott-Heros Sonne zu berichten, der gerade bei den alten Völkern Skandinaviens eine so reiche Überlieferung stiftete. Die Annahme liegt nahe – ohne dies hier im einzelnen auszuführen –, daß die Sonne, sehr wahrscheinlich die Gestalt der Großen Göttin oder Muttergöttin (später auch Erdmutter), die von den nordischen Völkern wie überall sonst seit Urzeiten angebetet wurde, das Zwitterwesen hervorbrachte, das sich in der Form göttlicher Zwillinge (entsprechend den griechischen Dioskuren) verdoppelte, die in Skandinavien sehr gut bezeugt sind. Für diese nordischen Zwillinge ist charakteristisch, daß sie zweigeschlechtlich waren: ein Mann und eine Frau, wie Freyr und Freyja, und der Sonnenheros könnte durchaus eine der beiden Erscheinungsformen – die männliche – dieser Verdoppelung sein. Die Hypothese ist jedenfalls sehr interessant, denn wir können mindestens drei Gestalten dieses ursprünglichen Sonnenheros vorführen: Völundr, der wunderbare Schmied, Helgi in einer ihrer (mindestens) drei Erscheinungsformen und Sigurðr, der den Drachen Fafnir erschlug (Fafnisbani).

Über Völundr, den wunderbaren Schmied – er konnte sich Flügel anfertigen und damit fliegen – gibt es hier wenig zu sagen, außer daß er möglicherweise der erste große Magier der nordischen Sagenwelt ist. Wie alle vergleichbaren Gottheiten „band" er durch das Feuer, gehörte also zu den bindenden Gottheiten, die, wie ich immer wieder betone, zu den wichtigsten im Pantheon der Wikinger gehörten. Ansonsten bleibt seine Gestalt im dunkeln; er wird in dem Gedicht, das von ihm handelt (*Völundarkviða* in der Lieder-Edda), den Walküren beigesellt; im übrigen wird er mit einer korrekt alliterierenden Ahnenreihe von Riesen ausgestattet, und zweifellos erklärt das Archetypische seiner Gestalt diese merkwürdige Verwechslung. In gewisser Hinsicht gibt er das frühe Vorbild für Loki ab, also eine unsympathische Götterfigur. Den Wikingern hat er wohl nur wegen seiner genialen Handwerkskunst gefallen; andererseits ist es nicht ganz ausgeschlossen, daß er aus dem alten indoeuropäischen Mythenschatz stammt, ebenso wie Dädalus und Ikarus im altmediterranen Bereich. Seltsamerweise ist dieses eddische Lied Vorbild für die blutrünstige Heldensage, in der Guðrún ihrem Gatten Atli (Attila) aus Rache die eigenen Kinder zum Mahl vorsetzt. Er hat den zynischen und verbrecherischen Charakter Óðinns. Offenbar gab es einen Riesen und Magier, den uns Snorri Sturluson in allen Einzelheiten schildert, und zwar auf der berühmten Reise des Þórr, als sich der Hammergott zum Gespött machte. Dieser

Riese – Magier nannte sich Útgarða-Loki (Loki der äußeren Gebiete, das bedeutet: Loki, der im dritten Kreis, dem äußersten, wohnt – gemäß der Vorstellung von der Kosmogonie bei den alten Völkern Skandinaviens). Dieser Loki ist wie gesagt zugleich Zaubermeister und Herrscher über zumindest einen Teil des Jenseits. Auch der Chronist Saxo Grammaticus kennt diese Sagenfigur; allerdings stellt er sie in einen völlig anderen Zusammenhang. Immerhin könnte er eine Art Archetyp sein, aus dem in späteren Epochen das Götterpaar Óðinn-Loki hervorging.

Im Gegensatz dazu würden „die" Helgi (mindestens zwei Götterfiguren; ihr Name bedeutet ganz schlicht „geheiligt" oder „heilig") unseren Vorstellungen von einem Heros viel eher entsprechen. Im übrigen kommen sie in eddischen Liedern vor, die eher dem entsprechen, was wir gewöhnlich unter dem Begriff „Wikinger" einordnen[25]. Wie Völundr sind sie in ständigem Kontakt mit den Walküren Sigrún, Sváva und Kára. Sie stammen aus sehr früher Zeit, und ihr Name ist häufig Bestandteil von Ortsnamen, deshalb darf man sie in die wohlbekannte religionshistorische Rubrik Muttergöttin-Sonnenheros einreihen und ihnen die Qualität von echten Gründerheroen zuschreiben. Darüber hinaus entsprechen sie genau der Vorstellung, die ganz allgemein den Wikingern zugeschrieben wird. Um dies zu verdeutlichen, will ich wenigstens die Strophen 26 und 27 des *Helgakviða Hundingsbana I* zitieren; sie bieten uns das altbekannte, aber ungeheuer eindringliche Bild von der Wikingerflotte, wie sie mit allen Kräften auf dem Meer voranstürmt:

*Dann ließ der König des Meers*
*die Zelte abbrechen,*
*Damit die Menge der Männer*
*über den Prinzen wachte.*
*Damit die Könige*
*das Morgenrot heraufkommen sahen*
*und die tapferen Krieger*
*Die langen Segelbahnen*
*gewebt in Varinsfjörðr,*
*hoch am Mastbaum hißten.*

*Da knarrten die Ruder,*
*Eisen klirrte,*
*Schild gegen zerborstenen Schild –*
*die Wikinger ruderten.*
*Über schäumende Wogen*
*zog die Flotte des Königs dahin,*
*unter dem Kommando ihres edlen Prinzen,*
*weit entfernt vom Land.*

Aber Völundr oder Helgi verblassen hinter dem Helden Sigurðr (deutsch: Siegfried)[26], dem Drachentöter. Möglicherweise stammt er aus jüngeren Epochen, obwohl er als Sagengestalt ausgesprochen vielschichtig ist und keine eindeutige und endgültige Erklärung zuläßt. In der Wikingerepoche war er der Held schlechthin; das ist nicht weiter erstaunlich, denn es ist für ihn charakteristisch, daß er nie etwas „Heroisches" vollbrachte – wenigstens nicht in dem Sinn, wie wir dieses Adjektiv heute verstehen. Die Art, wie er sich in einem Graben in den Hinterhalt legen mußte, um den Drachen Fafnir glücklich zur Strecke zu bringen, hat so gar nichts Bewundernswertes; im übrigen hat auch nicht er die

Flammenmauer durchquert, welche die schlafenden Walküren umgab – das war sein Roß Grani, Abkomme des wunderbaren Sleipnir – dem Reittier Óðinns. Über den historischen Hintergrund, der diese Gestalt möglicherweise für sich vereinnahmt, werde ich mich hier nicht ausführlicher äußern, auch nicht über die eigentlichen Sagenmotive, die sie umgibt, oder ihren Bezug zur Sonne, wie er unter anderem durch das Rheingold offenkundig und symbolisiert ist. Auch ihre erkennbaren Verbindungen mit einigen bekannten Gottheiten seien nur kurz gestreift: Von Baldr hat Siegfried die Aufrichtigkeit; über die Ähnlichkeit mit Týr soll weiter unten noch die Rede sein; dem Þórr gleicht er als Heros, und vor allem mit Óðinn wird er in den Texten eindeutig in Beziehung gesetzt. Nur auf einen Punkt will ich besonders hinweisen: Dieser Held ist ein Held aus Gründen hoher Moral. Als Angehöriger eines Königsclans hat er mit seinen Stiefbrüdern Blutsbrüderschaft geschworen (der wohlbekannte Ritus des *fóstbrœðralag*), und seine Treue zum gegebenen Wort war schließlich Anlaß für seinen ruhmlosen Tod („ruhmlos" auch hier im herkömmlichen Sinn von Heldentum: Nach den verschiedenen Quellen wird er entweder in einem Wald heimtückisch ermordet – oder als er auf seinem Bett ausgestreckt lag!). Aber es trifft auch zu, daß er in seiner Person alle drei Komponenten altnordischer Heldenehre auf sich vereint: Er weiß von Anfang an genau, welches Schicksal ihn erwartet; er hat sich damit abgefunden, und er nimmt es schließlich auf sich; er stammt aus einer hocharistokratischen Gesellschaftsschicht – er ist ein Völsungr[27] – und muß sich demgemäß ihren hohen Idealen beugen, und schließlich: Er hat sein Wort gegeben.

Und noch eins sei hier angemerkt: Weder bei Völundr noch bei Helgi oder Siegfried stehen Heldentaten, Mutproben oder gewaltige Schwerthiebe im Vordergrund. In den Sagas, die wie gesagt ausnahmslos in den Jahrhunderten nach der Wikingerepoche entstanden, werden die wüsten Haudegen (*garþr* oder *berserkr*) regelmäßig der Lächerlichkeit preisgegeben. Wieder einmal können wir feststellen, daß der Wikinger rasche Auffassungsgabe, List und Kenntnisreichtum weit höher schätzte als die primitive Muskelkraft. Auch das kann man eben diesen Texten entnehmen, die wohl recht genau die allgemeine Lebensauffassung der Wikinger spiegeln. Von den berühmten Märchensagas *(fornalðarsögur)* [28] will ich hier absehen; sie sind mehr oder weniger von nichtskandinavischen Vorbildern beeinflußt und folgen den Regeln der höfischen Dichtung. Überraschend ist aber, daß in den Heldenliedern der Edda nirgends oder nur ganz selten von prachtvollen Schwerthieben, tiefrotem Blut im hohen Gras oder von gespaltenen Köpfen feindlicher Reiter und ähnlichen gewalttätigen Bildern die Rede ist, andererseits viel von Berechnung und List, genauer: von heimtückischen Streichen (der Atli-Zyklus ist voll davon). Ja, man kann noch weitergehen: Das wahre Heldentum, wenigstens in unserem Verständnis, kommt den Frauen zu, Brynhildr und Guðrun vor allem, aber die Männer verlassen sich viel mehr auf ihren praktischen Verstand (altnordisch *vit*), und was sie bindet und häufig auch zum tragischen Helden macht, das ist der Respekt vor der Familienehre, der Treue und der Freundschaft; dazu kommt eine geradezu erschütternde Ergebenheit unter den Spruch des übermächtigen Schicksals. Noch eine Bemerkung: Nehmen wir einmal an, die drei Gottheiten names Helgi hätten in Wirklichkeit nur eine dargestellt und Völundr wäre ursprünglich kein Gott oder kein Riese gewesen (seine Vorfahren sollen ja Riesen gewesen sein): Auf diese drei Gestalten, Völundr, Helgi und Sigurðr, übertrugen die Wikinger alle Eigenschaften, die man unter dem Begriff „Heldentum" zusammenfassen könnte – ausgenommen die rohe Gewalt und den „sportlichen" Kampfgeist. Helgi übernähme den Teil als Meister der Handwerkskunst und Sigurðr den eigentlich ethischen Aspekt. Einige Quellen berichten von einem bedeutenden Handwerksmeister, „einem wahren Völundr" in seiner Kunstfertigkeit; Helgi war eine sehr beliebte Schutzgottheit, das beweisen die zahlreichen Ortsnamen in Skandinavien, und Sigurðr war einer der geläufigsten Rufnamen bei den Wikingern. Es könnte auch sein, daß diese drei Gestalten drei aufeinanderfolgende Epochen darstellen: Völundr wäre danach der älteste, Sigurðr der jüngste. Je nach Situation und Zeitpunkt konnten sich also die Wikinger der Führung des einen oder des anderen überlassen. Aber keiner der drei vermittelt ein Bild roher Gewalt: ein letzter Beweis, daß der Wikinger kein blindwütiger Berserker gewesen sein kann!

Zum Abschluß des ersten Teils meiner Bemerkungen über die Religion der Wikinger (Macht-Gesetz, Macht-Recht) noch ein rascher Blick auf einige göttliche Gegenmächte, auf die Mächte des Chaos, wenn man so sagen darf, oder auch die Riesen, auf Surtr und vor allem Loki.

Über die Riesen, die möglicherweise die ersten Bewohner dieses nordischen Kosmos waren, gibt es wenig zu berichten: Sie sind stark, ungeheuer groß, und sie sind die personifizierten Naturgewalten, und da sie uralt sind, haben sie auch das Wissen über die Urgeheimnisse;

deshalb erlebt man auch häufig, daß die Götter zu ihnen kommen und sie nach den vorborgensten Weisheiten befragen. Außerdem sind sie die Erzfeinde Þórrs; immer wieder bricht er in Richtung Osten auf, um mit ihnen zu kämpfen. Ohne Zweifel verkörpern sie eine archaische Stufe der altnordischen Religion. Sie gehören zum Ur-Chaos (insbesondere der Ur-Zwitter Ymir), und von daher erklärt sich auch ihr ewiger Kampf mit den Göttern, obwohl sie auch sehr häufig ihre eigenen Töchter an eben diese Götter verheiraten!

Der interessierte Leser kann sich eine recht genaue Vorstellung davon verschaffen, wie diese urzeitlichen Wesen wohl ausgesehen haben, wenn er sich einmal näher mit der Gestalt des Troll in den norwegischen Volksmärchen befaßt. Der Troll erscheint dort banalisiert und auf menschliche Normalmaße zurechtgestutzt, aber er ist zweifellos ein später Nachkömmling von uralten Wesenheiten. Im übrigen wird einer von ihnen, der eher ein Riese als ein Gott ist und Surtr genannt wird (Wortbedeutung „schwarz"), den Weltuntergang (die *Ragnarök*\*) herbeiführen; er symbolisiert das verheerende Feuer.

Die Gestalt des Loki zu deuten ist besonders schwierig; die prominentesten Forscher haben sich schon vergeblich über diese seltsame Sagengestalt den Kopf zerbrochen[29]. Die Behauptung, er sei ein Gott des „Bösen", geht fehl, weil dies für die Wikinger keinen Sinn ergab, auch wenn er in allen möglichen Bereichen Verwirrung stiftete. Wir wollen also versuchen, seine Taten und Charaktereigenschaften in chronologischer Reihenfolge darzustellen. Am Anfang war er vielleicht eine Art Riese/Magier wie Útgarða-Loki, der mit Þórr seinen Schabernack treibt, wie in der Prosa-Edda zu lesen ist. Als Riese ist er der Vater der Ungeheur Fenrir, Hel und Miðgarðsomr, alle drei genauso seltsam zwiespältig wie ihr Vater, denn sie sind gleichermaßen wohltätig und bösartig. Das beste Beispiel ist Miðgarðsormr, die große kosmische Schlange: Sie hält die Welt an ihrem Platz und im Gleichgewicht. Sie windet ihren Körper um die Welt und beißt sich fest in ihren Schwanz. Aber sie wird auch eines Tages den Weltuntergang herbeiführen, wenn sie diese Umklammerung löst. Vom urzeitlichen Riesen haben alle drei irgend etwas bewahrt; so beziehen sich ihre Namen entweder auf das Element Wasser (Fen–rir von *fen*, Sumpf) oder das Element Erde (Miðgarðr ist unsere Erde, die Erde der Menschen) oder auf die Unterwelt („Hel", die Herrin der Unterwelt in der nordischen Sage, bedeutet soviel wie „verdeckt", „verborgen").

Später, in einer anderen Zeit, nahm Loki offenbar die Gestalt eines Dämons an, daher seine bemerkenswerte Fähigkeit, sich zu verwandeln; er schlüpfte in die Gestalt einer Stute, eines Falken, einer Fliege oder einer Robbe und vieles andere mehr, und das jedesmal, wenn er einem bestimmten Vorgang ein Ende setzen wollte; möglicherweise bedeutet *loki* auch soviel wie „Ende". Das wäre der sozusagen „griechische" Aspekt, der schon in der Epoche davor zum Teil als prometheische Eigenschaft dieser Gestalt zu erkennen ist, und wie der Titan Prometheus wird auch er eines Tages grausam bestraft. Aus dieser jüngeren Epoche stammt wohl auch seine seltsame Freundschaft mit Óðinn (sie galten als Schwurbrüder), dem er auch in vielfacher Hinsicht sehr ähnlich ist. So glaubte man auch, beide hätten sich (ebenso wie der sonst unbekannte Hœnir) an der Erschaffung des Mannes und der Frau beteiligt. Andererseits verweist einer seiner Namen, Loptr (*lopt* bedeutet „Luft", „Atmosphäre"), auf eine Art Luftgeist. Wenn man in Übereinstimmung mit einigen Quellen die Paronymie *loki–logi* (von *logi*, „Flamme") gelten läßt, dann hätte er auch eine Beziehung zum Feuer. Mit Luki-fer hätte er dann den bösen Charakterzug eines Verleumders gemeinsam, wie zum Beispiel in der *Lokasenna* der Lieder-Edda.

Andere Gelehrte wollten in Loki das skandinavische Gegenstück zum *trickster* in der Mythologie der nordamerikanischen Indianer sehen. Tatsächlich hat er auch etwas von einem Spaßmacher oder Neckteufelchen von bizarrer Komik, mit der er zum Beispiel die Göttin Skaði erheitert. Außerdem kann er als Gründerheros auftreten: Die Erfindung des Netzes wird ihm zugeschrieben, eine große Tat für Völkerschaften, die fast ausschließlich vom Fischfang leben. In jedem Fall ist Loki ein Meisterdieb; er stiehlt die Äpfel der ewigen Jugend von Íðunn, das Haar von Sif, der Gemahlin Þórrs, den wunderbaren Halsschmuck Brisingamen von Freyja und vieles andere mehr. Schließlich sei noch eine eher naturalistische Interpretation der Loki-Gestalt erwähnt: Danach ist er eine Spinne – dies wegen der Tatsache, daß „sie" das Pferd Sleipnir hervorbringt, das acht Hufe hat und mit unerhörter Geschwindigkeit galoppieren kann. Außerdem scheint mir gerade Loki einer bestimmten Moralvorstellung der Wikinger gut zu entsprechen. Er stiftet gern Verwirrung, hintertreibt und verleumdet, kurz, alles was die Welt am ordentlichen Funktionieren hindert. Zudem ist er ehrlos, ohne Recht, Gesetz und Glauben, – ein regelrechter Anti-Týr und insgesamt eine Gestalt von barocker Vielfalt und Buntheit. Es versteht sich auch fast von selbst, daß „Loki" nirgends in Ortsnamen oder Rufnamen auftaucht.

Als nächstes müssen wir einige Gottheiten betrachten, die in die Wikingerepoche gehören, aber vielleicht nicht so unmittelbar in das moralische Weltbild der Wikinger einzuordnen sind. Dennoch handelt es sich immer um Ordnung und Macht, aber ausgeübt durch das Wort, im Sinne von „Wissen", also Poesie und/oder Magie. Diese Götter stehen eher mit dem Element Wasser in Verbindung. Von Ægir, Óðinn und Heimdallr soll im folgenden kurz die Rede sein.

Zuvor eine wichtige Einschränkung: Ganz offenbar erfreuten sich zwischen dem 7. und 11. Jahrhundert in Skandinavien Óðinn, Þórr und Freyr bei weitem der größten Beliebtheit; im übrigen erwähnt auch Adam von Bremen in der oben[30] zitierten Passage diese Göttertriade. Allerdings scheinen Dänen, Norweger und Schweden, die ja ethnisch nicht völlig identisch waren (wie man bei Begriffen wie „Altnordisch" und „Skandinavien" leicht unterstellt), jeweils ihren Lieblingsgott unter den Dreien gehabt zu haben. Þórr wurde besonders von den Norwegern verehrt, Óðinn von den Dänen und Freyr ganz zweifellos von den Schweden. Das ist sehr bedeutsam. Wenn man nämlich annimmt, daß die Religion und die Götter zum Teil die Wünsche und Gedanken der Menschen widerspiegeln, die sich zu ihnen bekennen, dann gibt es mit Sicherheit erkennbare Bezüge zwischen jedem der drei Völker und ihrem Lieblingsgott. Und trotzdem gibt es viele Gemeinsamkeiten, wie wir hier nach und nach entdecken werden.

Ægir bedeutet nichts anderes als „Meer" und stammt aus derselben Wurzel wie griechisch *okeanos*. Bei dieser Wassergottheit ist es schwierig zu entscheiden, ob es sich um einen Riesen oder einen eigentlichen Gott handelt; dieser Ambivalenz begegnen wir ständig. Ægir ist der

Bierbrauer der Götter. Wir sahen schon, welche Bedeutung das Bier im altnordischen Kult hatte; daraus ergibt sich von allein, welch hervorragenden Platz Ægir in der Götterrunde einnahm. Seine Gemahlin Rán (wörtlich: Plünderung) allerdings ist eine fürchterliche Kreatur; sie lauert den Seeleuten auf, um sie zu vernichten; sie fängt ihr Opfer in den Maschen ihres Fischnetzes, das sie über sie wirft. Ein bizarres Muster von Tod und Magie zeichnet dieses Paar aus. Ich habe mich immer gewundert, wenn ich feststellen mußte, wie relativ bedeutungslos sein Einfluß in einer Kultur war, die in erster Linie aus Seeleuten oder Schiffern hervorging und für sie geschaffen war.

Fast alle Götter haben zwar irgendeine Verbindung zum Schiff, zur Seefahrt oder zum Meer (der Vane Njörðr wohnt in der „Schiffsenge"; sein Sohn Freyr besitzt das wunderbare Schiff Skiðblaðnir; Þórr hat die besondere Fähigkeit, Meere und Ozeane in einer Furt zu überqueren), aber dieser wirkliche wichtige Aspekt des Wikingerlebens hat sich offenbar nicht in einer Göttergestalt niedergeschlagen, die mit einer Macht ausgestattet war, die diesem Element angemessen wäre. Vor allem Óðinn (Wotan, Woden) müssen wir genauer betrachten, eine vielgestaltige, komplexe Gottheit, und gerade dies muß seinen Anhängern bewußt gewesen sein, denn sie gaben ihm über 100 verschiedene Namen; die charakteristischsten sind Grimnur oder Grímr: der Maskierte. Er hat einen so bedeutenden Rang im altnordischen Pantheon, daß er sicher der Mühe wert ist, sein Bild genauer zu erklären. Ich greife sechs Aspekte heraus.

Zunächst ist Óðinn der Totengott, *drauga dróttin*, der Seelengeleiter in diesem nordischen Kosmos, daher auch seine Kunst der Geisterbeschwörung und seine engen

Verbindungen zu den Erhängten. Er ist ihr Gott, *hangaguð*, und es ist recht wahrscheinlich, daß die Erhängten, die man in dem blauen Lehm von Jütland Anfang dieses Jahrhunderts entdeckte, dem Óðinn oder einer seiner Urformen geopfert wurden. Allerdings bleibt das umstritten; es könnte sich auch um irgendeine, möglicherweise weibliche Fruchtbarkeitsgottheit gehandelt haben. Jedenfalls rühmt sich Óðinn in den *Hávamál* der Lieder-Edda, das Wissen um die höchsten Dinge nach einer rituellen Erhängung erlangt zu haben. Dem entspricht auch die ganze Szenerie von der Valhöll (Walhalla), deren alleiniger Herrscher Óðinn ist; die Walküren bringen die *einherjar*, die tapfersten Helden, die auf den Schlachtfeldern fielen, auf Befehl dieses einäugigen Gottes heran.

An zweiter Stelle, wenn nicht sogar an erster, ist Óðinn der Seher-Gott und Weise (*froðr, vitr*), und in dieser Eigenschaft Schutzpatron der Skalden. Für sie hat er eine große Mühe auf sich genommen: Er war es doch, der das Dichterelixier den Zwergen und Riesen raubte oder aus dem Kopf des Riesen oder Gottes Mímir (wörtlich: Gedächtnis), den er für diesen Zweck einbalsamierte, die Geheimnisse des gesamten Wissens, vor allem der Skalden und Magier, herauspreßte. Wotan ist der „Vater des Zaubergesangs" (*galdrs föðr*), und wie es in den *Hávamál* heißt, hing er „volle zwölf Nächte am windumtosten Baum", um das Wissen über alle verborgenen Dinge zu erringen. Im übrigen ist es gar nicht ausgeschlossen, daß ihm seine Schützlinge, die Skalden, den hervorragenden Platz in der Götterrunde einräumten und seine Bedeutung reichlich übertrieben.

Denn er ist auch ein Gott-Schamane, der seine Vorrechte nach leicht zu durchschauenden Initialprüfungen erhielt, wie sie in den *Grímnismál* der Lieder-Edda beschrieben sind. Ohne an dieser Stelle näher darauf einzugehen[31], stelle ist nur fest, daß es frappierende Gemeinsamkeiten zwischen Óðinn und dem gibt, was wir von den Schamanen wissen[32]; einige Details sind geradezu verwirrend ähnlich. Genau wie der Schamane, der sich ins Jenseits begeben will, sein Pferd besteigen muß, welches der mittlere Pfosten des mit neun Kerben versehenen Zeltes ist, so verfügt Óðinn über den gewaltigen Baum Yggdrasill, dessen Name „Pferd Óðinns" bedeutet (Yggr, der Schreckliche, ist einer der Namen Óðinns), und diesen besteigt er, um „in die zwölf Welten" aufzubrechen. In den *Baldrsdraumar* zum Beispiel wird beschrieben, wie er eine Tote zwingt, ihm Nachrichten über das Schicksal Baldrs im Jenseits mitzuteilen. In dieser Hinsicht übernimmt Óðinn einige Aspekte des Königs-Priesters-Opferpriesters, über den noch zu sprechen sein wird, vor allem wo er die Wahrsageriten leitet.

Jedenfalls ist sein Charakterbild nicht weniger unsympathisch als sein Aussehen; er ist grausam, schurkisch, zynisch und ein Frauenhasser. Man kann sich niemals auf ihn verlassen, was die Skalden immer wieder betonen, auch wenn er ihr Schutzpatron ist. Ein Beiname Óðinns faßt dies sehr treffend zusammen: Bölverkr, Anstifter des Unheils. Daß Óðinn für die Wikinger ein sehr wichtiger Gott war – in diesem Fall sind sich alle drei Völkerschaften einig –, ist kaum zu bezweifeln. Dieser Óðinn entspricht nicht von ferne der Vorstellung, die der Leser von einem Wikingergott hat. Schauen wir uns doch sein Porträt an, wie es in zahlreichen Quellentexten geschildert wird: einäugig, häßlich, mit grauem Bart und in einen schmutzigen blauen Mantel gehüllt; auf dem Kopf trägt er einen weichen Filzhut, der über seine leere Augenhöhle heruntergezogen ist. Diese Auge hat er Mímir als Pfand gegeben, um das Wissen über die großen heiligen Geheimnisse zu erhalten.

Zunächst war Óðinn wohl auch ein Riese. In den Felszeichnungen von Litsleby in Bohuslän ist ein lanzentragender Riese zu erkennen, der sein Urbild sein könnte. Auf der anderen Seite hat man auch nicht versäumt, ihn mit einer Ahnenreihe von Riesen auszustatten, alle mit vorschriftsmäßigen alliterierenden Namen, und zahlreiche Sagen, die von ihm handeln (Kampf um das Wissen, Erfindung des Dichterelixiers, Aufzählung seiner Ahnen und seiner Rächer), setzen ihn in Beziehung zu Riesen oder Riesinnen. Daher käme auch sein Aspekt als Begründer, einmal des Universums, das er aus dem Körper des Ur-Hermaphroditen Ymir errichtete, und zweitens der Götterwelt, die er durch den Baumeister von Asgarðr errichten ließ, und drittens der Menschenwelt, weil er bei der Erschaffung von Askr und von Embla, dem ersten Menschenpaar, beteiligt war, und schließlich der Königsdynastien, die seitdem einhellig ihre Abstammung auf ihn zurückführen. Das kann amüsante Ergebnisse haben: Ein isländischer *bondi* aus dem 12. Jahrhundert hat seine Ahnenreihe aufgeschrieben; in letzter Instanz läßt er sie auf den Rabengott zurückgehen! (Das war Sturla Þorðarson, der Vater der berühmten Sturlungar, von denen die *Sturlunga saga* handelt.)

An fünfter Stelle ist Óðinn der Gott des Sieges (Sigtýr), und nicht etwa des Krieges! (Das Altnordische kennt im übrigen kein Wort für „Krieg"; er gibt nur „Nicht-Friede", *ófriðr*.) Notfalls hat man zwar Herjaföðr, Vater der Heere, aber tatsächlich nichts, was sich unmittelbar auf die Vorstellung von Krieg bezieht. So ist er also der

Gott, der seinen Schützlingen den Sieg gewährt – mit welchen Mitteln auch immer! List und Betrug sind also nicht geächtet, auch nicht bestimmte Vorkehrungen, die man als „strategisch" bezeichnen mag. Óðinn ist ein intelligenter Gott, der viel eher mit dem Verstand als mit seinen Fäusten kämpft. Ihm wurde auch die Erfindung der keilförmigen Schlachtordnung zugeschrieben (oben S. 154), und in den *Hamðismal* (Lieder-Edda, im Helden-zyklus) berät er seine Anhänger, wie sie vorrücken sollen, um einen als unbesiegbar geltenden Feind zu schlagen. Man kann also feststellen, daß seine Hand-lungsweise genau mit der Kriegstaktik der Wikinger übereinstimmt. Auch sie zogen List und Schläue der rohen Kraft bei weitem vor. Die zeitgenössischen Chro-niken und Berichte sind voll von diesen taktischen Winkelzügen, die den „kühnen Söhnen des Nordens" lieber waren als direkte Kampfhandlungen, und wir haben keinen Grund, das zu bezweifeln. Auch wenn jede Kriegslist Haraldrs des Harten in der nach ihm benannten Saga[33] nur ein Wandermotiv der Poesie ist – denn einige tauchen auch in anderen Quellen auf und werden dort anderen Personen zugeschrieben –, so hat sie der Verfasser doch im Grundsatz nicht erfunden. Zweifellos hat es auch die berühmten wilden Krieger (*berserkir*, Bärenhemden oder *ulfheðnar*, Wolfspelze) ge-geben, die in Raserei gerieten und unerhörte Helden-taten im Zweikampf vollbrachten. Genausowenig ist es ausgeschlossen, daß ungeheuerliche Grausamkeiten vor-kamen, die in den Quellen lustvoll in allen Einzelheiten ausgebreitet werden, wie zum Beispiel der „Blutadler" (*blóðörn*): Man schnitt den Rücken des Opfers zwischen zwei Rippen auf, zog die Lungen durch die Einschnitte heraus und breitete sie wie zwei Flügel aus. Möglicherweise war diese Tortur schon in der Bronzezeit bekannt; einige Felszeichnungen lassen darauf schließen. Jedenfalls hatte sie wohl Kult- oder Ritualcharakter und könnte zu Ehren Óðinns angewendet worden sein. – Schließlich galt er noch als oberster Gott, Alföðr, aber das könnte schon eine Deutung unter dem Einfluß christlicher Terminologie sein.

Tatsächlich umfaßt sein Name alle Aspekte: Er ist *óðinn*, das bedeutet Gott des Zorns oder der Wut. Es handelt sich dabei um einen Zustand von Trance oder Raserei, in den ein Mensch verfallen kann und der ihn veranlaßt, beträchtlich über seine normalen Fähigkeiten hinauszuwachsen, sei es in der Liebesleidenschaft, im Rausch des Krieges und der Trinkgelage, bei heiligen Handlungen, magischen Praktiken oder in der dichterischen Phantasie. So kann der Mensch Leistungen vollbringen, die weit über das normale Maß seiner Fähigkeiten hinausgehen; er hat seine Kräfte buchstäblich verzehnfacht – eine Erfahrung, die uns allen irgendwann einmal begegnet. Ich weiß nicht, ob Snorri Sturluson in seiner *Ynglinga saga* wie so häufig nur spotten will, wenn er die wilden Krieger beschreibt, die immer im Dienste Óðinns oder von ihm besessen sind, aber man ist leicht geneigt, das zu glauben, wenn es heißt: „Sie kämpften ohne Brustpanzer wie rasende Hunde oder Wölfe. Sie hielten ihren Schild mit den Zähnen und hatten die Kraft eines Bären oder Stieres. Sie machten ihren Gegner nieder, und weder Feuer noch Schwert konnten ihnen etwas anhaben. Das nennt man die Raserei des Berserkers *(berserksgangr).*" Deshalb notiert Rudolf von Fulda im 9. Jahrhundert: *Wodan id est furor* (Wotan bedeutet Raserei), und Adam von Bremen meint in dem oben zitierten Text nichts anderes, wenn er sagt: Odin, das heißt der Rasende. In dieselbe Richtung geht das Motiv, daß er sich in Valhöll von Wein ernährt haben soll. Die verschiedenen Bereiche, in denen dieser furor zum Ausbruch kommt, entsprechen auch der komplexen Persönlichkeit des Gottes. Auch er ist eine barocke, schillernde Figur – wie Loki, den ich ebenfalls so bezeichnete, angeblicher Schwurbruder Óðinns – und in jedem Fall eine Figur, die überhaupt nicht in unsere Vorstellungen paßt. Er besitzt zwei Raben, die beauftragt sind, „durch alle Welten" zu fliegen und ihm Nachrichten „aus allen Welten" zu bringen, außerdem zwei Wölfe mit Namen Geri (Gierschlund) und Freki (Freßsack); seine Lanze heißt Gungnir, und er hat einen Ring, von dem jede Nacht neun gleiche Ringe heruntertropfen; sein Roß Sleipnir hat acht Hufe und kann ungeheuer schnell laufen, durch die Lüfte, über das Wasser ebenso wie über festen Boden – er hat entschieden nichts von einem „schönen" Gott, auch wenn Snorri im selben Text uns glauben machen will, er sei ursprünglich ein sehr schöner Gott gewesen.

Wie ich schon mehrfach erwähnte, entsprach Óðinn zweifellos der Mentalität der altnordischen Völker, genauer: der Wikinger vollkommen. Außerdem war er ja der Farmatýr, Gott der Schiffsladung. Nicht von ungefähr haben ihn Beobachter aus dem lateinischen Sprachraum mit Merkur gleichgesetzt; die Ähnlichkeiten zwischen den beiden Götterfiguren sind einfach auffallend. Allerdings kann ich nicht bestätigen, daß Óðinn in die erste Götter-Kategorie nach Dumézil[34] hineinpaßt; dazu fehlt ihm der Aspekt des Rechts, der wie beschrieben zu Týr gehört. In die zweite Kategorie paßt er schon eher: Óðinn ist mehr Stratege als Krieger. Bei der dritten Kategorie ist man in diesem Fall auf Rückschlüsse angewiesen und nur insofern, als er die Königsdynastien begründete, und weniger als Fruchtbarkeitsgott. Andererseits hat er eine unverkennbar esoterische Seite. Er ist das Wissen, der Zauber im eigentlichen Sinn des Wortes. In einer Gesellschaft, die gezwungenermaßen aus sehr wenigen Mitgliedern bestand und ihre Abenteuerlust und ihren Eroberungsdrang mit anderen Mitteln als mit roher Gewalt befriedigen mußte, konnte er nur einen hervorragenden Platz im Pantheon haben. Zu den unbestreitbaren Irrtümern Richard Wagners gehört die Vorstellung, Wotan sei eine martialische Gottheit gewesen. Außerdem: Mit den „Horden" des Dritten Reiches haben die Wikinger nichts zu tun, das zeigen schon ihre Vorstellungen von den Göttern, Óðinn eingeschlossen.

Von Heimdallr, dem Wächter der Götter, der das Gras aufgehen sieht, die Wolle auf dem Rücken der Schafe wachsen hört und die Ragnarök ankündigt, indem er auf seiner Lure bläst, würde ich hier wohl nicht sprechen, wenn er nicht so besonders charakteristisch für die religiösen Vorstellungen der Wikinger wäre. Sein Name bedeutet vielleicht „Pfeiler der Welt", und diese Etymologie eröffnet wirklich interessante Perspektiven auf die Vorstellung vom Menschen, vom Leben und der Welt dieser skandinavischen Völker. In einem anderen Mythos erfanden sie nämlich einen *axis mundi* oder eine *universalis columna* (Weltachse, Weltsäule), wie Adam von Bremen sie nennt, die zahlreiche Entsprechungen in anderen indoeuropäischen Kulturkreisen hat, insbesondere dem vedischen *(skambha)*. Es handelt sich um die schon mehrfach erwähnte Weltesche Yggdrasil, die andere Quellen als Reservoir für die noch ungeborenen Seelen oder des gesamten Schicksals bezeichnen oder als die Quintessenz des gesamten Wissens. Wenn man alle direkten und indirekten Quellen nebeneinanderlegt und vergleicht, so kann man feststellen, daß der Weltenbaum über das gesamte Schicksal herrscht (die Nornen, Schicksalsgöttinnen, hausen am Fuß einer seiner Wurzeln), über das gesamte Wissen (der Riese Mímir besitzt auch eine Quelle nahe einer Wurzel des Baumes) und über das gesamte Leben (das beweist schon das lebhafte Treiben aller möglichen Tiere, insbesondere Eichhörnchen und Rotwild im Umkreis des Baumes). Ein Baum symbolisiert in den nördlichen Breiten das Leben in ganz besonderer Weise, vor allem wenn er immergrün ist (manche Quellen sprechen auch von einer Eibe), weil er dem alljährlichen Sterben im Winter trotzt. Wir beginnen also mit den großen Vorfahren, den großen Toten, die zweifellos die ersten „Götter" im altnordischen Pantheon waren, und gelangen zum Kult der großen Naturgewalten und übersehen nicht, daß die Magie sozusagen das normale Klima ist, in der sich diese nordische Welt entwickelt. Heimdallr-Yggdrasil spielt genau dieselbe Rolle wie Miðgarðsomr (die Erde als Horizontale), insofern er die Welt in der Vertikalen zusammenhält. Miðgarðsomr wird auch Jömungandr genannt, das bedeutet wörtlich „Riesenzauberstab". Wir dürfen also die oben begonnene Gleichsetzung fortführen, indem wir schreiben: Heimdallr = Yggdrasil = Miðgarðsormr = Jörmungandr; das ergibt für die Epoche, in der die göttlichen Wesenheiten menschliche Gestalt bekamen und mit individuellen Charakterzügen ausgestattet wurden, eine vollständige Beschreibung der religiösen Vorstellungswelt.

Zum Schluß betrachten wir noch die Götter, die den dritten Aspekt dieses Begriffs von Ordnung und Macht verkörpern, von dem hier die Rede ist. Das sind die

Kräfte der Hervorbringung, der Fruchtbarkeit, und sie stehen in direkter Verbindung mit der Erde, dem Wasser und der Luft, die Vanen also. Die Vorstellungen stammen nachweisbar aus sehr früher Zeit, und die Archetypen sind nicht schwer auszumachen. Da gibt es einmal die rätselhafte Zwittergestalt Fjörgynn, deren Name bedeutet: „begünstigt das Leben"[35], oder auch die altnordischen Zwillinge, oder was dasselbe ist, das androgyne Element, das der skandinavischen Mentalität, insbesondere der schwedischen, eigen ist[36]. Die Vanen sind offensichtlich die Gottheiten, die einer agrarischen Kultur entstammen, und das in direkter Verbindung mit dem Totenkult, also auch der Magie. Sie sind die Götter des Reichtums und der irdischen Güter, der Begierde, des Friedens und der Liebe. Ihnen wurde ein phallischer Kult geweiht, der unter anderem in dem merkwürdigen Quellentext *Völsa þattr*[37] oder durch Steinsetzungen wie bei Rödsten, Östergotland[38], gut bezeugt ist. Es wird niemanden wundern, daß diese Götter zwittergestaltig sind, so etwa Njörðr, der in der nordischen Mythologie männlich ist, aber von Tacitus in der *Germania* als Göttin beschrieben wird, mit dem aufschlußreichen Zusatz *„Nerthus id est Terra Mater"*. Njörðr beschützt die Seefahrt und zugleich den Handel, also alles, was den Wikingern besonders am Herzen liegt. Er ist mit Skaði vermählt; ihr Name allerdings hat eine maskuline grammatische Form (sie könnte auch die Namengeberin für „Skandinavien" sein[38]). Von seiner Schwester-Gemahlin hat er zwei Kinder, die vielleicht auch nur ein einziges Wesen sind und beide das Gegenstück des anderen: die Zwillinge Freyr und Freyja. Sie erfreuten sich großer Beliebtheit, wie man den zahlreichen Ortsnamen und den Sagen entnehmen kann. In Schweden wurde ein

Amulett gefunden, das den Gott Freyr in eindeutig ithyphallischer Darstellung zeigt. Eine wunderschöne Sage, die in den *Skírnisför* der Lieder-Edda in allen Einzelheiten geruhsam ausgebreitet wird, beschreibt die Liebesabenteuer Freyrs mit der schönen Riesin Gerðr (der Name bedeutet „eingehegtes Feld, zum Beackern vorbereitet"), also des Gottes der Frühlingssonne mit der keimenden Erde, die er zwingt, Früchte hervorzubringen. Das symbolische Tier für Freyr ist ein Eber, für Freyja eine Sau, *sýr* (möglicherweise namengebend für Sviar, Schweden). Beide Götter herrschen über das fruchtbare Jahr und den Frieden (*til árs ok friðar*, vgl. oben S. 16). Dasselbe galt für den geweihten König, der ausdrücklich zu diesem Zweck gewählt, aber unnachsichtig geopfert wurde, wenn er dieses Amt vernachlässigte. In anderen mythischen Vorstellungen wird Freyr mit Froði gleichgesetzt, und das könnte die Personifikation des Adjektivs *froðr* sein, das zugleich „weise" und „fruchtbar durch Weisheit" bedeutet. Wenn man außerdem das Wort *freyr* mit der Vorstellung „Herrscher", „Meister" in Verbindung bringen kann, dann darf man es auch zum Begriff „Samen" in Beziehung setzen. Insgesamt ist die Thematik handfest und sehr konkret.

Das trifft eher noch mehr für die Freyja zu, von der ich vermutete, daß sie vielleicht nur der weibliche Aspekt derselben Gottheit sei. Freyja ist Herrin und Geliebte in einem; sie bewegt sich in einem ganz stark sexuell betonten Klima: Ihr Wagen wird von Katzen gezogen; sie besitzt einen wunderbaren Halsschmuck mit Namen Brísingamen, und sie hat tiefe Kenntnisse von der Magie und deren Herrschaft über die Toten. Es gibt zahlreiche Varianten von Freyja, die uns Snorri Sturluson über-

liefert; sie beleuchten interessante Aspekte dieser über-
reichen Persönlichkeit: Als „Hörn" verkörpert sie den
Flachs; „Gefn" oder „Gefjon" heißt sie, weil sie „gibt";
als „Iðunn" hütet sie die Äpfel der ewigen Jugend. Das
Wort für Hausfrau *(husfreyja)* erinnert an sie. Auch eine
Sage soll hier wenigstens erwähnt werden, weil man
unmittelbar an das ägyptische Motiv von Isis und Osiris
erinnert wird: Es heißt, daß sie mit dem Gott Oðr vermählt war; als dieser verschwand, wartete sie auf ihn
und weinte goldene Tränen. Die Parallele Freyr–Óðr
und Frigg–Óðinn ist nicht zu übersehen.

Deshalb reihe ich auch Frigg an dieser Stelle ein,
obwohl sie eigentlich zu den Asen gehört, weil sie
Óðinns Gemahlin ist, aber sie wird häufig mit Freyja
wohl auch wegen des Gleichklangs verwechselt. In
Wirklichkeit wurde in der religiösen Vorstellungskraft
der alten skandinavischen Völker nicht ohne Logik der
archaische Begriff der Großen Göttin oder Muttergöttin,
auch Erdmutter in seine drei Aspekte aufgeteilt: die
Liebende (Freyja), die Gemahlin (Frigg) und der Tod
(Skaði), der seine Kinder wieder aufnimmt, nachdem er
ihnen das Leben gab; oder genauer: in eine Welt, die den
Übergang vom Leben zum Tod nicht als radikale Unterbrechung der Kontinuität sah, sondern einen Zustand
nach ihrer Lebenszeit auf der Erde zuließ. Eine starre
Grenze zwischen dem Reich der Lebenden und der Toten gab es nicht. Daraus darf man allerdings nicht
folgern, den Wikingern sei der Tod gleichgültig gewesen. Das bekannte Wort „ich sterbe lachend", das Ragnarr Loðbrók in seiner Schlangengrube ausgerufen
haben soll, hat schon allzuviel Schreiberfleiß gekostet.
Nein, die Wikinger kannten einfach nicht die strenge
Trennung der Begriffe Leben und Tod, wie wir sie heute

kennen. Sie liebten wahrhaftig das Leben, aber nicht in dem Maße, daß sie den Tod nur unter völlig trostlosen Aspekten sahen. Außerdem ist nicht ganz klar, ob sie genau zwischen dem „Paradies" (oben S. 201) oder zumindest dem Jenseits, nach den Quellen Valhöll genannt, und Hel, der Unterwelt, unterschieden, wo die nach ihr benannte Göttin oder auch Skaði herrschte. Beide Vorstellungen stammen aus sehr alter Zeit, wie die skaldische Dichtung bezeugt. Noch weniger schlüssig ist, daß die Walhalla ausschließlich ein Himmel für Krieger oder Adlige gewesen sein soll. Immerhin bereiten sich die *einherjar* auf den schrecklichen Kampf der Ragnarök vor, und ihr Herrscher Óðinn weiß in seiner göttlichen Voraussicht sehr gut, daß dieser Kampf verloren wird, weil zunächst alles untergehen wird, bevor das Universum wiedersteht – also ein nutzloses Kriegerparadies. So kann man also nicht behaupten, die eine Vorstellung habe mehr spirituellen Gehalt als die andere, wenn man berücksichtigt, welche Denkart dahintersteht.

Jedenfalls dürfte dieser kurze Abriß über die Göttergestalten, an die die Wikinger möglicherweise glaubten, hinreichend beweisen, wie plastisch und vielschichtig die Vorstellung dieses Volkes vom Menschen, vom Leben und von der Welt waren. Von einer „barbarischen" Kultur zu sprechen ist in diesem Zusammenhang völlig abwegig, und gerade dies wollte ich hier demonstrieren.

Der Begriff „Religion" der Wikinger darf wie gesagt nur mit großen Einschränkungen verwendet werden, denn das Wort und die Realitäten, die er umfaßt, stimmen nicht mit unseren christlich geprägten Vorstellungen von Religion überein. Unsere Kenntnisse über den Gegenstand stammen von zwei bedeutenden Mythographen, die allerdings erst zu Anfang des 13. Jahrhunderts, also lange nach der Wikingerepoche schrieben, und das sicher unter dem Einfluß kontinentaleuropäischer Vorbilder, also der Antike und der Bibel. „Religion" heißt im Altnordischen *siðr*, also: Ausübung, Ritual, kultische Handlung, aber eine religiöse Institution, Dogmen, „Glaube" oder gar ein Priesterstand mit Hierarchie und Weihe waren völlig unbekannt. Mit anderen Worten, diese Religion bestand ausschließlich aus bedeutungsvollen Handlungen oder einem Kult, der auf hochgelegenen Plätzen in freier Natur, Hügeln oder Steinanhäufungen, oder in heiligen Hainen, an geweihten Quellen, Wasserfällen oder auf einem Anger, aber nicht in „Tempeln" ausgeübt wurde. Der Skalde Sigvatr Þorðarson bezeugt das in den *Austrfaravísur* unmißverständlich. Für eine Opferhandlung oder irgendein anderes Fest erhob man die *skáli*, den Hauptraum des Wikingerhauses, zum „Tempel", und der Hausherr selbst vollzog die für den Anlaß geforderten Riten. Der Hochsitz des Hausherrn nahm die Stelle eines „Altars" ein. Ebenso kann man nicht mit Sicherheit behaupten, daß es Götterbilder aus Stein oder Holz gab, wie Adam von Bremen behauptet, höchstens plumpe Holzpfähle mit Schnitzereien, von denen einige ausgegraben wurden, aber man darf den skandinavischen Völkern oder den Germanen allgemein nicht etwas zuschreiben, das auf die Kelten oder auch die Slawen zurückgeht. Andererseits verehrten die Wikinger meist aus Metall gefertigte Amulette. Bekannt sind solche Amulette mit Darstellungen von Freyr, Þorr oder Óðinn und durch Erwähnungen in Sagas wie der *Saga von den Anführern des Tals am See* oder aus dem Bericht über den Skalden Einarr Helgason Skálaglamm in der *Saga von den Wikingern von Jómsborg;* der Skalde erhielt vom Jarl Hákon eine Waage zum Geschenk. Dazu gehörten Gewichte, die von selbst in den Waagschalen klingelten, wenn man sie benutzte; daher auch der seltsame Beiname Einarrs: „Klingel-Schale", falls es sich nicht nur um eine volksetymologische Erklärung handelt.

Der „private" Charakter des Kultes bei den Wikingern ist auffällig. Vielleicht weihte jeder einzelne „seinem" Gott einen Kult; er trug stets eine winzige Statuette seines „lieben Freundes" Freyr, Óðinn oder Þórr in seiner Geldbörse, oder er trug eine kleine Kette um den Hals, an der eine der zahlreichen Brakteaten [40] befestigt war; darauf war in Runeninschrift ein Wort von offenbar magischer Bedeutung eingraviert, wie zum Beispiel *alu* (Vorstellung von beschützendem Glückszufall), *laþu* (eine Aufforderung) oder *laukaR* (eigentlich: Zwiebel oder Lauch, beides wurde beim Zaubern verwendet). Diese Bräuche scheinen auf einen persönlichen Kult hinzuweisen.

So haben wir allen Anlaß zu vermuten, daß der Wikinger einen ganz persönlichen Kult einem Gott weihte, den er sich frei ausgewählt hatte. Er rief seinen „lieben Freund" *(kæri winr)* an, wenn die Situation es erforderte, das heißt, wenn er speziell seine Hilfe brauchte, und das nicht in der Form eines Gebets – dieser Brauch ist überhaupt nicht bezeugt –, sondern als Forderung *(biðja* nimmt erst später den Sinn von „Gebet" an). In der Wikingerkultur herrschte das Do-ut-des-Prinzip [41]: Wenn ich dir dies oder das biete, gibst du mir dies oder das dafür. Aus diesem Grund gab es die Brunnen für Opfergaben wie in Budsene, Dänemark, und den sehr bekannten Brauch, die Waffen der Feinde zu zerschlagen und in ein Erdloch zu werfen. Die *Saga von Glumr dem*

*Mörder* beschreibt, wie der Gegner Glumrs ein Rind opfert, um Wiedergutmachung im Prozeß gegen seinen Feind zu erlangen. Der „private" Gott konnte irgendein Ort oder Gegenstand in der freien Natur sein, zum Beispiel ein geweihter Stein wie in der *Kristni saga*; dort verehrt eine ganze Familie diesen Stein, den sie ihren *armaðr*, Schutzgeist, nennt; christliche Missionare mußten später diese heiligen Plätze mit Weihwasser besprengen, um alle Personen des Hausstands zu bekehren. Auch Haine (meist Ebereschen) oder jeder andere abgegrenzte Ort war für diesen Kult geeignet. Dieser Gott mußte günstig gestimmt werden, und dies nicht durch Gebet, sondern eine bedeutungsvolle Handlung. Die Wikinger opferten verschiedene Gegenstände oder Tiere, aber es dürfte eine dichterische Übertreibung sein, wenn Jarl Hákon in der *Saga der Wikinger von Jomsborg* einen seiner Söhne opfern will, um Genugtuung zu erlangen. Dazu kann man auch die kurze Passage im 1. Kapitel der *Saga der Goten* (der Bewohner von Gotland) heranziehen, ein Text, der frühestens im 12. Jahrhundert, also längst unter christlichem Einfluß, niedergeschrieben wurde, – daher auch die offenkundigen Übertreibungen im Hinblick auf angebliche Menschenopfer. Immerhin bestätigt er das bisher Dargelegte:

Vor dieser Zeit [als die Gotländer, also wahrscheinlich die Goten, nach „Griechenland" aufbrachen] und noch lange Zeit danach glaubte man an die *vé* und an geweihte Einhegungen [im Original ein schwer zu deutender Begriff, möglicherweise ein Kreis von Stangen um einen nicht näher erklärten Platz] und an heidnische Götter. Sie opferten ihnen ihre Söhne und ihre Töchter, auch

Vieh und Speisen und Getränke. Und seht, was sie in ihrem falschen Glauben taten: Das ganze Land feierte das größte Opferfest, indem es Menschen opferte. Mitunter beging auch ein Drittel des Landes sein eigenes Opferfest. Die kleinsten *þing* brachten geringere Opfer dar: Vieh, Speisen und Getränke. Man nennt sie Opferbrüder, weil sie alle gemeinsam opferten.

Diese Religion kam nicht anders zum Ausdruck als durch bedeutungsbeladene Handlungen. Über den Begriff *blót*, der meist „Opfer" bedeutet, sind wir recht gut unterrichtet, aber man muß verschiedene Quellen heranziehen, um eine Rekonstruktion zu wagen.[42] Mit einiger Sicherheit kann man sagen, daß es wie folgt vor sich ging: Ein Tier wurde geopfert – Menschenopfer waren in der Wikingerzeit längst vergessen –, und das Blut wurde in einem speziellen Gefäß *(hlautbolli)* aufgefangen; es diente zur Befragung der Wahrsager, und das war zweifellos der Höhepunkt der Feierlichkeiten. Man opferte, um „Neues zu erfahren" *(ganga til fretta)*, das betraf die nächste Jahreszeit, die Ernte, das Schicksal eines oder mehrerer anwesender Personen oder wie ein beunruhigendes Ereignis wie Epidemien oder anderes ausgehen würde.

Im übrigen muß man sich nur anschauen, wie viele Wörter es für den Begriff „Seele" gab. Das widerspricht allen Vermutungen, es hätte sich um ein „primitives" Volk gehandelt. Die Wikinger glaubten an eine „Weltseele" *(hugr)*, die man mit den geeigneten Mitteln zum Eingreifen ermuntern könne. Diese Weltseele konnte Gutes und Böses bewirken.

Die Wikinger bewegten sich ständig in einer schicksalhaften Welt. Sie glaubten an ein Glück *(heill* oder *hamingja*), aber es ist sehr schwierig zu definieren, was sie unter „Glück" verstanden. Vielleicht bestand es einfach darin, mit dem zufrieden zu sein, was das Schicksal dem einzelnen zuteilt, wie es in der 95. Strophe der *Hávamál* heißt:

> *Die Seele allein weiß,*
> *Was nahe dem Herzen ruht,*
> *Er ist allein mit seiner Liebe:*
> *Es gibt keine schlimmere Pein*
> *Für einen braven Mann,*
> *Als mit sich selbst nicht zufrieden zu sein.*

# Kapitel VII

# Geistiges Leben

Eine kurze Betrachtung der Freizeitvergnügungen der Wikinger wird zeigen, wie anspruchsvoll die Interessen dieses Volkes waren; darüber hinaus wird sie das Bild von ihrem Alltag abrunden. Allerdings wird nicht alles, was ich im folgenden beschreibe, in die Rubrik „geistiges Leben" einzuordnen sein, aber der Leser wird rasch feststellen können, daß es das bisher Gesagte bestätigt: Alle Aktivitäten der Wikinger waren mehr oder weniger vom Verstand beherrscht. Wohin man auch blickt, nirgends entdeckt man etwas Primitives, Wildes oder Barbarisches in ihrem Leben; wir haben es mit einer hochentwickelten Kultur zu tun.

Der Einfachheit halber unterscheide ich zunächst zwischen den Aktivitäten unter freiem Himmel und den häuslichen Betätigungen.

## Unter freiem Himmel

Daß die Wikinger große „Sportler" waren – wie wir sie heute nennen würden –, liegt auf der Hand: In diesen nördlichen Breiten war das Leben rauh und erforderte einen gewaltigen Energieaufwand. Wie Montesquieu sagen würde: Die Kälte disponierte zu körperlicher Bewegung. Als Männer der Tat liebten sie insbesondere die Werte der Aktivität – in ihrer Ethik wie in ihrer Religion, und so ist es nicht verwunderlich, daß sie für einige Leistungen, die unter freiem Himmel vollbracht wurden, eine besondere Vorliebe bekundeten. Die Dichter der Sagas bewunderten deshalb auch Könige, Helden und *bœndr*, die unter anderem bedeutende Sportler waren, wie etwa Ólafr Tryggvason, Haraldr der Harte oder der sonst unbekannte überragende Skiläufer Hemingr, der allein wegen seiner läuferischen Leistung in einem *Þattr**\* verewigt wurde[1]. Zwei Sagas aus der Gruppe der Isländersagas sind einem berühmten Geächteten gewidmet, dem es gelang, eine beachtlich lange Zeit in den Wäldern zu überleben. Diese Menschen waren nicht deshalb so bekannt, weil sie zuvor lange Zeit die Gesetze mißachtet hatten, sondern wegen der unerhörten körperlichen Leistung, die Ächtung lebend zu überstehen (*Saga von Gisli Sursson* und *Saga von Grettir*). Genauso begeistert sich noch der Dichter der *Saga von Þordr Kakali* aus dem 13. Jahrhundert über eine Heldentat, die ein Ritt quer durch eine Region im Westen Islands mitten im Winter bedeutete.

Wenn es das Wetter und eine gewisse jahreszeitlich bedingte Arbeitsruhe zuließen, wurden mit Vorliebe folgende Sportarten betrieben: Skilaufen, Schlittschuhlaufen, Ringkampf, Schwimmen und Bogenschießen.

Das Laufen auf Schneebrettern war möglicherweise eine Erfindung der Samen – jedenfalls zeigen das schon die bronzezeitlichen Felszeichnungen. Außer dem Schlitten waren Skier für mehrere Monate das einzige Fortbewegungsmittel in diesem Land. Dasselbe gilt für die Schlittschuhe auf den zugefrorenen Seen. Bezeichnenderweise wird die mächtige Göttin Skaði „Dise auf Schneereifen" genannt, und der rätselhafte Gott Hœnir hat seinen Beinamen „Langfuß" als Gott der Skier erhalten. Die Archäologen haben zahlreiche Schlittschuhe aus Horn oder Metall ausgegraben; das beweist, wie verbreitet diese Sportart war.

Auch die seltsame Variante des Ringkampfs *(glíma)* bei den Wikingern soll hier kurz erwähnt werden. Oberschenkel, Taille und Schultern wurden mit Lederriemen umwickelt; die Kombattanten mußten diese Lederriemen zu fassen bekommen und versuchen, den anderen damit zu Boden zu werfen. Das ging natürlich nicht ohne gehörige Roheiten ab, schien aber allgemein sehr beliebt zu sein. Dieser Ringkampf hatte gewisse Ähnlichkeiten mit dem Duell *(hólmganga)*, das aber weder Sport noch Vergnügen war. Nach dem Namen *(hólmr)* zu schließen, wurde es wohl ursprünglich in den vier Wänden ausgetragen, zur Wikingerzeit offenbar nicht mehr ausschließlich. Auch hier müssen wir uns von bestimmten Klischees trennen und unsere Musketiere vergessen. Die Kampfgegner standen auf einer am Boden ausgebreiteten Rinderhaut; kein Schritt darüber hinaus war erlaubt, und man kann sich das böse Gerangel so vorstellen: Die Waffen zu gebrauchen war unter diesen Bedingungen äußerst schwierig. So hat Egill, Sohn Grimrs des Kahlen, der seine Waffen einfach nicht in Anschlag bringen konnte, seinen Gegner um die Mitte gepackt und ihm in den Adamsapfel gebissen! Immerhin galt wohl das Duell auch als eine Form des Gottesurteils; seine Bedeutung als Rechtsmittel ist in den Quellen überliefert. Andererseits darf der sportliche Aspekt auch nicht übersehen werden.

Über das Schwimmen sind wir besser unterrichtet: Die Wikinger waren hervorragende Schwimmer und prahlten auch damit. Grettir der Geächtete bedeckte sich mit Ruhm, weil er auf offenem Meer eine beträchtliche Strecke schwamm. Es gab auch einen Kampfsport im Schwimmen, der erlauchte Vorbilder hatte. Nach einer ausgesprochen obskuren Sage haben Heimdallr und Loki ihre Kräfte wie folgt gemessen: Man mußte seinen Gegner unter die Wasseroberfläche ziehen und ihn so lange wie möglich dort festhalten. Sogar Könige haben diese Praxis skrupellos verfolgt.

Das Bogenschießen war so angesehen wie sein berühmtes Vorbild Gunnarr von Hliðarendi in der *Njállssaga*. Die Jagd gehörte ja zu den wichtigsten Ressourcen für Dänen, Schweden und Norweger. Den Jagdspieß kannten sie zwar auch, aber der Bogen wurde häufiger verwendet. Ein guter Jäger, Bogenschütze und Skiläufer zu sein gehörte zu den erstrebenswertesten Qualitäten eines Mannes, wie uns die Sage von Hemingr, Sohn Aslakrs, hinreichend beweist; sie liefert außerdem die früheste Version einer Legende, die später mit Wilhelm Tell wieder auftaucht.

Dies sind im wesentlichen die sportlichen Aktivitäten unter freiem Himmel, soweit sie uns aus den Quellen bekannt sind. Aber auch andere körperliche Übungen waren beliebt; auf der Reise Þorrs zu Loki der Äußeren Regionen, wie sie von Snorri Sturluson in der Prosa-Edda beschrieben wird, schlägt einer der Begleiter einen Wettlauf vor. Gunnar von Hliðarendi, der treffliche Bogenschütze, konnte so weit springen, wie sein Körper groß war, und das nicht nur vorwärts, sondern auch rückwärts!

Auch bestimmte Leistungen auf dem Gebiet der Navigation galten zweifellos als Heldentaten; die Sagen

um die Landung in Vinland werden in den drei Quellentexten[2], die davon berichten, vor allem in diesem Sinne
dargestellt. Warum eine sonst relativ unbekannte Persönlichkeit den Namen Hlymreksfari (Limerick-Fahrer)
erhielt, bleibt unklar; schon einsichtiger ist der Ehrentitel
Jórsalafari (Jerusalem-Fahrer) für einen norwegischen
König. Aber Limerick? Die Stadt war ja eine Gründung
der Norweger. Die Erklärung mag darin liegen, daß wir
nicht wissen, zu welchen Heldentaten dieser unbekannte Seefahrer fähig war. Weiter unten wird noch von
einem bedeutenden Mann die Rede sein, der sich rühmt,
die Ruder wunderbar zu führen. Andererseits ist gar
nicht zu leugnen, daß die Orientierung auf See ganz
außergewöhnliche Kenntnisse und Fähigkeiten erforderte. Auch wenn man wie ich die Wikinger entmystifiziert
und alle falschen Vorstellungen aus den letzten tausend
Jahren auszuräumen versucht: Eins steht außer Zweifel,
daß sie hervorragende Seefahrer waren und daß ihnen
allein für diese Kunst Ruhm und Ehre zukommt. Alle
Fachleute, die in der Neuzeit versuchten, auf Wikinger-
schiffen, zum Beispiel dem *knörr*, die langen Seefahrten
zu meistern – dies geschieht in regelmäßigen Abständen
seit mehr als hundert Jahren –, waren nicht nur über die
hervorragenden Eigenschaften des Schiffs, sondern auch
über das unglaubliche nautische Gespür der Wikinger
begeistert.

Aber das beliebteste Freizeitvergnügen und seit alters
die wahre sportliche Leidenschaft der Wikinger waren
die Pferde und insbesondere die Wettkämpfe zu Pferde
(*hestaat*, *hestavíg*). Allerdings konnte im Eifer des Ge-
fechts und weil sie auf keinen Fall Verlierer sein wollten,
der Knüppel, mit dem sie die Tiere antrieben, auch häufig in den Rippen des gegnerischen Reiters landen. Auf

dem gravierten Stein von Häggeby (Schweden, vermutlich 6. Jahrhundert) genauso wie später in den gesammelten Texten der *Sturlunga saga* ist kein Thema beliebter als lange Diskussionen über Pferdekämpfe. Dabei handelte es sich offenbar um besonders dressierte Tiere, die man gegeneinander antreten ließ. Sie mußten sich gegenseitig beißen, bis eins von ihnen zu Boden ging, und beide wurden von einem Mann mit einem Knüppel aufrechtgehalten und angetrieben. Wetten waren zugelassen, und die Teilnehmer sprachen über ihre Kampfpferde in Begriffen, die auch einem modernen Autorennen alle Ehre gemacht hätten. Da dieser Pferdekampf in Kulturen indoeuropäischen Ursprungs eine bedeutende Rolle spielte, könnte er anfangs auch religiösen oder rituellen Charakter gehabt haben, wovon irgend etwas im kollektiven Unbewußten bis zur Wikingerepoche haften geblieben sein mag. Ganz abgesehen von solchen Wettkämpfen ist mir kein altnordischer Text bekannt, der nicht bei jeder sich bietenden Gelegenheit eine liebevolle Beschreibung von einem schönen Pferd einfließen läßt.

Über „Mannschaftssport" gibt es nicht so viel zu sagen. Ein Spiel mit Ball und Schlagholz *(knattleikr)* war bekannt, wohl eine Art Vorläufer von Baseball oder Kricket. Der Ball, eigentlich eine Kugel aus feinem Haar mit Lederüberzug, wurde den Spielern einer Mannschaft zugeworfen, und die gegnerische Mannschaft versuchte, ihr den Ball abzunehmen. Auch dieses Spiel muß ziemlich gewalttätig abgelaufen sein, wobei die Fairneß auf der Strecke blieb. Langstrecken- oder Schnellauf auf Skiern oder Schlittschuhen sind in den Quellen bezeugt; es scheint auch ein Spiel auf abgestecktem Feld gegeben zu haben, aber soweit ich weiß, war es nicht allgemein üblich. Damals wie heute war das Wandern zu einem festgesetzten Ziel sehr beliebt, und das wohl auch zum reinen Vergnügen; jedenfalls wird noch in den Sagas sehr häufig berichtet, wie einer zu Fuß beträchtliche Entfernungen überwindet.

## Geistige Zerstreuungen

Erwartungsgemäß werde ich bei diesem Thema viel ausführlicher berichten; immer wieder ist man überrascht, wie vielfältig und zahlreich die Tätigkeiten waren, die sich den Wikingern boten. Am besten beginnt man mit der Strophe, die Rögnvaldr Kali (1135–1158), ein Jarl von den Orkneyinseln, vortrug. Darin rühmt er sich aller geistigen und körperlichen „Übungen", die er beherrschte:

> *Neun* Künste sind mit vertraut –
> *Brettspiele* beherrsche ich gut,
> Bei den *Runen* irre ich mich selten;
> *Lesen* kann ich, *Eisen oder Holz* bearbeiten,
> Über das Land mit *Skiern* gleiten,
> Den *Bogen* spannen, *rudern* nach Herzenslust,
> Meinen Geist in beiden Künsten üben:
> den *Lai* dichten und die *Harfe* spielen.

Spezielle Schlüsse über die Reihenfolge und Anordnung der Künste bieten sich wohl nicht an; man gewinnt nur unmittelbar den Eindruck, daß die Zerstreuungen des Jarls sehr ausgewogen waren.

Zunächst die Brettspiele (*tafl*, offensichtlich von lateinisch *tabula* abgeleitet): Das altnordische Wort ist mehrdeutig und muß nicht immer derselben Realität entsprochen haben. Genaueres wissen wir über *hneftafl*; ein Spielbrett war in Felder eingeteilt, jedes Feld hatte ein Loch, in dem die Spielfiguren Halt fanden. Nach den Anspielungen in den „Rätseln von Gestumblindi" in der *Saga von Hervör und König Heidrekr* hat es sich wohl um eine Art „Fuchs und Lämmer" gehandelt; eine bestimmte Anzahl von Spielsteinen schützten einen „König". Bei Limerick hat man ein solches Brettspiel gefunden; die dekorativen Muster, die um den Rahmen herumlaufen, lassen auf die Herkunft von der Ile of Man schließen. Auch ein Runenstein aus Ockelbo (Schweden) zeigt neben anderen Motiven zwei Männer, die in ein Brettspiel vertieft sind. Das Schachspiel kam wohl erst im 11. Jahrhundert in Europa auf; ob die Wikinger als große Weltreisende mit ihren Kontakten zum arabischen Kulturkreis, insbesondere auf der Ostroute, das Schachspiel schon kennengelernt hatten, bleibt ungewiß. Immerhin wurden vor allem in England einige Spielfiguren aus Elfenbein oder Horn entdeckt, die vermuten lassen, daß dieses Spiel den Skandinaviern nicht ganz unbekannt war. Andererseits steht fest, daß die Wikinger gern mit Würfeln spielten. Das „Auslosen" fügt sich auch sehr gut in ihre Rechtsprechungspraktiken ein und entspricht genau ihrer wohlbekannten Auffassung vom Walten des Schicksals. Würfel *(tenningar)* werden in den Quellentexten häufig erwähnt. Der Brauch deckt sich auch mit der Art, wie sie Lose zogen oder ihre Wahrsager um eine Deutung der Lage von Stäbchen befragten, die auf den Boden geworfen wurden. Schon Tacitus erwähnt sie in seiner *Germania*. Spiele dieser Art waren also bei den Völkern Skandinaviens schon lange sehr beliebt. Ganz allgemein hat jede Herausforderung des Schicksals, wel-

cher Natur sie auch sein mochte, die Wikinger gereizt. –
Um noch einmal auf die Brettspiele zurückzukommen:
Die erstaunlich große Zahl der aufgefundenen Spiel-
figuren beweist, wie beliebt diese Spiele waren; über die
Art und die Spielregeln im einzelnen ist wenig bekannt.

Rögnvaldr erwähnt im nächsten Vers die Runen. Das
ist ein weites Feld und bedürfte ausgedehnter Erklärungen. An dieser Stelle beschränke ich mich aber auf
einen kurzen Überblick[3]. Aus verschiedenen, nicht immer ganz durchsichtigen Gründen haben die Runen fast
seit ihrem Auftauchen ausgedehnte Untersuchungen
ausgelöst, deren geradezu obligate Eigenschaft die
Phantasie ist. Beschränken wir uns hier auf die For-
schungsergebnisse und einige unerläßliche Erläuterungen. Die Runen tauchten um das Jahr 200 auf. Die Frage
ihrer Ursprünge war Gegenstand gelehrter Debatten, die
heute abgeschlossen sind. Die Runen sind von nordita-
lienischen Schriften abgeleitet, also von Varianten der
klassischen lateinischen Schrift. Die Regionen, wo diese
Schriften praktiziert wurden, waren zahlreichen germanischen Stämmen vertraut, und diese haben sie auch
verbreitet. Sie tauchten in bemerkenswerter Einheitlichkeit im gesamten geographischen Bereich der germanischen Expansion auf und waren ursprünglich keine
skandinavische Spezialität. Die Runen bestanden zunächst in der Art eines „Alphabets" aus 24 Zeichen, dem
*fuþark*, nach den ersten sechs Runen so genannt. Üblicherweise wurden sie in drei Gruppen zu je acht Zeichen
(*ættir*) aufgeteilt[4]. Diese Zeichen wurden mit einem spitzen Gegenstand (Stilett, Messer, Handbeil) in ein immer
hartes Material (Holz, Stein, Leder, Metall) eingeritzt.
Die Runen sind also eine ausschließlich epigraphische
(für Inschriften verwendete) Schrift. Ausgedehnte Texte

in Runenschrift sind unbekannt. Lange Zeit haben sich die Gelehrten gestritten – und streiten sich immer noch, weil fachfremde Gefühle im Spiel sind –, welcher Natur die Runen sind. Ich folge hier L. Musset, so wie dieser sich wiederum an A. Baeksted[5] hält, daß die Runen keine magischen Zeichen sind, sondern eine Schrift wie jede andere, die genauso gut banalen Zwecken wie magischen Intentionen dienen kann. Das sprachwissenschaftliche Urteil ist allerdings eindeutig: Nach der Lautlehre genügen die 24 Zeichen allen Bedürfnissen des Protoskandinavischen, und kein einziges ist überflüssig.

Zum Begriff „protoskandinavisch" sei ein kleiner Exkurs über die Sprache der Wikinger erlaubt. Sie gehört wie gesagt zur Familie der germanischen Sprachen, und diese wiederum sind ein Zweig des Indoeuropäischen. Dazu gehören zum Beispiel auch die romanischen Sprachen, und deshalb dürfen wir annehmen, daß wir alle an demselben Erbe teilhaben. Kurz vor der Zeitenwende hat sich das Germanische noch einmal aufgeteilt in eine östliche (Gotisch), eine westliche (woraus sich allmählich Englisch, Deutsch und Niederländisch herausbildeten) und eine nördliche Unterfamilie (aus dieser entwickelten sich das moderne Dänisch, Schwedisch, Norwegisch und Isländisch). Erst allmählich tauchte eine Frühform dieser nördlichen Unterfamilie auf, die man Protoskandinavisch genannt hat (schwedisch *urnordisk*). Daraus entwickelten sich ein östlicher Zweig, aus dem später Dänisch und Schwedisch entstanden, und ein östlicher Zweig, woraus das Norwegische, Faröische (eine ganz selbständige Sprache) und das Isländische hervorgingen.

Sämtlichen Idiomen sind bestimmte Charakteristika der germanischen Sprache gemeinsam: Sie kennen einen Akzent auf der ersten Wortsilbe; sie haben eine sogenannte erste Lautverschiebung durchgemacht, das heißt, die Konsonanten p, t, k, b, d, g erfuhren gewisse Veränderungen im Lauf der Zeit, je nach ihrem Platz innerhalb des Wortes im Hinblick auf den Akzent[6]. Die germanischen Sprachen haben eine sogenannte „schwache" Deklination des Adjektivs (in attributer Stellung und ohne bestimmten Artikel): ein guter Mann, *goðr maðr*; der gute Mann, *hinn goði maðrinn*[7]. Außerdem haben sie eine „schwache" Konjugation der Verben; einige Verben allerdings zeigen, wie es im Indoeuropäischen offenbar der Normalfall war, den Übergang zum Präteritum und Partizip Perfekt durch eine Änderung des Stammvokals an: *skotja*, (den Bogen) spannen, Präsens *skyt*, Präteritum Sing. *skaut*, plur. *skutum*, Partizip Perfekt *skotinn*, also ein „starkes" Verb. Die anderen Verben bilden die Präteritumform mit einer Endung, die einen Dental enthält. Ein Vergleich mit dem Englischen: *see, saw, seen* steht gegen *call, called, called*; so das altnordische Verb *kalla*, rufen; Präteritum *kallaða*, Partizip Perfekt *kallaðr*. Die Entwicklung dieser Sprachen nahm während des Mittelalters ihren Fortgang, und allmählich kam sie auf dem Stand der heutigen modernen Sprachen zum Stillstand. Aber ein sehr bedeutsamer und einzigartiger Umstand bewirkte, daß das Altisländische erstarrte und seit dem 13. Jahrhundert bis auf den heutigen Tag in seiner damaligen Form erhalten blieb. Geographische und historische Gründe waren dafür maßgebend, daß dieses Idiom mit Ausnahme der Aussprache seit 1000 Jahren unverändert besteht.

Das bedeutet: Die Isländer sprechen heute noch die Sprache der Wikinger, die damals etwa wie folgt ausgesprochen wurde (wir unterscheiden zwischen kurzen und langen Vokalen; diese werden durch einen Akzent kenntlich gemacht):

| | | | |
|---|---|---|---|
| a | wie „haften" | á | wie „Mahl" |
| e | wie „heften" | é | wie „Mehl" |
| i | wie „Bild" | í | wie „bieten" |
| o | wie „Holz" | ó | wie „holen" |
| u | wie „kurz" | ú | wie „Fuß" |
| y | wie „füllen" | ý | wie „fühlen" |
| æ | wie „ähnlich" | | |
| ö, œ | wie „öfter" | œ, ø | wie „gehören" |

Bei den Konsonanten entspricht das Zeichen Þ dem stimmlosen englischen th wie *thick* und ð dem stimmhaften th wie *the*, f wird wie das deutsche f am Wortanfang und in Verbindung mit hartem Laut wie t ausgesprochen, aber sonst wie v in „Vase"; g ist stets guttural, vor i und j allerdings wird es erweicht wie im französischen *payer*; h wird immer ausgesprochen, und s ist immer stimmlos wie in „Kasse". Die Veränderungen in der Aussprache des modernen Isländisch betreffen die langen Vokale: zum Beispiel klingt á heute wie ao, é wie ié.

Die Grammatik dieser Sprache ist sehr weit entwickelt bei der Deklination von Substantiven, Adjektiven und Adverbien; außerdem gibt es verschiedene Klassen von Konjugationen sowohl bei starken als auch bei schwachen Verben, und die Syntax ist so schwierig, daß sie bis heute alle Sprachwissenschaftler abgeschreckt hat, eine erschöpfende Untersuchung darüber vorzulegen. Das Isländische ist eine Sprache vom synthetischen Typ; sie liebt doppeldeutige Wendungen und hintergründige Anspielungen, deren Wortschatz von sehr verschwommenem semantischen Gehalt auf der abstrakten, jedoch ungeheuer präzise auf der dinglichen Ebene ist. Der Satzbau folgt keiner starren Regel; es besteht weitgehende Freiheit in der Anordnung der Wörter und Satzteile; er läßt meisterhafte Kompositionen zu, die wir weiter unten im Zusammenhang mit der skaldischen Dichtung näher kennenlernen werden. Wie alle hochentwickelten Sprachen erlaubt das Isländische eine vollständige Verschmelzung mit dem Sprecher auf geistiger Ebene. Als Vermittler von Kultur ist es mit anderen großen Sprachen zu vergleichen, die aus dem Indoeuropäischen hervorgegangen sind. Ganz einzigartig ist allerdings beim Isländischen, daß es nahezu unverändert mindestens 1000 Jahre erhalten blieb.

Doch zurück zu den Runen: Was die Formulierungen dieser Inschriften betrifft, so versteht es sich von selbst, daß sie oft mehr oder weniger kryptisch wirken, denn die Kenntnis dieser Zeichen war in erster Linie einer kleinen Elite vorbehalten[8], im ganzen gesehen aber ist ihr Inhalt eher enttäuschend: Markierungen von Grundbesitz, Gedenktafeln und anderes mehr. So darf man die Erklärungen „von allerhöchster Stelle" in den *Hávamál* der Lieder-Edda nicht allzu wörtlich nehmen (der Text ist viel zu stark zusammengestückelt und vollgestopft von verschiedenen Einflüssen, als daß man ihm trauen könnte, vor allem in den mehr oder weniger obskuren Passagen). Da erklärt uns Óðinn, wie er durch rituelles Erhängen in den Besitz der allerhöchsten Weisheit gelangte, und da gibt er einen Katalog von Handlungsanweisungen, wie man zum guten Kenner der Runen wird. Zuverlässiger erscheint mir die Mitteilung aus der *Rigsþula* aus derselben Sammlung, die ich schon in anderem Zusammenhang vorgeführt habe, daß die

Kenntnis der Runen eindeutig nur dem Adel vorbehalten war.

Zu Beginn der Wikingerzeit geschah etwas Merkwür-
diges und Aufregendes: Das Alphabet der 24 Zeichen
wurde mit einem Schlag in ganz Skandinavien drastisch
vereinfacht. Die übrige Germania war viel früher christianisiert worden und hatte seitdem unmittelbare Kontakte mit dem lateinischen Sprachkreis, von dem sie
auch die lateinische Schrift übernahm. So ging also der
europäische Norden zu einem Runenalphabet von 16
Zeichen über, und das zur gleichen Zeit, als der Laut-
bestand des Altnordischen wegen bestimmter Phäno-
mene wie der Metaphonie durch mehrere neue Phoneme
bereichert wurde. Es wäre also eher notwendig gewesen,
das alte Alphabet aufzustocken, als es um ein Drittel zu
verkürzen.

Altes *fuþark*:

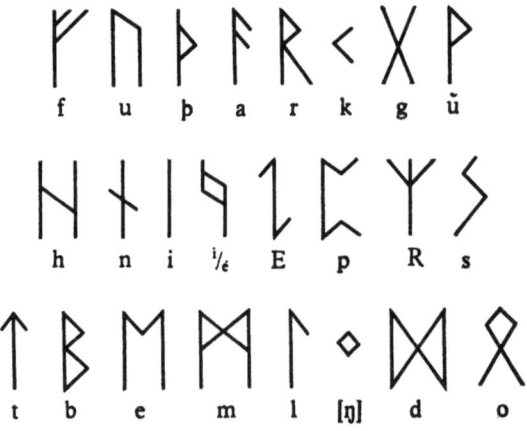

278

Neues *fuþark* in der sogenannten dänischen (der häufigsten) Version:

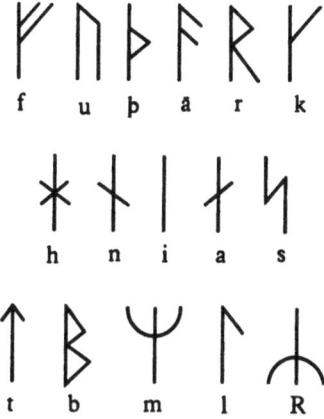

Die Diskussionen über die Gründe für diesen Vorgang sind noch nicht abgeschlossen, aber ich halte es im Sinne meiner bisher vorgetragenen Theorie[9] für wahrscheinlich, daß die Wikinger als Kaufleute (und nur Gelegenheitsräuber) den Wunsch nach einer Art Kurzschrift verspürten, um mit ihren prospektiven „Kunden" und „Lieferanten" zu korrespondieren. Dafür spricht vor allem, daß in diesem neuen Alphabet lautliche Gegensatzpaare zusammengeführt werden (k mit g; p mit b; t mit d) und nun mit demselben Zeichen geschrieben werden; dasselbe geschieht mit verwandten Vokalen (e mit i; o mit u, usw.). Allerdings hat sich bis jetzt kein einziger Satz in Runenschrift mit kaufmännischem Inhalt gefunden, der diese Theorie stützen könnte.

Doch über die religiösen Bräuche der Wikinger verraten diese Inschriften mitunter einiges. Þórr und Sigurðr der Drachentöter werden beschworen, und andere berichten ausdrücklich über magische Riten; so hat in

Urnes, Norwegen, ein christlicher Priester unter dem Fußboden der Kirche ein Brettchen versteckt mit der Inschrift: „Árni der Priester will Inga besitzen." In Gørlev (Dänemark) endet eine Inschrift zum Gedenken an einen gewissen Óðinskar mit dem Wunsch: „Erfreue dich deines Grabes!" Das soll heißen: Sei glücklich in deinem neues Zustand des Todes, und komm nicht zurück, um in der Welt der Lebenden zu spuken – also eine Beschwörungsformel. In einer anderen Inschrift wieder preist die Familie den Dahingeschiedenen: „Es gibt wenige auf der Welt, die besser waren als er." (Tryggevaelde, Dänemark). Sehr ungewöhnlich, aber um so anrührender lautet ein Text: „und Gyriðr liebte ihren Gatten sehr. Deshalb soll ein Klagelied sein Andenken bewahren" (Bällsta, Schweden). Und umgekehrt eine Inschrift in Fläckebo, Schweden: Der *bondi* Holmgautr hat für seine Ehefrau Oðindís einen Stein aufgerichtet: „In Hassmyra wird es keine bessere Hausherrin geben, die Sorge trägt für den Hof." – Außerdem lesen wir Einzelheiten aus der Gesetzgebung und der Verwaltung, Besitzdokumente wie Festsetzung von Grundbesitzgrenzen; hierher gehört auch das Rechtsdokument von der komplizierten Erbschaft einer Frau, die zweimal verheiratet war (oben S. 193). In Sandsjö, Schweden, liest man: „Arnvarðr hat diesen Stein aufrichten lassen für Häggi, seinen Vater, und Häri, dessen Vater, und Karl, dessen Vater, und Häri, dessen Vater, und Þegn, dessen Vater, also für fünf Vorfahren väterlicherseits." – Zu den zahlreichen Fähigkeiten eines *bondi*, die man den verschiedenen Inschriften entnehmen kann, gehört die folgende auf einem Stein in Stenkumla, Gotland, für einen Unbekannten (die Schrift ist beschädigt): „der damit beschäftigt war, Felle im Süden zu verkaufen."

Jarla Banki aber hat den Vogel abgeschossen: Er lebte allerdings schon nach dem Ende der Wikingerepoche in Täby (Schweden, nahe Uppsala), und zu seinem Gedächtnis wurden nicht weniger als 16 Steine aufgerichtet mit einigen maßlosen Lobhudeleien: Es besaß einen ganzen Distrikt, vollbrachte gute Taten (das verrät die Christianisierung); er hat einen Platz für das Þing festgelegt, und er litt nicht an übermäßiger Bescheidenheit: „Er ließ diesen Stein schon zu Lebzeiten aufrichten zu seinem eigenen Andenken sowie zur Erinnerung an die Festlegung des Þing, und er besaß einen ganzen Distrikt für sich allein."

Wir besitzen also eine eindrucksvolle Sammlung von Runeninschriften, vor allem auf Stein, mit nahezu sämtlichen denkbaren Inhalten, in lakonischen Formulierungen, und hauptsächlich Gedenkinschriften für einen Toten. Sie sind sorgfältig untersucht worden[10], und ich werde hier etwas genauer darauf eingehen, vor allem weil diese Inschriften nach unserer Kenntnis die einzige schriftliche Hinterlassenschaft der Wikinger sind.

Eine gut ausgeführte Runeninschrift hat an sich schon beachtlichen künstlerischen Wert, zumal die meisten entweder in Form einer Schlange, die sich in den Schwanz beißt oder auch um dekorative oder gemalte Motive herum geschrieben sind. So gibt es Meisterwerke wie etwa die Inschrift von Ramsundsberget, auf der die wichtigste Episode aus dem Heldenzyklus von Sigurðr (wie er gerade den Drachen tötet) dargestellt ist, oder der Stein von Altuna (Uppland, Schweden), auf dem man unter anderen Motiven Þórr erkennt, wie er die große Midgardschlange aus dem Wasser holt. Ursprünglich waren diese Inschriften wohl bemalt oder mit Ocker und Ruß eingefärbt, was ihnen zweifellos ein schönes Aussehen gab. Die Runen im neuen *fuþark* sind exakt dieselben, die bei den Wikingern bekannt und geläufig waren. Nicht jeder konnte sie gravieren, lesen und deuten; deshalb ist es auch verständlich, daß der Jarl Rögnvaldr sich dieser Fähigkeiten rühmt. Es steht sogar fest, daß es so etwas wie „Schulen" für Runenschreiber gab, die leicht wiederzuerkennen waren. Sehr häufig gibt sich der Graveur am Ende einer Inschrift stolz zu erkennen. Ein Runenstein in Maeshowe auf den Orkneyinseln trägt folgende Bemerkung: „Diese Runen hat der erfahrenste Runenkenner auf den Britischen Inseln eingraviert." Wie gesagt, die Runeninschriften sind das einzige authentische Zeugnis der Wikinger. Eine umfassende Studie steht noch aus; S.F.B. Jansson hat sich auf die Runeninschriften in Schweden beschränkt. Dort findet man dann auch die Inschriften, die von Schlachten oder anderen Kriegstaten berichten – allerdings häufiger von Auseinandersetzungen zwischen Skandinaviern als mit einem äußeren Feind. Einen aufschlußreichen technischen Wortschatz entdeckt man in Tuna (Schweden), wo an einen gewissen Özurr erinnert wird: *„er var skipari Haralds konungs"*. – Vielleicht handelt es sich um Harald den Harten, aber der Begriff *skipari* ist wichtig; war dieser Özurr „Kapitän" eines Schiffes? Auch kostbare Informationen über die Fahrtrouten und Expeditionen der Wikinger – insbesondere über die West- und die Ostroute – erhalten wir etwa auf dem Hólmsteinn (Stein aus Tystberga, Schweden):

*Hann hafði vestarla / um vaRit laengi / Dou austarla / með Ingvari*

Lange Zeit war er im Westen gewesen. Sie starben im Osten zusammen mit Ingvarr.

Auf dem Stein in Sjonhem (Gotland) ist die Rede von Lettland; der Unbekannte, dem die Inschrift gewidmet ist, *„varð dauðr á vitan"*, ging nach Ventspils (deutsch: Windau) an der Küste Lettlands. – In Nävelsjö (Schweden) erinnert Gunkell an seinen Vater Gunnarr, den sein Bruder Helgi *„lagði i steinþró á Englandi í Baðam"*, in einen Sarkophag aus Stein legte, in England, in Bath. Auf dem Gedenkstein für Spjallbudi in Sjusta (Uppland) heißt es: *„hann varð dauðr í Hólmgarði í Óláfs kirkiu"*, er starb in Nowgorod in der Kirche des (hl.) Olaf.

Gerade den Inschriften entnehmen wir auch aufschlußreiche Einzelheiten über die religiöse Mentalität der Wikinger. An der Kirche von Borgund (Norwegen) hat man folgende Mitteilung entdeckt: „Þorir hat diese Runen am Namenstag des hl. Olaf geschrieben, als er hier vorüberging." Das war also der 29. Juli, und die Inschrift stammt aus christlicher Zeit, aber doch schon kurz nach dem Jahr 1000. – *Nornir vel ok illa mikla maðu, skakaðu Þær mér* (Die Nornen teilen Gutes und Böses aus; mir haben sie großen Schaden zugefügt.) Auch aufregende Entdeckungen gibt es, so etwa wenn in den *Sigrdri* der Lieder-Edda die verschiedenen Arten von Runen aufgezählt werden, solche, die den Sieg bringen, andere, die Krankheiten heilen oder die Gärung des Bieres fördern, und vieles andere mehr. In Bergen wurde vor einiger Zeit ein Pfahl gefunden mit der Aufschrift: *„rist ek bó trúnar, rist ek bjargrúnar, einfalt við álfum, tvífalt við tröllum, þrífalt við þursum"* (ich schreibe die Runen, damit sie heilen, ich schreibe die Runen, damit sie (vor Gefahren) retten, einmal für die Alfen, ein zweites Mal für die Trolle, ein drittes Mal für die Þurs (Trolle sind urzeitliche Riesen oder Ungeheuer, die Þurs eine andere Kategorie von Ungeheuern).

Auch interessante kulturelle Details sind zu finden, so in der Inschrift von Alum (Dänemark): „Vigot hat diesen Stein für Asgi, seinen Sohn, errichtet. Gott sei seiner Seele gnädig. Þýri, Vigots Frau, hat diesen Stein für Þorbjörn, Sohn von Sibbi, seinen Vetter, errichtet, den sie mehr liebte als einen eigenen Sohn."

Eine Inschrift zum Thema Wahl der Rufnamen aus Järosö (Schweden): „Unnulfr und Fjölvar haben diesen Stein errichtet für Djuri, ihren Vater, Sohn des Hreiðulfr, und für ihre Mutter, Hornlaug, Tochter des Fjölvar von Viksta." Unnúlfr ist also der Enkel des Hreidúlfr, und Fjölvar trägt den Namen seines Großvaters mütterlicherseits.

Die Inschrift aus Alstad in Ringerike (Norwegen) erwähnt wörtlich den *brúðferð* oder *bruðför* oder einfach *brúðlaup* als Teil der Hochzeitsbräuche: „Jörunn hat diesen Stein für Öl-Árni errichtet, der ihre Hand bei der Hochzeit nahm und sie mit sich führte nach Vé, bis nach Ölvestad."

Über *óðal*, das unteilbare Erbe, oder das Äquivalent *ættarfé*, Besitz der Familie, liest man auf einem Stein in Nora (Uppland): Ein gewisser Björn errichtet einen Stein für seinen Bruder Óleifr, der „verraten wurde in Finnheden" (der Sinn der Formel ist unklar); *„Er þessi byr þeira óðal ok ættarfé"* (Dieser Hof ist ihr unteilbares Erbe und ihr Familienbesitz).

Was die für heutige Leser ermüdende Aufzählung von Ahnenreihen, auch in den Sagas, angeht, so lese man das steinerne Rechtsdokument von Malsta im Hälsingland (Schweden): „Frömundr errichtete diesen Stein zum Gedenken an Gylfi den Mächtigen, Sohn des Bresi. Und Bresi war der Sohn von Líni, und Líni Sohn des Aun, und Aun Sohn von Ófeigr und Ófeigr Sohn von Þorir.

Gróa war die Mutter von Gylfi dem Reichen, und sie gebar darauf Laðvé, danach Guðrún" – sechs Generationen insgesamt.

Das folgende Dokument stammt etwa von 1050 und beurkundet eine Grundbesitzteilung, wie sie schon im Zusammenhang mit dem *Þing* beschrieben wurde: „Finnr und Skapti haben diesen Stein errichtet, die Söhne des Váli, als sie ihren Grundbesitz teilten" *(Þá es þeir skipta löndum sinum)*.

In der folgenden Inschrift geht es um den *bóndi*, von dem wir sagten, er sei das Urbild des Wikingers gewesen. Ein klassisches Portrait dieser Gestalt sehen wir in Rörbro (Småland, Schweden):

> *Hann var manna*
> *mestr úniðingr,*
> *var undr matar*
> *ok ómunr hatrs,*
> *góðr þegn*
> *guðs trú góða hafði.*

Die Inschrift entstand in christlicher Zeit, wie die letzten Zeilen verraten. Sie preist Eyvindr, dessen Charakter genau dem Wikingerideal des *bóndi* entspricht: „Von allen anderen war er am wenigsten fähig, eine Bosheit auszusprechen; es machte ihm Freude, Speisen abzugeben, aber er kannte keinen Haß, er war ein guter, verläßlicher Freund und ein gläubiger Diener Gottes." Vom *félagi*, dem Handelspartner, ist auf einem Stein in Århus (Dänemark) die Rede: „Tosti und Hofi sowie Freybjörn errichteten diesen Stein zum Gedenken an Özurr Saksi, ihren *félagi*, ein überaus tapferer Mann, der starb, ohne die kleinste Schande."

Zum Schluß stelle ich noch die berühmte Inschrift von Karlevi (Öland) vor, weil sie uns eine vollständige und wunderbar komponierte Strophe im *dróttkvætt* (von den Versmaßen ist weiter unten die Rede) bietet. Sie wurde zum Ruhme von Sibbi dem *goði*, Sohn des Foldar, verfaßt:

> *Fólginn liggr hinns fylgðu – flestr vissi þat –*
> *mestar dæþir dólga prúðar draugr i þeimsi haugi.*
> *Munat reiþ-Viðurr ráþa Endils iarmungrundar*
> *örgrandari landi.*

(Unter diesem Hügel liegt begraben – die meisten wissen es – der Krieger, der die größten Ruhmestaten vollbrachte. Der mächtige Viðurr auf dem Wagen kann nicht mehr in Dänemark herrschen, der hochherzigste Landsmann im weiten Land Endills.)

Dies ist eine echte skaldische Strophe, nach allen Regeln der Kunst komponiert, vor allem mit den *kenningar* (Kennungen, Metonymien) wie etwa „Spiegel des Schwertes der Tochter Þórrs" für „Krieger" oder „Viðurr auf dem Wagen" für „Óðinn" oder „weites Land Endills" (ein Seekönig) für „Meer". Wenn diese Verse mit lauter Stimme vorgetragen werden, stellt sich unmittelbar ein Gefühl für die Musikalität dieser Sprachschöpfung ein.

Unseren Jarl Rögnvaldr haben wir nicht vergessen. Er rühmt sich, abgesehen von seinen handwerklichen und sportlichen Fähigkeiten, auch noch, ein „Dichter" zu sein. Für die Wikingerzeit müssen wir uns allerdings auf die kunstvoll formulierten Runeninschriften beschränken, außerdem auf die ältesten Teile der Lieder-Edda und auf den reichen Schatz der skaldischen Dichtung, und darauf spielt Rögnvaldr wohl an, und man kann sicher zu Recht annehmen, daß die frühe skandinavische Poesie schon bei ihrem ersten Auftauchen fast alle künstlerischen Elemente aufweist, die wir später so an ihr bewundern. [11]

Die Germanen kannten seit den Anfängen eine ganz besondere Art von Poesie, die auf Alliteration, den im germanischen Bereich sehr starken Akzenten und dem rhythmischen Wechsel von Längen und Kürzen beruhte; das belegt schon der sogenannte Langvers, von dem allerdings nur sehr wenig auf uns gekommen ist, und daß die Skandinavier, genauer: die Isländer auf Pergament die ganze Fülle der poetischen Traditionen Germaniens aufbewahrt und überliefert haben, ist ein Geheimnis, das wir nicht entschlüsseln und nur als „isländisches Wunder" bezeichnen können. Allerdings beginnen die Aufzeichnungen ja erst um die Mitte des 12. Jahrhunderts, und die Wikinger haben sich nicht daran beteiligt. Da Rögnvaldr aber behauptet, er könne einen Lai komponieren, spricht er eher als Wikinger denn als Jarl von den Orkneys zu Beginn des 12. Jahrhunderts, also zwei oder drei Generationen nach dem Tod des letzten Nacheiferers von Ragnarr Loðbrók. [12]

Man darf demnach als sicher annehmen, daß einige poetische Kunstgriffe – Verlegung des Wohlklangs auf den ersten Buchstaben der Wörter, Wahl eines bestimmten rhythmischen Ablaufs und Beachtung der Akzente – von Anfang an bei den Runeninschriften leitend waren. Eine solche Formulierung, die wir in Helnaes (Dänemark) lesen und die aus der frühen Wikingerzeit stammt, überrascht bereits durch ihre Musikalität, das heißt durch ihre Überfülle an klingenden Vokalen, die an den betonten Stellen mit Konsonanten verbunden sind. Hrólfr, der *goði*, errichtet einen Stein zum Gedenken an seinen Neffen Gudmundr, der wohl mitsamt seiner Mannschaft ertrank:

> *rhuulfRsatistainnuRa kupiaftkupumutbrupur*
> *sunusinstrknapu*

> (Hrólfr, der *goði* vom Kap, errichtete diesen Stein zum Andenken an Guðmundr, seinen Neffen. Sie ertranken . . . [13])

Diese Kunst konnte man noch verfeinern. Der Stein von Djulefors (Schweden, 11. Jahrhundert) trägt die Inschrift:

> *Hann austarla*
> *arði barði ok i*
> *langabarðilandi*
> *andaðis.*

> (Im Osten durchschnitt er [das Meer] mit seinem Bug, und im Land der Langobarden ist er gestorben.)

Hier wurden die Gleichklänge *arði, andi* verwendet. Aber das läßt sich noch steigern; auf dem Runenstein von Vallentuna (Schweden, 11. Jahrhundert) fallen die Wortendungen in einem raffinierten *decrescendo* (hier in Großbuchstaben verdeutlicht):

> *Hann drunknaði á hólms hAFI*
> *skreið knörr hans í kAF*
> *þrir einir kvómu AF*

> (Er ertrank im Meer von Hólmr / Sein *knörr* sank bis zur Mastspitze / Nur drei überlebten.)

So ist es auch nicht verwunderlich, daß ein rundes Kupferkästchen (Sigtuna, Schweden) aus der hohen Wikingerzeit (Anfang 11. Jahrhundert) eine Inschrift trägt, die den Grundregeln der skaldischen Dichtung genügt:

*fugl vælva slæit falvan*
*fann'k gauk a nas auka*

Das ist eine Beschwörungsformel, die einen möglichen Dieb abschrecken soll: „Daß der Vogel den schreckensbleichen Dieb zerfleischen möge! Ich habe gesehen, wie der Kuckuck sich am Aas mästete." Bemerkenswert ist die Alliteration mit f *(fann'k, falvan, fugl)* ebenso wie die von mir so bezeichnete Wiederholung der Schreibweise *(æl – al* oder *auk – auk).*

Hier noch ein weiteres Beispiel, die dritte Strophe der wunderbaren *Völuspá* (Prophezeiung der Seherin) aus der Lieder-Edda:

*Ar vas alda,*
*þat er ekki var,*
*vara sandr né sær*
*né svalar unnir;*
*iörð fanns æva*
*né upphiminn,*
*gap var ginnunga,*
*en gras hvergi.*

(Das war das erste Zeitalter, / Wo es nichts gab, / Weder Sand noch Meer / Noch kalte Wogen; / Es gab keine Erde / Noch hohen Himmel, / Gähnende Leere herrschte / Und nirgend grünes Gras.)

Man erkennt genau die dreifachen Alliterationen (z. B. Vers 3 und 4: *svalar – sandr – sær;* oder die beiden letzten

Verse: *gras – gap – ginnunga*), die Berechnung der Silben und Akzente, aber insgesamt ist es viel schlichter als die skaldischen Gedichte, die wir im weiteren betrachten wollen, und kündigt schon die eigentlichen erzählenden Texte an.

Die skaldische Dichtung entstand vermutlich im 8. Jahrhundert in den Regionen rund um die Ostsee, wurde sehr bald zur skandinavischen Spezialität, und am Ende übernahmen ausschließlich die Isländer diese Kunstform, zweifellos nach norwegischen Vorbildern. Sie ist in ihrer Art so komplex, daß sie sich einer überblicksartigen Darstellung entzieht. An dieser Stelle seien nur die wichtigsten Punkte festgehalten.[14] Das Problem ihrer ersten Ursprünge scheint inzwischen gelöst; sie entstand aus dem kontinentalgermanischen Langvers auf der Grundlage der Alliteration; einen „magischen" Hintergrund kann ich nicht erkennen, wenn sie vielleicht auch gelegentlich esoterischen Zwecken gedient haben mag, wozu auch ihre absichtlich dunklen Formeln und Wörter neigten. Die Prosa-Edda des Snorri Sturluson, eine Art Poetik zu dieser Kunstform, liefert uns alle erforderlichen wichtigen Hinweise. Mit ihr sollten wir uns besonders eingehend beschäftigen, denn sie ist, abgesehen von der Lieder-Edda, ganz ohne Zweifel das Werk der Wikinger. Von ihnen erzählt diese Dichtung, von ihren Fahrten, von ihren großen Taten und von ihren Gedanken und Empfindungen. Sie ist „höfische" Dichtung – allerdings sollte man den Begriff mit Zurückhaltung verwenden, denn Adelshöfe gab es in der Wikingergesellschaft noch nicht. Immerhin bewegte sich der Skalde und anerkannte Dichter im Umkreis eines Anführers, eines Jarls oder Königs, von denen er den ausdrücklichen Auftrag erhielt, deren Heldentaten zu

preisen, nach den allgemein bekannten Regeln wie etwa:
„Ich rühme X.; er hat dies oder das vollbracht, er hat den
Feind aufs Haupt geschlagen; er hat goldene Ringe verteilt . . ." Wie fast immer und überall im Mittelalter war
sie Auftragsdichtung, abgesehen von einigen bemerkenswerten Ausnahmen (der *Sonatorrek* von Egill Skalla-
grímsson in der nach ihm benannten Saga[15]). Im allgemeinen gilt auch unser Interesse weniger dem Inhalt
als der Form, doch nicht immer: Zu den originellen We-
senszügen dieser Poesie gehört, daß der Dichter nicht
anonym blieb, wie in der Edda und viel später in den
Sagas, und daß er gelegentlich für uns so wertvolle
Anspielungen auf historische Ereignisse einflocht oder
seine persönlichen Empfindungen mitteilte.

Seine Kunstfertigkeit ist verwirrend virtuos, und das
in solchem Maß, daß man mit gutem Grund behaupten
kann, die abendländische Dichtung hätte damit ihren
absoluten Höhepunkt erreicht. Dabei folgte sie außerordentlich strengen Regeln für die eigentliche Verskom-
position, die Wortwahl und die Syntax. Etwa hundert
verschiedene Versmaße zählt Snorri Sturluson auf, darunter das berühmteste, den *drottkvætt* (Metrum der *drott*,
das heißt der Leibgarde oder des „Haushalts" eines
Anführers, später durch das angelsächsische Lehnwort
*hirð* ersetzt). Das Versmaß tauchte schon in der Runeninschrift für einen gewissen Sibbi auf (oben S. 286).
Die Gedichte wurden in Strophen aufgeteilt – eine weitere Neuerung der Wikingerzeit –, und sie enthielten
acht Verse, eigentlich zweimal vier, denn jede Hälfte *(hel-
mingr)* ergab eine Einheit von Bedeutung und Syntax
und wiederholte inhaltlich die vorausgehende Vierer-
gruppe – ein relativ schlichter Bauplan, der Egill Skalla-
grimsson zugeschrieben wurde, welcher die folgende

Strophe schon im zarten Alter von sechs Jahren vorgetragen haben soll.

> *Þat mælti min móðir,*
> *at mér skyldi kaupa*
> *fley ok fagrar árar,*
> *fara á brott með vikingum,*
> *standa upp i stafni,*
> *stýra dyrum knerri,*
> *halda svá til hafnar,*
> *höggva mann ok annan.*

(Meine Mutter hat mir gesagt, / daß man mir kaufen würde / Ein Schiff und schöne Ruder, / Damit ich mit den Wikingern aufbrechen kann, / Auf dem Vordersteven stehen / Und den wunderbaren *knörr* lenken / und schließlich im Hafen landen / und Mann über Mann erschlagen.)

Jede Zeile enthält rund sechs Silben, von denen drei betont sind. Entscheidend ist, daß die Zeilen paarweise durch Konsonant- oder Vokal-Alliteration miteinander verknüpft sind (alle Vokale alliterieren untereinander), und zwar auf der ersten betonten Silbe jedes geradzahligen Verses (*mer – mælti – moðir; fara – fley – fagrar; styra – standa – stafni; höggva – halda – hafnar*), die sich also zweimal im vorausgehenden ungeradzahligen Vers wiederholt. In jeder Zeile gibt es eine graphische Wiederholung, das heißt, irgendeinem Vokal folgen dieselben Konsonanten, etwa *yr-err* oder *an-an*; immerhin stammen die Verse von einem Kind, daher die kleinen Regelwidrigkeiten. Dazu kommen schließlich noch der Wechsel zwischen Längen und Kürzen und wünschenswerte „Reime", in Wirklichkeit Gleichklänge (hier a, i), aber das führt schon zu weit. Selbstverständlich war Egill in seiner Saga einer der größten Skalden Islands, und er gab überwältigende Proben seines Könnens ab. Aber der interessierte Leser mag einen Augenblick über diesen *visuhelmingr* (*vísa* bedeutet Strophe; also Halbstrophe) nachdenken, die dem isländischen Bischof Klængr von Skalaholt zugeschrieben wird, wo er offenbar eine Reise über das Meer beschreibt. Jede Zeile enthält eine doppelte graphische Wiederholung, die ich hier mit Großbuchstaben markiere:

*bADk sveit á glAÐ geitis*
*gör`s IÐ at för tIÐum*
*drögum hEST a lög lESTa,*
*lið flÝTr, en skrið nÝTum.*

(Oft habe ich Männer zusammengerufen, um das Roß Geitir [das Schiff] zu besteigen. Die Reise wird vorbereitet; wir ziehen das Lastpferd [das Schiff] zum Meer; das Schiff wird in Gang gebracht; wir beginnen, die rasche Seefahrt zu genießen.)

Schließlich wird die Reihenfolge der Wörter äußerst freizügig gehandhabt, und das in einer stark flektierenden Sprache. Als Sigvatr Þorðarson, der mit dem hl. Olaf sehr befreundet war, über dessen Tod trauerte, sprach er:

*Há pótti mér hlæja*
*höll um Nóreg allan –*
*fyrr var ek kenndr á knörrum –*
*klif meðan Óláfr lifði;*
*nú þykki mér miklu*
*– mitt stríð er svá-hlíðir,*

*jöfurs hylli varð ek alla,*
*óbliðari siðan.*

(Die hohen überhängenden Klippen schienen mir
zu lächeln in ganz Norwegen – vor kurzem
konnte ich einen *knörr* lenken – solange Olaf lebte.
Seitdem scheinen mir die Klippen viel weniger zu
lächeln – das kommt von meiner Trauer; ich
genoß die ganze Freundschaft des Königs.)

Man verliert sich in Vermutungen darüber, wie es dem
Skalden gelingen konnte, solche kunstvollen Verse zu
komponieren, und vor allem, wie sein Publikum sie auf-
nahm. Ganz offenbar gelang es ihm, sie vielleicht nicht
gerade mühelos, so doch mit relativer Leichtigkeit ab-
zufassen. In einigen Quellen wird geschildert, wie das
Publikum dem Vortrag einer skaldischen Strophe
lauschte; es konnte sie wiederholen, und es gelang ihm,
sie zu entschlüsseln. Vielleicht war auch die Art des Vortrags dabei behilflich: Während des Deklamierens wech-
selte die Stimme von einem Register zum anderen, sobald ein neuer Satz begann. Überflüssig zu betonen, daß
nur ein hochkultiviertes Volk solche Meisterwerke her-
vorbringen und sie rezipieren konnte. Und ich sage es
ohne Ironie: Mit Ausnahme der Halbstrophe des Bischofs Klængr habe ich hier nur ganz besonders einfache
Kostproben geboten.
Wie man an obigen Beispielen sieht, verdoppeln sich
diese metrischen Spielereien noch durch Manierismen in
der Wortwahl, die prinzipiell dadurch entstehen, daß
man Dinge und Personen nicht mit ihrem eigentlichen
Namen nennen darf, sondern man muß diese durch Synonyme oder *heiti* (Umschreibungen) ersetzen, oder auch

durch Periphrasen mit zwei oder mehreren Begriffen, die durch einen Hinweis auf die Entstehung oder eine Kennung *(kenningar)* verbunden sind. Statt „Schild" sagt man „Linde", weil diese Waffe häufig aus Lindenholz hergestellt war; statt „Seemann" heißt es „Reiter des Pferdes von Ráns Gemahl": Ráns Gemahl ist Aegir, Gott des Meeres. Man kann sich vorstellen, welch unendliche Vielfalt von Bezeichnungen sich bei diesem Kunstgriff auftut. Sie stammen ursprünglich vielleicht aus einem verbalen Tabu, aber man macht es sich zu einfach, wenn man rein artistische Spielerei dahinter sucht. Man beachte die Wirkung, die man durch Verbindung mehrerer Ebenen in einer Kennung erzielen kann: für „Krieger": *sára dynbaru svangreddir"; sár*, Verwundung; *bára*, die Welle; *dynr*, das Getöse; *dynbára*, Welle des Getöses, Sturzwelle; *sára dynbára*, Sturzwelle der Verwundungen: Blut! – *Greddir*, einer der nährt; *svanr*, der Schwan; Schwan der Verwundungen: der Rabe, das ist der, welcher den Raben nährt, der Krieger!

Damit soll es genug sein, aber ich konnte wohl klarstellen, daß diese Dichter, ähnlich wie ein Handwerker an seinem Material – Holz oder Metall – ziseliert, poliert, feilt und das Beste aus ihm herausholen will, ihrem Material, dem Wort, die letzten Feinheiten abrangen.

An diese Lai *(ljoð)* dachte wohl Rögnvaldr, als er sich rühmte, die Dichtkunst zu beherrschen; die Quellen, über die wir heute verfügen, sind zwar kaum vor dem 12. Jahrhundert entstanden, aber ihre Inhalte dürften älteren Datums sein. Hier stellt sich das unlösbare Problem der mündlichen Überlieferung; zweifellos hat es sie gegeben, zumindest im Grundsatz, und das schon seit Urzeiten, auch wenn sich alle neueren Untersuchungen darin erschöpfen, krampfhaft nach lateinischen, keltischen oder sonstigen Vorbildern für unsere vorhandenen Quellentexte zu suchen. Ich weiß nicht, ob man weiter zurückgehen sollte, zumal die Gedichte sehr oft dunkel in ihren Formulierungen sind – was ebenso mit ihrem hohen Alter wie mit einer gesuchten Esoterik zusammenhängen kann –, aber ein bestimmtes Detail, das in der *Saga vom hl. Olaf* ganz nebenbei erwähnt wird, macht mich nachdenklich: Zu Beginn der Schlacht von Stiklarstaðir (1030), die für den König tödlich enden sollte, wird erwähnt, als ob es selbstverständlich wäre, daß der Skalde Þormodr die *Bjarkamál* anstimmt – ein wunderbares und höchst kunstvolles skaldisches Gedicht –, um seine Kameraden zum Kampf anzufeuern. Das ist ein Brauch, den der Verfasser Snorri Sturluson nicht erfunden haben kann. Übrigens sind alle Sagas von „freien Strophen" (*lausavísur*, etwa: Improvisationen) durchsetzt, die der Verfasser vielleicht zum Zweck des Vortrags komponiert hat, die aber auch durchaus auf frühere Epochen – etwa das 9. und 10. Jahrhundert – zurückgehen könnten. Für mich steht fest, daß eine so ausgefeilte und hochkomplexe Kunstform nicht aus dem Stand erfunden sein kann.

Daneben gab es auch eine viel schlichtere Poesie, die gleichwohl aus denselben Quellen stammt. Wir nennen sie „eddische Dichtung", weil sie in den großen Texten der Lieder-Edda ihren Niederschlag gefunden hat. Ihr Metrum ist das *fornyrðislag* (Metrum der alten Lieder) und seine Varianten, das Metrum der Lais (*ljóðaháttr*), Metrum der Spruchweisheit (*málaháttr*) und schließlich das Metrum der magischen Gesänge (*galdralag*). Dies sind die drei Grundtypen von Liedern, die die Edda umfaßt. Was *Edda* eigentlich bedeutet, bleibt unklar; vielleicht soll es eine Art Poetik sein, aber andere Deutungen könnten auch zutreffen. Jedenfalls ist es eine Liedersammlung aus dem 13. Jahrhundert, die aber auf viel älteren Vorbildern beruht – einige Texte könnten aus dem 8. Jahrhundert stammen –, und sie enthält alle bedeutenden Gedichte mythologischen, gnomischen, magischen, ethischen und heroischen Inhalts aus Alt-Skandinavien oder auch der gesamten Germania.

So erzählt die Lieder-Edda von den Taten und Erlebnissen der Götter: von Óðinn (*Hámavál, Grimnisvál*, ein bedeutendes initiatisches Gedicht, und *Harbarðsljóð*, wo Óðinn und Þórr den berühmten Kampf der Beschimpfungen austragen); von Þórr (*Hymiskviða*, wo er den Kessel sucht, um das Bier der Götter zu brauen; *Prymskviða*, wo er seinen Hammer zurückbekommt, aber nachdem er sich als Frau verkleidet hat); von Freyr (*Skirnisför*, die altnordische Variante des Frühlings-Sonnen-Gottes und der keimenden Erde); von Loki (*Lokasenna*, wo der Gott des „Bösen", eigentlich der Unordnung, die Götter und Göttinnen vielfach beschimpft und hintergeht) und von anderen.

Daneben gibt es die bedeutenden Gedichte, die das Wissen über die heiligen Dinge verbreiten, wie die *Vafþruðnismál* oder die *Alvíssmal*, und das Ganze gipfelt in den Danteschen Schreckensszenarien der *Völuspá*, die in unvergeßlichen Bildern die mythische Geschichte der Welt der Götter und Menschen an uns vorüberziehen läßt, von den Anfängen bis zur Ragnarök und der kosmischen Wiedergeburt, die ihr folgt.

Der heroische Zyklus rankt sich um den edelsten der Helden, Sigurðr den Drachentöter, seine tödlichen Liebschaften (Brynhildr, Guðrún) und um seine Archetypen (Völundr, den wunderbaren Schmied) und Urgestalten wie Helgi oder auch den Mörder von Hundingr und des

Sohnes von Hjörvarðr. Das nordische Heldentum definiert sich nicht durch glanzvolle Taten, sondern eher durch ethische Kategorien und die Art, wie die Helden sich dem unausweichlichen Schicksal beugen, wie sie ihr gegebenes Wort erfüllen. Sie erweisen sich als treu und standhaft in eher persönlichen als durch äußere Zwänge diktierten Bindungen.

Kehren wir zu Rögnvaldr zurück: Er rühmt sich auch seiner Talente als *smiðr*; wie viele handwerkliche Tätigkeiten sich hinter diesem Begriff verbergen, wurde schon oben dargelegt; hier sei nur hervorgehoben, daß sie eines Edelmannes durchaus nicht unwürdig waren. Man kann sich diese Menschen mit ihren geschickten Händen sehr gut vorstellen, wie sie an langen Abenden Holzschnitzerei und Metallarbeiten betrieben, Leder verzierten, Horn oder Elfenbein bearbeiteten. Außerdem stellten sie ihre Gebrauchsgegenstände her (im modernen Schwedisch: *hemslöjd*). Ein Gang durch die Museen der skandinavischen Staaten läßt uns staunen, wie funktional und gleichzeitig künstlerisch vollendet diese Dinge des täglichen Gebrauchs gestaltet wurden. Die Techniken zur Bearbeitung von Holz, Metall, Leder und Elfenbein waren sehr unterschiedlich, und man wundert sich, mit welcher Leichtigkeit die Menschen damals von einem Gebiet zum anderen überwechselten. Aber, wie gesagt, die Tage waren lang im hohen Norden und die Wintermonate endlos; an freier Zeit wird es nicht gemangelt haben. Es gab zahlreiche häusliche Tätigkeiten, darunter vor allem die Weberei, die von Männern und Frauen gleichermaßen betrieben wurde. Viel Zeit nahm auch der Schiffbau in Anspruch; dazu kamen verschiedene andere Fortbewegungsmittel oder Werkzeug und Gerätschaften für den täglichen Gebrauch. Spezialisierte Berufe im Bereich der Ernährung und Kleidung waren kaum bekannt, deshalb waren die Menschen auf den Höfen gezwungen, autark zu wirtschaften; jeder Mann war Metzger, Bäcker, Schneider, Kürschner, Förster zugleich. Betrachten wir nun in umgekehrter Reihenfolge den Katalog unseres Jarls von den Orkneys, zunächst Kunst und Handwerk, zum Schluß die Musik.

In diesem Buch haben wir uns weniger mit den Kunstgegenständen selbst beschäftigt, die wir aus der Wikingerzeit kennen, sondern vor allem mit der Frage, welche Bedeutung ihnen im Alltag dieser Menschen zukommt. Trotzdem komme ich nun noch einmal auf die spezialisierten Tätigkeiten zurück, um ein paar Worte über die Kunst der Wikinger und ihre Entwicklung zu sagen.[16]

Das Charakteristische an dieser Kunst war, daß sie im wesentlichen dekorativ und zugleich funktionell zu nennen ist. Sie existierte nie als reine Kunst, er gab keinen abgetrennten Bereich für künstlerische Betätigung, aber auch keinen Sektor platter Funktionalität, in der Schönheit keine Rolle spielte. Die schönste Brosche konnte mit großer Kunstfertigkeit und erlesenem Geschmack geschaffen sein, aber schließlich war sie doch dazu bestimmt, zwei Stoffbahnen an einem Kleidungsstück zusammenzuhalten. Umgekehrt gab es auch an einem schlichten tragbaren Amboß irgendein Detail zu verschönern. Dasselbe kann man schon an Objekten aus der viel früheren Bronzezeit beobachten. Wenn wir heute von „skandinavischen Formen" sprechen, vergessen wir leicht, daß die nordische Kultur es stets verstand, das Ästhetische mit dem Nützlichen in Einklang zu bringen. Das verrät Sinn für Schönheit, aber auch für Ordnung und Zweckmäßigkeit auf allen Gebieten menschlicher Betätigung.

Das Grundgesetz dieser Kunst ist Bewegung und Dynamik. J. Graham-Campbell spricht sogar von Kraft und Vitalität. Der Betrachter wird in den Kunstgegenständen kein einziges statisches Motiv finden, und das setzt sich durch alle Kunststile Skandinaviens, die einander zeitlich überschneiden, fort. Für die Wikingerzeit unterscheiden wir folgende Stilepochen (jeweils nach den entsprechenden Fundorten):

| | |
|---|---|
| 750–850 | Broa oder Oseberg |
| 830–970 | Borre |
| 880–990 | Jelling |
| 950–1010 | Mammen |
| 980–1080 | Ringerike |
| 1040–1150 | Urnes[17] |

In allen Stilepochen werden Tiere in gestrecktem Lauf, bei Angriff und Verfolgung gemalt; das führt zu abenteuerlichen Körperhaltungen und -verdrehungen, denen das menschliche Auge kaum folgen kann. Dieses Motiv zieht sich spätestens seit dem 5. Jahrhundert durch die gesamte altnordische Kunst.

Seit den Anfängen – in der Stilepoche, die nach dem Fundort Broa auf Gotland benannt ist – finden wir stark stilisierte Darstellungen von Tieren, in zahllosen Variationen aus Holz oder Metall gearbeitet. Die verschiedenen Stilarten unserer obigen Liste (die übrigens nicht von allen Gelehrten so bestätigt wird; einige sprechen noch von einem Berdal-Stil vor der Wikingerzeit, nach dem Fundort in Norwegen) verfeinern lediglich diese Tierdarstellungen. Wirkliche Neuheiten beobachtet man selten und erst spät, darunter dekorative Pflanzenmotive wie im Mammen-Stil das Akanthusblatt, das karolingischen Ursprungs ist und in Skandinavien im 9. Jahrhundert auftaucht.[18] Die Art der Bearbeitung von Metall, Holz und anderem Material hat übrigens die Wikingerepoche überdauert. Die wunderbaren Verzierungen der Stabkirche von Urnes (12. Jahrhundert) geben bei genauer Betrachtung den Beweis.

Interessant und reizvoll ist das Spiel gegenseitiger Beeinflussung zwischen Skandinavien und anderen Kulturkreisen in der Wikingerzeit, und das auf allen möglichen Gebieten. Bei den Kelten (etwa in Irland beim Kreuz von Cong) oder bei den Slawen entdeckt man skandinavische Einflüsse. Umgekehrt ergibt ein Blick in den Ausstellungskatalog von 1980 in London, wieviel die Wikinger von anderen Kulturkreisen übernahmen: ein Bucheinband angelsächsischer Herkunft, eine keltische Plakette, die zur Brosche umgearbeitet wurde, eine karolingische Schale, Glas aus dem Rheinland, Silberschmuck aus slawischer Herstellung, Halsketten, Armreife, byzantinische Stickerei.[19]

Außerdem zeichnet sich die nordische Kunst durch ein besonderes Gleichgewicht von Realismus und Symbolik aus. Auch das ist schon in den bronzezeitlichen Felszeichnungen zu erkennen[20], und es hat sich in der Folgezeit nicht verändert. Wir kennen kein besseres Beispiel als die wunderbaren Details am Osebergschiff: Ein unbekannter Künstler, der wegen seiner Meisterschaft „der Akademiker" genannt wurde, hat die Spitze einer Stange mit einer Figur verziert und dabei weder den eigentlichen Zweck noch die besondere Natur des Werkstoffes Holz vernachlässigt. Genauso indrucksvoll ist die berühmte Wetterfahne von Söderala, die an der Spitze eines Schiffsmastes angebracht war. Nach einer gewissen „Eingewöhnung" erkennt das Auge des Betrachters plötzlich inmitten der Ziselierung auf der dreieckigen

Metallfahne den Körper eines Drachen. Auch die Runeninschriften sind solche vollendete Kunstwerke, nicht nur
die Steine von Ramsun und Gripsholm oder gar die
Inschrift von Rök, die ohne dekorative Verzierungen
ausgeführt ist und allein durch die Schönheit der
Schriftzeichen wirkt.

Die Ausführung dieser erlesenen Kunst erforderte
zweifellos viel Zeit, Geduld und vielseitiges Können im
Umgang mit den Materialien und zahlreichen Techniken. Dafür muß es eine Art von „Schulen" gegeben
haben, die ihre Künstler ausbildeten.[21] Merkwürdigerweise haben sie sich bei aller Vielseitigkeit nie mit der
Steinskulptur befaßt, außer in Form des Reliefs, und dort
auch fast nur auf Gotland. Auch Pflanzenmotive tauchten erst spät und unter fremden Einflüssen auf.

Zum Schluß betrachten wir noch einmal Rögnvaldrs
Katalog: Er rühmt sich, die Harfe zu spielen. Über die
Musik und das Musizieren in Alt-Skandinavien sind wir
allgemein nur dürftig informiert. Von der Lure war schon
die Rede; Trommeln hat es wohl im Umfeld magischer
Praktiken gegeben, und eben die Harfe, die Gunnarr in
seiner Schlangengrube spielt (ein orphisches Motiv, deshalb mit Zurückhaltung zu betrachten). Und das ist schon
alles. Vermutlich hatte aber die skaldische Poesie musika-
lische Ursprünge. Sie wurde singend, vielleicht auch
schreiend und heulend vorgetragen. Immerhin diente sie
auch zur Vorbereitung magischer Handlungen (*nið, seiðr,
mansöngr*), und Óðinn, der Gott der Skalden, trug den
Beinamen der „Schreier" *(hroptatyr)*. Eine Art von rauhem
Gesang mag es bei den Wikingern gegeben haben, vielleicht sogar nach „musikalischen" Regeln. Rögnvaldrs
Harfenspiel jedenfalls hatte wohl wie vieles andere kon-
tinentaleuropäische Vorbilder wie die höfische Kultur.

Beim Tanz und der Pantomime betreten wir wieder festeren Boden, auch wenn dieses Gebiet noch nicht ausreichend erforscht ist. Die Felszeichnungen und Tacitus bezeugen übereinstimmend, daß er bei den Germanen rituelle Tänze gab. Konstantin Porphyrogennetos beobachtet im Jahr 950, wie die Waräger am Weihnachtsfest Tänze aufführten und dazu im Rhythmus „yul, yul, yul" brüllten. Die mittelalterlichen Balladen (*folkeviser*, wie sie in Dänemark allgemein hießen) sind wahrscheinlich französischen Ursprungs[22], offenbar waren sie in Skandinavien sehr beliebt. Auch von satirischen Pantomimen ist in der *Sturlunga saga* die Rede. Dort sind sie gegen die großen Anführer gerichtet, allerdings mit tragischen Folgen, und sie gehen sicher auf sehr alte Bräuche zurück. Dort jedenfalls werden die Angehörigen des feindlichen Clans mit den verschiedenen Körperteilen einer Stute verglichen.

Was den Betrachter der altnordischen Kultur immer wieder fasziniert, ist die ungewöhnliche geistige Neugier dieser Menschen. Besonders die Isländer haben eine solch reichhaltige und phantasievolle Kultur entwickelt, über die der Forscher immer wieder staunt.[23] Glücklicherweise ist ein Bericht von einem großen Hochzeitsbankett erhalten geblieben, der in allen Einzelheiten den Ablauf des Festes schildert.[24] Hier ziehen noch einmal alle Aspekte von Vitalität, Vergnügen und geistigen Interessen des Wikingervolks an uns vorüber.

Das Fest fand im Jahr 1119 in Reykjaholar auf Island statt, das ist allerdings wieder nach dem Ende der Wikingerzeit, und Island ist nicht immer repräsentativ für ganz Skandinavien. Am 29. Juli dieses Jahres verheirateten zwei reiche und mächtige Clanchefs, also große *bœndr*, ihre Kinder miteinander. Bei allen Einwänden, die schon vorgebracht wurden, es handle sich hier nicht um eine Veranstaltung des „einfachen Volks", ist man bei der Lektüre überrascht, in welchem Maß auch „geistige" Interessen hier zu Wort kommen, und man darf wohl annehmen, daß die Festbräuche auch in den Jahrhunderten zuvor im Schwange waren.

Alle Einzelheiten des Hochzeitsmahls (siehe auch im Prolog S. 10) werden mitgeteilt: das Datum (Namenstag des hl. Olaf), der Ort, die wichtigsten Gäste; wenn diese eintreffen, wird ihnen ein Platz zugeteilt – eine heikle Aufgabe, die Fingerspitzengefühl erforderte, denn in Fragen der Rangordnung verstanden die Wikinger keinen Spaß.[25] Das Essen wird aufgetragen; die Speisen sind „ausgezeichnet und überreichlich", auch die Getränke lassen nichts zu wünschen übrig. Zunächst trinkt man auf das Andenken – wessen, sagt der Text nicht, aber vermutlich der großen Vorfahren oder – hier in christlicher Zeit – Christi und der Heiligen. Die Gäste trinken reichlich, die Zungen lösen sich, Witze und Pointen werden gegen den einen oder anderen abgeschossen, und einige improvisieren sogar kleine Epigramme in Distichen, die zwar nicht die hohe Kunst der Skalden erreichen, aber eine bemerkenswerte Virtuosität verraten. Offenbar arten diese kleinen Scharmützel aus und schüren schließlich unterschwellige Feindseligkeiten.

Hier sei noch ein kleiner Exkurs erlaubt. Zunächst amüsieren sich die Hochzeitsgäste mit spitzen Bemerkungen und mehr oder weniger gewagten Witzen auf Kosten der anderen. Hier tritt ein Humor zutage, der eine bedeutende Rolle im Leben der Wikinger spielte; Ironie dagegen weniger. Sie vertrug sich nicht mit der Mentalität, die in dieser Art von geistiger Unterhaltung erkennbar war, aber der Humor, die geistvolle Bemerkung ist ein Akt der Distanzierung und Vorsicht, der ihm innewohnt. Sie paßt ausgezeichnet zum eher introvertierten Charakter, der Schweigsamkeit und übergroßen Vorsicht bei allem, was diese Menschen unternahmen.

Sogar in den Runeninschriften erkennen wir Humor. In Husby Lyhundra (Schweden) lesen wir auf einem Stein, der zum Andenken an Sveinn errichtet wurde: Die Stifter bitten Gott und die Jungfrau Maria, „seiner Seele gnädiger zu sein, als er es verdient hat". Eine andere Inschrift wurde einem Mann gewidmet, der den beziehungsreichen Titel Óspakr (der Dumme) trug, und sie nennt ihn denn auch „litill vísi maðr", ein Mann von bescheidenem Verstand. – Ein Geistlicher, zweifellos noch jung, graviert auf einen Stein „Ego sum lapis" (ich bin ein Stein).

Die besten Beispiele kennen wir natürlich aus den Sagas. Ich greife hier einige Episoden aus den Gegenwartssagas heraus, vor allem die Saga von Sturla Þorðarson, dem Vater der drei großen Sturlungar, darunter Snorri Sturluson. Vielleicht hat er immer ziemlich übertrieben. Er schlug seinem Schwiegersohn Ingjaldr vor, ihm seine Schafe zu verkaufen, und dieser lehnte ab. Da werden ihm die Schafe gestohlen. Er läuft zu seinem Schwiegervater, um ihm das zu berichten und ihn um Hilfe zu bitten. Sturla sieht ihn von weitem kommen und sagt: „Ich glaube, heute wird mir Ingjaldr die Schafe verkaufen." – Bei großer Kälte spornt er seine Mannschaft zum Kampf an: „Kurz, ich möchte, daß ihr den Schaft eurer Streitäxte so anpackt, daß sich darauf kein Eis festsetzt!" – Sein Leben lang wurde er vom Haß einer Frau namens Þorbjörg verfolgt, und dann erfährt er, daß sie gestorben ist. Bald danach legt er sich hin und will mit niemandem mehr sprechen. Als man ihn besorgt fragt, sagt er: „Jetzt da sie tot ist, hat es auch keinen Zweck mehr, mich an ihre Söhne zu halten." In der Isländersaga wird ein bekannter Wucherer von seinen Feinden verfolgt. Auf der Flucht wird er von einem seiner Schuldner gestellt, der versetzt ihm einen Schlag in den Rücken und fragt, wieviel Zinsen er von jetzt an verlange. Er antwortet *„Halda lagi"*, Preis bleibt gleich! – Ein berühmtes Beispiel stammt aus der *Saga von Hallfreðr*. Dieser ist ein sehr bedeutender Skalde, aber zur Zeit sehr verliebt in Kolfinna, die Tochter des *bóndi* Ávaldi, der sie aber lieber einem reichen Nachbarn namens Griss zur Frau geben will, und dieser kommt, um mit Ávaldi über die Bedingungen dieser Heirat zu sprechen. Da taucht auch Hallfreðr auf, findet Kolfinna und beginnt sofort, ihr seine Gefühle zu offenbaren: Er nimmt sie auf den Schoß und küßt sie vor aller Augen: „Er zog sie ganz gegen ihren Willen an sich, und plötzlich wurden Küsse ausgetauscht":

Da kamen Griss und die anderen [die Zeugen, die Griss für die Werbung und die Heiratsbedingungen herbeigerufen hat] heraus [aus der *skalí*, wo man sie empfangen hatte, und gingen hinüber zum Frauengemach, wo Hallfreðr und Kolfinna ganz sichtbar sich aufhielten]. Griss fragte: „Wer sind diese Leute, die da an die Wand gelehnt sitzen und schmusen?" Er war sehr kurzsichtig, und sein Blick war getrübt. Avaldi sagte: „Das ist Hallfreðr und meine Tochter Kolfinna."
Griss fragte. „Benehmen die sich immer so?"
„Das kommt oft vor", antwortete Avaldi,
„aber im Augenblick ist es deine Sache, diese

Schwierigkeit zu regeln, weil sie deine künftige Ehefrau ist."

Zum Schluß sei noch die Passage aus der *Saga von Gísli Sursson* zitiert, einer der sympathischsten Figuren, die wir als „Sportskanone" bezeichnen würden. Nachts liegt er in seinem Alkoven, da wird er von einem feigen Gegner überfallen und verwundet. Als er den Todesstoß bekommt, schreit er so etwas wie „Treffer!" *(Hneit þar)* und stirbt.

Doch zurück zum Hochzeitsmahl von Reykjaholar:

Dort war ein lustiges Treiben, großes Vergnügen, und es gab allerhand Spiele, auch Tänze [die Übersetzung ist zweifelhaft; es ist ein Lehnwort aus dem französischen *dans*, es kann sich auch auf *folkviser* beziehen], Ringkämpfe, und es wurden Geschichten vorgetragen [*sagnaskemtan*, siehe unten] [. . .] Hrólfr von Skálmarnes erzählte die Saga von Hröngviðr dem Wikinger und von Olaf, König der Liðsmenn, und wie Þráinn der *berserkr* den Hügel zerbrach, und die Saga von Hromundr Gripsson – mit vielen Strophen. Die hat Hrólfr selbst verfaßt. Der Priester Ingimundr trug die Saga vom Skalden Ormr aus Barrey vor, mit vielen Strophen und einem wunderbaren Gedicht am Ende der Saga, die Ingimundr verfaßt hat, obwohl viele Gelehrte glauben, daß sie wahr ist.

Einen Vorbehalt muß man gelten lassen, wenn man dieses Fest auch auf die Wikingerzeit zurückverlegt: Die Sagas gab es damals noch nicht; sie gehörten nicht zum

Wissensschatz der Wikinger. Das soll nicht heißen, daß sie nicht auch ihr Vergnügen daran gehabt hätten, Geschichten vorzutragen, darunter die Vorläufer der Sagas, die *Þættir* (Sing. *Þattr*), die wir aus den Landnahmebüchern der Isländer kennen.[26]

Und so hoffe ich nun, hinreichend bewiesen zu haben, daß die Wikinger alles andere als blutdurstige, rohe Räuber und Piraten waren – ein Vorurteil, das nicht zuletzt aus merkwürdigen Mißverständnissen herrührt, die ihre bilderreiche Sprache hervorruft. Da heißt es etwa:[27] „Bald werden wir das Bier aus dem gebogenen Zweig des Schädels trinken" – aber das ist nur eine Metapher für das Trinkhorn!

Und nicht zuletzt waren es die modernen Medien wie der amerikanische Film oder ähnliches, die unsere Vorstellungen von den Wikingern völlig verdreht haben[28]. Wohlgemerkt: Nach wie vor will ich aus den Wikingern keine Muster an Tugend und Wohlverhalten machen, aber ich will diesem bemerkenswerten Volk nicht Geringeres als Gerechtigkeit und eine ausgewogene Darstellung angedeihen lassen.

# Schluß

Stellen wir uns noch einmal Helga vor, die wir im Prolog verheiratet haben: Inzwischen ist sie gut fünfzig Jahre alt, und wir befinden uns am Ende des 11. Jahrhunderts oder etwas davor. Ein schönes und gutes Leben liegt hinter ihr, und die Schicksalsmächte haben es gut mit ihr gemeint. Von ihren zahlreichen Kindern haben sieben überlebt, vier Söhne und drei Töchter. Trotz seiner zahlreichen Unternehmungen zu Schiff ist Björn noch am Leben; er kann stolz sein, denn er hat ein Vermögen gemacht, teils daheim, teils auf seinen Wikingerzügen, die ihn fast überallhin auf der Ostroute geführt haben. Bei einem schlecht organisierten *strandhögg* hat er einmal Pech gehabt. Mit seiner gespaltenen Lippe will ihn – wie er sagt – wohl keine schöne Frau mehr küssen[1], aber sonst kann er sich nicht beklagen. Er ist ein einflußreicher Mann, und er hat Anteil an allen lokalen und nationalen Entscheidungen (also in seinem *land*), und das hat er teils seinem Reichtum, aber auch seiner Verwandtschaft und Familie zu verdanken. Auf der Nordroute hat er Felle und Pelze gesucht und ist bis zum heutigen Murmansk[2] vorgedrungen. Vor etwa 20 Jahren gab es eine harte Charakterprobe für ihn bei einem rohen *skapraun*[3]. Man warf ihm vor, er habe gezögert, den Prozeß für einen seiner Brüder anzustrengen, den man aller seiner Güter beraubt hatte – eine dunkle Affäre, die er mit Klugheit meisterte, weil er gewohnt war, ungebeugt die Wahrheit herauszufinden. Er ist nicht zurückgewichen, und er konnte in den folgenden Jahren Wiedergutmachung durchsetzen und die drohende Schande von seinem Clan abwenden.

Mit Haus und Hof ist er sehr zufrieden; alles ist vollständig und gut eingerichtet. Die Stützen seines Hochsitzes hat er selbst geschnitzt, und auf sein ausgezeichnetes Schiff ist er nicht wenig stolz; es liegt einige hundert Meter entfernt im Bootshaus *(naust)*. In der schönen Jahreszeit wandert er durch seinen Besitz wie Gunnar von Hliðarendi in der *Njállssaga,* und er kann sagen: „Schön ist der Berg! Niemals ist er mir so schön vorgekommen! Die Felder golden, der Garten gut bestellt..."[4]

# Anmerkungen

## Prolog

1. *Rigsþula* der Lieder-Edda, Str. 23, bestätigt durch Str. 40
2. In den *Gesta hammaburgensis ecclesiae pontificum*, hrsg. B. Schmeidler, SRG, Hannover 1917, IV, 27. Adam von Bremen verfaßte um das Jahr 1075 eine Chronik der bedeutenden Taten der Erzbischöfe von Bremen-Hamburg. Er interessierte sich sehr für Skandinavien und notierte am Rande seiner Aufzeichnungen eine Fülle von Wissenswertem über den Norden und die Wikinger. Allerdings benutzt er Dokumente aus zweiter Hand, vor allem das Zeugnis des dänischen Königs Svend Estridsøn (1047–1074).
3. Saxo Grammaticus: dänischer Chronist, vermutlich Mönch, Schreiber des berühmten Bischofs Absalon, nach dessen Anweisungen er die *Gesta Danorum* (Heldentaten der Dänen) niederschrieb, die in neun Büchern von den mythischen Anfängen Dänemarks handeln und häufig die Wikinger betreffen.
4. Nach R. Boyer, „On the Scandinavian Great Goddess", Actes du colloque de Bad Homburg sur les sources de la religion germanique, Bonn 1992.
5. *Þrymskviða* der Lieder-Edda, Str. 30

6. In zahlreichen Veröffentlichungen hat der bedeutende Gelehrte die wichtigsten religiösen Texte aus dem gesamten indoeuropäischen Bereich miteinander verglichen. Daraus zog er den Schluß, daß alle unsere Mythologien Götter und Göttinnen aufweisen, die nach ihren Funktionen angeordnet sind. Er unterscheidet drei Funktionen: Die erste (Zeus, Jupiter, Óðinn) bezieht sich auf die Inhaber gesetzgeberischer-magischer Macht; die zweite (Indra, Mars, Þórr) betrifft Kriegsgottheiten; die dritte (die Asvin, Quirinus, Freyr) bezieht sich auf Schutzgottheiten der Fruchtbarkeit. Diese Dreiteilung ist theoretisch sehr plausibel, stimmt aber nicht mit der Realität unserer Quellenlage überein, liefert dennoch eine interessante Diskussionsgrundlage.

7. Ich halte hier für alle folgenden Stellen fest, daß dieses Buch unter Zuhilfenahme einer früheren Publikation entstand: *Les Vikings. Histoire et civilisation*, Paris 1992, dt. *Die Wikinger*, Stuttgart 1995. Die Umstände haben es gewollt, daß ich an beiden Projekten gleichzeitig arbeiten mußte. Aber das ist wohl kein Hindernis. Die Thematik beider Bücher ist strikt auf das, was im Titel steht, beschränkt. In meinem Kopf ergänzen sie einander; in diesem Buch zum Beispiel kann ich die allgemeinhistorischen Verweise aussparen, die sonst in vergleichbaren Untersuchungen unerläßlich sind. Umgekehrt habe ich in dem anderen Buch die Fragen des „Lebens" nicht behandelt; sie haben hier Eingang gefunden. Der interessierte Leser möge also bedenken, daß er für eine umfassende Kenntnis des Themas beide Bücher lesen sollte!

8. Ein detailliertes Beispiel bei R. Boyer, *Le mythe viking dans les lettres françaises*, Paris 1986

## Kapitel I
## Was versteht man unter „Wikinger"?

1. Hierzu vor allem Boyer, *Die Wikinger*, insbes. Kap. 1.
2. Dazu genauer in *Die Wikinger*, S. 195 ff. oder in *Sagas islandaises*, Paris, 2. Auflage 1991, Bemerkung zu „Sagas von Vinland".
3. Vgl. *Die Wikinger*, Kap. 3
4. *þundaraz ⟶ þórr. Das Sternchen vor dem Wort bedeutet, daß es sich um eine von Philologen erschlossene, rekonstruierte Form handelt (s. unten Anm. 13 u. 39 zu Kap. VI)
5. Vgl. *Die Wikinger*, Kap. 2 Ende.

## Kapitel II
## Unsere Quellen

1. *Íslendiga saga*, Kap. CXXXVII ff., in der *Sturlunga saga*.
2. Zu Birka: H. Arbmann, *Birka I*: Die Gräber 1–2 (1940–1943), Uppsala; zu Island: K. Eldjárn, *Kuml og haugfé úr heiðnum sið á Íslandi*, Akureyri 1956; zu Hedeby: H. Jankuhn, *Haithabu. Ein Handelsplatz der Wikingerzeit*, Neumünster, 2. Aufl. 1963; zu York und Dublin: A. P. Smyth, *Scandinavian York*, I–II, Dublin 1979.
3. Zwei unentbehrliche Standardwerke: Bertil Almgren u. a., *Vikingen*, Göteborg 1967; französisch *Les*

*Vikings*, Paris 1972; James Graham-Campbell, *The Viking World*, London, 2. Aufl. 1989.

4. Vgl. Jean Renaud, *Les Vikings en Normandie*, Ouest-France 1989.

5. In *Kings and Vikings. Scandinavia and Europe. AD 700–1100*, London 1982, Kap. 1

6. Vgl. *La Saga d'Óláfr Tryggvason*, franz. übs. v. R.-Boyer, Paris 1992, z. B. Kap. XCIV.

7. Die besten Untersuchungen dazu stammen von Hörður Áugústsson, z. B. *Hér stoð bær*, Reykjavik 1974.

8. Franz. Übersetzung: *Le Livre de la colonisation de l'Islande*, Paris 1973.

9. So P. Foote u. D. M. Wilson, *The Wiking Achievement*, London 1970; J. Simpson, *Every Day Life in the Viking Age*, London 1970 (beide Werke sind grundlegend); dazu, außer den Angaben oben Anm. 3 und 5, O.-Klindt-Jensen, *Vikingarnas värld*, 1967.

10. In der schwedischen Ausgabe, Malmö 1956–1978.

11. Die besten Untersuchungen stammen von M. Dolley, *Vikings Coins of the Danelaw and of Dublin*, London 1965, und von B. Malmer, z. B.: *Nordiska mynt före år 1000*, Lund 1966.

12. Die beste Spezialstudie ist *K. Hauck*, Zur Ikonologie der Goldbrakteaten, I–XX, Münster 1980.

13. Die besten Spezialstudien von Lucien Musset, *Introduction à la runologie*, Paris, 2. Aufl. 1980, und E. Moltke, *Runes and Their Origin: Denmark and Elsewhere*, Kopenhagen 1985, oder auch R. I. Page, *Runes*, London 1987.

14. *The Runes of Sweden*, Stockholm 1987.

15. Detailstudie von R. Boyer, *Le Christ des Barbares*, Paris 1987, S. 145 ff.

16. Außer der Arbeit von J.Renaud, *Les Vikings en Normandie* s.a. die dort auf S.220 zitierten Arbeiten von Jean Adigard des Gautries.
17. Ebd. S.133.
18. S.o. Kap.1, Anm.2.
19. Peter Hallberg in „Om Þrymskviða", in: *Arkiv f. nord. Filologi*, 1969, S.51–77.
20. Snorri Sturluson (1179?–1241), bedeutendster isländischer Staatsmann und eine der wichtigsten Persönlichkeiten in den letzten Jahren der Unabhängigkeit Islands; zweifellos der beste Chronist Skandinaviens im Mittelalter. Er verfaßte unter anderem die sogenannte *Prosa-Edda*, die für den Gebrauch der Skalden die altnordische Sagenwelt darstellt. Er schrieb mehrere skaldische Lieder von hohem Rang; außerdem Sagas, darunter eine der schönsten Isländersagas: die *Saga von Egill, Sohn Grimrs des Kahlen*, und Königssagas der *Heimskringla*.
21. Vgl. R.Boyer, *Les sagas islandaises*, Paris, 3.Aufl. 1992, Kap.5.
22. Wie es M.Jacoby in seinen letzten Publikationen tut.
23. *Die Wikinger*, Kap.1, S. 24 ff.

## Kapitel III
## Die Wikingergesellschaft

1. Die Überlegungen in diesem Kapitel bringen mehr „familiäre" Einzelheiten zu den eher allgemeinen Gedanken in *Die Wikinger*, Kap.5.
2. *Saga vom heiligen Olaf*, Kap. LXXX, *Heimskringla*.
3. Wie man es in der *Saga vom heiligen Olaf*, Kap.-CCXXXIV, sehen kann.

4. Das Thema ist uferlos. Zur Orientierung vgl. die Akten der 6. Internationalen Konferenz über die Sagas, Kopenhagen, Det arnamagneanske Institut 1985, Bd. 1.

5. Die beste Studie über die Gilden (Sing. *gildi*) ist nach wie vor A. O. Johnsen, „Gildevaesenet i Norge i middelalderen. Oprindelse og utvikling", in: *Norsk Historisk Tidskrift*, 5, V.

6. S. o. R. Boyer, „La femme d'après les sagas islandaises", in: *Boréales*, Dez. 1991

7. Vgl. R. Bruder, *Die germanische Frau im Lichte der Runeninschriften und der antiken Historiographie*, Berlin 1974.

## Kapitel IV
## Der Alltag auf dem Land

1. Letztere hervorragend rekonstruiert nach den Studien von Hörður Áugústsson, darunter *Hér stóð bær. Líkan af þjóðveldisbae*, Reykjavik 1972, mit überzeugenden Skizzen und Zeichnungen. Das Gehöft wurde an seinem ursprünglichen Platz rekonstruiert.

2. In der franz. Übersetzung, Paris 1973, S. 114 ff. und 121.

3. In der *Húsdrápa*, Ende des 10. Jahrhunderts. Olaf der Eitle ist eine der Hauptpersonen der *Laxdoela saga*, franz. Übersetzung in *Sagas islandaises*.

4. Vgl. Selma Jónsdóttir, *Dómsdagurinn i Flatatungu*, Reykjavik 1959. Ausgezeichnete Detailwiedergabe dieser Täfelung bei B. Almgren u. a., *Vikingen*, S. 104.

5. *Saga von Glumr dem Mörder*, in: *Sagas islandaises*, Kap. VII, S. 1066.

6. Die *Austrfararvísur* sind ins Französische übersetzt bei Renauld-Krantz, in: *Anthologie de la poésie nordique ancienne*, Paris 1964, S. 237 ff.

7. Die Routen sind im einzelnen beschrieben in *Die Wikinger*.

8. Wie der Wikinger in voller Rüstung aussah, weiter unten, Kap. 5, S. 148 ff.

9. *Njalls saga*, Kap. CLVII. Französische Übersetzung in: *Sagas islandaises*, S. 1496 f.

10. Die beiden Wörter tauchen jeweils in der *Islendinga saga*, Kap. XCVI, und in *Sturlu þattr*, Kap. II auf, beide in der *Sturlunga saga*.

11. In der *Saga von Harald dem Grausamen* und der *Saga von Olaf Tryggvason*, beide in der *Heimskringla* von Snorri Sturluson.

12. In seinen *Skáldskaparmal*, Prosa-Edda, Kap. LXXVIII. Und ich muß hinzufügen, daß ich die Idee aus Simpson, *Everyday Life in the Viking Age*, Kap. 3, S. 59 f. übernommen habe.

13. Diese Berichte wurde in extenso zitiert in *Die Wikinger*, S. 110 f.

14. Zeichnung und detaillierte Rekonstruktion bei B. Almgren, S. 175, Foto S. 177.

15. Genau *dœgr*, zur Unterscheidung von *dagr*, das eher neutrum ist. Das Prinzip dieses Schemas übernehme ich aus V. Gordon, *An Introduction to Old Norse*, 2. Aufl. 1957

16. Vgl. R. Boyer, „Dans Upsal où les jarls boivent la bonne bière", in: Actes du colloque de Rouen, Rouen 1992.

17. Im Kap. XLVI der *Gylfaginning* in seiner Prosa-Edda.

## Kapitel V
## Das Leben an Bord

1. In der *Heimskringla*, Kap. LXXXVII. Französische Übersetzung in R. Boyer, *La Saga d'Óláfr Tryggvason*, Paris 1992.

2. Das Thema ist uferlos und hat eine Fülle von Untersuchungen ausgelöst. Die nach meiner Ansicht beste Darstellung ist der Artikel „Skibstyper" im *Kulturhistoriskt Lexikon f. nord. meðeltid* von dem derzeit besten Fachspezialisten Ole Crumlin-Pedersen, mit umfangreicher Bibliographie, daraus vor allem A. W. Brøgger, A. E. Christensen, A. Olsen u. O. Crumlin-Pedersen („The Skuldelev ships", 1958 u. 1967). In der französischen Forschung gab es erst in der Zeitschrift *Le Chasse-marée*, 30. Juli 1987, eine akzeptable Première.

3. Einzelheiten in *Chasse-marée*, wie Anm. 2.

4. *The Viking World*, S. 46 f.

5. S. o. Anm. 2. Aufschlußreiche Zeichnungen bei Graham-Campbell, *The Viking World*, S. 46 f.

5a. Es ist sehr interessant festzustellen, daß das altnordische Wort *akkeri*, Anker, ein Lehnwort aus dem Friesischen ist. Die nautische Kunst der Wikinger verdankt also möglicherweise viel dem friesischen Vorläufer – dasselbe trifft, wie ich schon sagte, auf die Handelstechniken zu.

6. Kap. XXXI–XXXIV in der Version ÁM 291, 4 v.

7. Kap. XXIX ff.

8. Umfassende Untersuchung: Th. Ramskou, *Solstenen. Primitiv navigation i Norden før kompasset*, Kopenhagen 1969.

9. Diese Beziehungen werden im einzelnen beschrieben in: *Die Wikinger*, S. 110 f.

10. Davon sind nur wenige Überreste zutage gekommen. Man kann sie im Musée des antiquités nationales in Saint-Germain-en-Laye besichtigen. Diese Frage hat mich immer beschäftigt: Es ist schwer zu glauben, daß dieses Schiffsgrab eine Einzelerscheinung auf der Insel Groix gewesen sein soll, zumal man sehen kann, daß sie als Hafen oder Rückzugsbasis gedient haben muß. Gerade in dem Gebiet, wo dieses Schiff ausgegraben wurde, gibt es noch andere kleine Bodenerhebungen, und das bestärkt mich in der Vermutung, daß noch mehr archäologische Funde zu erwarten sind.

11. Die französische Übersetzung entweder über das arabische Original von Marius Canard in: *Ibn Fadlân: Voyage chez les Bulgares de la Volga*, Paris 1988, S. 76 f., oder bei R. Boyer, *L'Edda poétique*, S. 35 f.

12. Einzelheiten in: *Die Wikinger*.

13. Da der Irrtum so häufig begangen wird, erinnere ich daran, daß die Eroberung Italiens, insbesondere Siziliens, ein ausschließlich normannisches Unternehmen aus der Normandie (Robert Guiscard) war und nichts mit den Wikingern zu tun hat.

14. Zum Beispiel, außer in *Die Wikinger*, in „Les vikings: des guerriers ou des commerçants?" in *Les Vikings et leur civilisation. Problèmes actuels*, rapports scientifiques publiés sous la dir. de R. Boyer, EPHE, Bibliothèque arctique et antarctique, 5, Paris 1976, S. 211–240.

15. Hier folge ich in allem den Theorien des belgischen Historikers Henri Pirenne, *Mehomet et Charlemagne*, 1937: Der unentbehrliche Handelsaustausch zwi-

schen Ost und West in Europa verlief tausend Jahre lang über das Mittelmeer, was den einzigartigen Aufschwung der Kulturen im Vorderen Orient und später Griechenlands und Roms erklärt. Aber im 8. Jahrhundert schnitten die Araber diese Wege ab, und damit verlegt sich die Handelsachse in Richtung Norden – Ostsee und Nordsee –, wo die Wikinger und die Friesen ihr ideales Betätigungsfeld fanden.

16. Eine überzeugende Darstellung durch Rekonstruktion aufgrund von archäologischen Funden bei Almgren u. a., die ich häufig heranziehe: *Vikingen*, S. 229. Dort kann man ihn auch mit dem Porträt des „Vorfahren" aus dem 6. Jahrhundert vergleichen.

17. Sehr detailliert, aber ausgehend von den Gegenwartssagas: R. Boyer, „La guerre en Islande à l'âge des Sturlungar: armes, tactique, esprit", in *InterNord* 11, Dez. 1970, S. 184–202.

18. *Ibn Fadlân* (Anm. 11), S. 72–75.

19. Zusammenfassende Studie: R. Boyer, *Peuples et pays mythiques*, Actes du V$^e$ colloque du Centre de recherches mythologiques de l'université de Paris-X, réunis par F. Jouan et B. Deforge, Paris 1988: „Le Bjarmaland, d'après les sources scandinaves anciennes", S. 225–236.

20. Zitiert nach: *Constantin Porphyrogénète: De Administrando Imperio*, hrsg. v. G. Moravcsik, engl. Übs. v. R. J. H. Jenkins, I–II, Budapest 1949–1962.

21. Man hat sich sehr viel einfallen lassen, um zu erklären, was das Wort bedeuten könnte: der geborstene Fels; es würde einer Felsbank in der Stromschnelle entsprechen, was Nenasytec im Russischen bedeutet.

22. Zweifellos. Der Text scheint *hválfr* zu haben; Vorstellung: Gewölbe, gewölbte Gruft.
23. S. B. F. Jansson, *The Runes of Sweden*, S. 39
24. So genannt nach der Stadt Kufah in Mesopotamien.
25. Vgl. die Saga (nach der *Heimskringla* von Snorri Sturluson), franz. Übs. Payot, 1979.
26. Reproduktion bei Ole Klindt-Jensen: *Vikingarnas värld*, Stockholm 1967, S. 107.
27. Was auch den Ausgangspunkt von *Die Wikinger* darstellt.
28. *The Viking World*, S. 80.
29. Zunächst von H. Jankuhn, danach von Schietzel.
30. Zum Beispiel in *The Viking World* von Graham Campbell, S. 94 f.
31. Dieser Text wird neben anderen von H. Birkeland zitiert, in: *Norske Videnskabs-Akademiets Skrifter*, II, Hist.-phil. Klasse, 2, Oslo 1954, darin Das Buch der Reise von Ibrahim ibn Jakub (um 975). Ich übernehme es aus G. Jones, *A History of the Viking*, Oxford 1968, S. 177 f.
32. *Kings and Vikings*, S. 63 f.
33. In: *Au temps des Vikings* ... Sammlung La vie privée des hommes, Paris 1983, Text von L. R. Nougier, S. 48. Nebenbei ein großartiges Beispiel für die heute geläufigen Mißverständnisse: Neben Exponaten, die eine absolut korrekte Dokumentation abgeben, der ganze übliche Wust von Irrtümern und Legenden (die „Ritter des Meeres"; der unvermeidliche „drakkar"; die gehörnten Helme von „Priestern", die eine Eheschließung weihen; der Skalde, der auf seinem Horn die „Erzählung von den wunderbaren Heldentaten der jarls" begleitet, und anderes mehr).

## Kapitel VI
## Große Ereignisse

1. In *Yggdrasill, la religion des anciens Scandinaves*, Paris, 2. Aufl. 1992. Ich unterschied dort drei große Naturgewalten, die sämtliche altnordischen Götter für sich beanspruchen könnten: Luft – Feuer – Sonne; Wasser; das eigentlich chthonische Element. Beim heutigen Stand meiner Forschungen bin ich nicht mehr so sicher, ob diese Dreiteilung korrekt ist und ob es nicht besser wäre, vom ersten Element Sonne – Feuer abzutrennen und die Luft unabhängig davon aufzuführen.

2. Für die *fóstbrœðralag* sind die beiden Sagas *Gísla Saga Súrssonar* und vor allem *Fóstbrœðra saga* unbedingt heranzuziehen. Der Begriff selbst wurde untersucht von R. Boyer, *Le monde du double*, S. 147 f.

3. Dudo von Saint-Quentin: normannischer Schreiber; er lebte im späten 11. Jahrhundert und verfaßte im Auftrag der Herzöge der Normandie eine Huldigungsschrift mit dem Titel *De moribus et actis primorum normanniae ducum*. Dieses Buch ist die Quelle der Grundirrtümer, die wir ständig im Zusammenhang mit der Wikingerfrage begehen.

4. *Introduction à la runologie*, S. 381.

5. Vgl. R. Boyer, „L'âme chez les anciens Scandinaves", in: *Heimdal* 33, 1981, S. 5–10, wo ich aus einsichtigen Gründen den Begriff *önd* nicht behandle, denn er ist eine Anleihe aus dem christlichen Gedankengut (das Wort bedeutet „Hauch", „Atem").

6. Der Begriff *draugr* wurde untersucht von Cl.-Lecouteux, *Fantômes et revenants au Moyen Age*, Paris 1986. Einzelne Beispiele von Wiedergängern in:

*Contes populaires d'Islande*, ins Franz. übs. und dargestellt von R. Boyer, Reykjavik, *Iceland Review* 1983, insbes. S. 46 ff.

7. Text entweder in *Ibn Fadlân* (Kap. 5, Anm. 11) oder bei R. Boyer, *L'Edda poétique* im Einleitungsessay über das Heilige.

8. Über die verschiedenen Stile und die Datierung der Wikingerkunst vgl. unten S. 300.

9. Vgl. die ausgezeichneten Rekonstruktionen bei B. Almgren u. a, *Vikingen*, S. 43 bzw. 45.

10. Die Artikel „duradómr" und „draugr" im KLNM bieten aufschlußreiche Angaben und grundlegende Literatur.

11. Vgl. dazu wieder *Ibn Fadlân*, insbes. S. 82.

12. Die drei nach meiner Ansicht besten Studien zur altnordischen Religion sind F. Ström, *Nordisk hedendom. Tro och sed i förkristen tid*, Göteborg 1961; Jan de Vries, *Altgermanische Religionsgeschichte*, Berlin 1970, und G. Dumézil, *Les dieux des Germains. Essai sur la formation de la religion scandinave*, Paris 1959.

13. Oder gemeingermanisch *tinas, griech. *zeus*, lat. *ju(piter)*, Sanskrit *dyaus*, kelt. *di*, franz. *dieu* von lat. *deus*.

14. Vgl. R. Boyer, „La dextre de Týr", in: *Mythe et politique*, Actes du colloque de Liège, études rassemblées lar F. Jouan et A. Motte, Paris 1990, S. 33–43.

15. Sehr detailliert untersucht in «Essai sur le sacré», Einleitung zu *L'Edda poétique*.

16. Beste und in gewisser Hinsicht revolutionäre Studie: F. Ström, *Den egna kraftens män*, Göteborg 1948.

17. Es sei daran erinnert, daß alle Versionen der Gesetzesbücher, die auf uns gekommen sind, erst *nach* dem Einzug des Christentums in Nordeuropa

niedergeschrieben wurden, also um 1000 (Zeit der Christianisierung) und 1200 (Abfassung der Kodices). Das soll zwar nicht heißen, daß diese Texte nicht auf sehr alten Gesetzen beruhen, aber wir können es nicht als völlig sicher annehmen, zumal neuere Untersuchungen (wie zum Beispiel die Publikationen von M. Jacoby) zunehmend davon ausgehen, daß die Kodices nach römischen und biblischen Vorbildern abgefaßt wurden.

18. Wörtlich: das eingefriedete Land, *garðr*, wo der Verurteilte, der eine Geldzahlung (*baugr*, Ring) leisten soll, um sein Leben zu retten (*fjör*), unverletzbar ist.

19. Neueste Untersuchung über das Gottesurteil: R. Boyer, „Einige Überlegungen über das Gottesurteil im mittelalterlichen Skandinavien", in: *Das Mittelalter – Unsere fremde Vergangenheit*, hrsg. v. J. Kuolt u. a., Stuttgart 1990, S. 173–194.

20. Zitiert z. B. bei P. G. Fook u. D. M. Wilson, *Viking Achievement*, S. 384 f.

21. In den Kapiteln LXXXVII ff. dieser Saga.

22. *Gesta Hammaburgensis* IV, XXVI–XXVII; das zweite Zitat: Scholien 138, 139.

23. In *Yggdrasill* (o. Anm. 1).

24. Hier sei kurz angemerkt, daß Dumézil trotz seiner scharfsinnigen Analysen, die er vorlegen konnte, das Thema wohl nicht erschöpfend behandelt hat; hier wie an anderer Stelle hat er im Interesse seiner berühmten Thesen die Quellen überbeansprucht.

25. So etwa *Helgakviða Hundingsbana* I und II und *Helgakviða Hjörvarðssonar*.

26. Detailstudie und franz. Übs. der *Völsunga saga* bei R. Boyer, *La Saga de Sigurðr ou la parole donnée*, Paris 1989.

27. Das heißt Abkomme von Völsi, möglicherweise dasselbe Wort wie griech. *phallos* und speziell auf das Pferd angewandt. Es ist nicht völlig ausgeschlossen, daß die nordischen Gottheiten einen totemistischen Ursprung hatten, aber dieser Deutungsrahmen ist, wie man weiß, mit großer Vorsicht zu handhaben. Immerhin ist es bemerkenswert, daß in den Heldengedichten der Edda die Nachkommen des Pferdes (möglicherweise) den Nachkommen des Wolfs (Ylfingar) und den Hundes (Hundingar) gegenübergestellt werden.

28. Wie in der *Hervarar saga ok Heiðreks konungs* (franz. Übs. in R. Boyer, *La Saga de Hervör et du roi Heiðrekr*, Paris 1988) oder in der *Örvar-Odds saga*.

29. Untersuchungen über Loki bei J. de Vries, *The Problem of Loki*, Folklore Fellows Cummunications, 110, 1933; F. Ström, „Loki. Ein mythologisches Problem", in: *Acta universitatis gothoburgensis*, Göteborg 1956, und G. Dumézil, *Loki*, Paris, 2. Aufl. 1986.

30. Adam von Bremen, *Gesta hammaburgensis*. Er hat die Ränder seiner Chronik mit Scholien ausgefüllt, die häufig von Skandinavien handeln.

31. Die besten Untersuchungen über den Schamanismus in Skandinavien bei Peter Buchholz, insbes. „Shamanism – The Testimony of Old Icelandic Literary Tradition", in: *Medieval Scandinavia* 1971, 4, S. 7–20.

32. Die grundlegende Studie ist nach wie vor Mircea Eliade, *Le Chamanisme et les techniques archaïques de l'extase*, Paris 1951.

33. In der *Heimskringla* von Snorri Sturluson, franz. Übs. bei R. Boyer, *La Saga de Harald l'Impitoyable*, Paris

1979, hier die einleitenden Kapitel (bis Kap. X) und die zugehörigen Anmerkungen.

34. S. o. Anm. 6 zum Prolog.

35. R. Boyer, „Fjorgyn(n)", in: *Mort et fécondité dans les mythologies*, Actes du colloque de Poitiers, hrsg. v. F. Jouan, Paris 1986, S. 139–150.

36 Vgl. Seraphitus-Seraphita von Swedenborg, Amandus-Amanda von Stagnelius, Tintomara von Almquist, ganz abgesehen von einigen Schöpfungen von Strindberg oder P. O. Enquist, alles schwedische Autoren.

37. *Völsa þattr* in franz. Übs. in *L'Edda poétique*, S. 89 ff.

38. Foto bei F. Ström, *Nordisk hedendom*, Abb. 18 mit Bezug auf S. 145.

39. *\* Skapin-auja*, das Land, das sich des Glücks erfreut – *ey* < auja – bezogen auf Skaði.

40. Eine Bracteate war eine Gold- oder Silbermünze, die nur auf einer Seite geprägt war, so daß das Motiv auf der Vorderseite als Relief und auf der Rückseite als Hohlbild zu sehen war. Hervorragende Abbildungen bei P. Anker, *L'Art Scandinave* I, La Pierre-qui-vive 1969, S. 64 und folgende Abb.

41. Do-ut-des-Prinzip: vgl. R. Boyer, *Le Christ des Barbares*, insbes. S. 17 ff., der Abschnitt über die religiöse Mentalität der alten Völker Skandinaviens.

42. Die eingehendste Untersuchung bei R. Boyer, „Le culte dans la religion nordique ancienne", in: *InterNord* 13–14, Dez. 1974, S. 223–243.

43. *La libation. Etudes sur le vocabulaire religieux du vieux scandinave*, Paris 1921.

44. Hervorragendes, aber nur „literarisches" Beispiel in der *Jómsvikinga saga*, Kap. XXVII.

45. Das ist ein Thema, das mir sehr am Herzen liegt, und ich habe deshalb schon aus unterschiedlichen Blickwinkeln in mehreren Arbeiten behandelt: *L'Edda poétique*, dort im einleitenden Abschnitt über das Heilige; auch in der Einleitung zur franz. Übs. von *La Saga des chefs du Val-au-Lac*, Paris 1980, wieder abgedruckt in *Sagas islandaises*, oder auch in *Sagnaskemmtun*, Studies in honour of Hermann Pálsson, hrsg. v. R. Simek u. a., Wien 1986: „Fate as a deus otiosus in the Islendingasögur: a romantic view?", S. 61–78.

46. Eingehende Analyse dieses Themas in der ausgedehnten Einleitung zur franz. Übs. dieser Saga bei R. Boyer, *Trois sagas islandaises di XIII^e siècle et un þattr*, Paris 1964, S. 15-41.

47. Vgl. wieder R. Boyer, „L'âme chez les anciens Scandinaves".

48. Einige Gesichtspunkte zur Freizeit in *Le Monde du double*, S. 37 ff.

49. *Introduction à la runologie*, insbes. § 76–84.

50. Die *Saga von Egill, Sohn Grimrs des Kahlen* in: *Sagas islandaises*, Kap. LVI, S. 111 ff. Der dort beschriebene Ritus ist vollständig: Aufrichten einer Schandsäule (*niðstöng*) und Deklamieren einer speziellen Formel (*formáli*).

51. Foto bei Almgren u. a., *Vikingen*, S. 144.

52. Vgl. die Skizze in Boyer, *Die Wikinger*, S. 345.

## Kapitel VII
## Geistesleben

1. Der *Hemings þattr* ist mehrere Male publiziert worden, aber nicht in französischer Sprache. Dazu R. Boyer, „Toko le Scandinave", in: Actes du Congrès Guillaume Tell, hrsg. v. Mme Heger, Paris 1992.

2. Die drei Sagas zum Thema sind *Saga von Eirikr dem Roten*, *Saga der Grönländer* und der *Spruch der Grönländer*, alle in franz. Übs. unter dem Titel „Sagas du Vinland" in: *Sagas islandaises*.

3. Vgl. außer *Introduction à la runologie* von L. Musset auch R. I. Page, *Runes*, London 1987, oder E. Moltke, *Runes and Their Origins: Denmark and Elsewhere*. Die Literatur dazu ist immens und widersprüchlich.

4. Das Wort *ættir* kommt von *átta*, acht, und nicht, wie man immer noch lesen kann, von *ætt*, Familie!

5. Zu Musset: *Introduction*, zu A. Baeksted: *Målruner og troldruner, runemagiske studier*, Kopenhagen 1952.

6. Zum Beispiel das *bh* in Sanskrit *bharami* (es wurde gewählt, weil das Sanskrit dem Indoeuropäischen sehr nahe ist) ergibt lat. *fero* und isländisch *bera* (tragen); Sanskrit *pad* ergibt griech. *podos*, lat. *pedis*, isländisch *fótr* (Fuß) usw. Zur Einführung R. Boyer, *Elements de grammaire de l'islandais ancien*, Göppingen 1981.

7. Wo sich auch der nachgestellte bestimmte Artikel manifestiert, der für die skandinavischen Sprachen charakteristisch ist. Z. B. ergibt „der Mensch" *maðrinn*.

8. Da viele Inschriften im alten *fuþark* mit *ek* beginnen, bezieht sich *erilaR* oder vielleicht auch *erilaR* (vielleicht die „Heruler" oder „Eruler" der antiken

Autoren, was sprachlich das Wort *jarl* ergeben könnte) auf einen Fachmann, einen Könner, also einen in die Runen Eingeweihten. Wenn das Wort dasselbe ist wie *jarl*, könnte man den „aristokratischen" Ursprung von dem Kenner von Runen ableiten!

9. Dieses Problem behandle ich in Einzelheiten in *Die Wikinger*, S. 53 ff.; auch in: „Les Vikings: des guerriers ou des commerçants?", in: *Les Vikings et leur civilisation. Problèmes actuels*, S. 211–240.

10. S. B. F. Jansson, *The Runes of Sweden*.

11. Vgl. auch R. Boyer, „La poésie scaldique", in: *Typologie des sources du Moyen Age occidental*, Fasz. 62, Brepols 1992.

12. Ragnarr Loðbrók: berühmter Wikinger, mehr oder weniger legendenhaft, hat möglicherweise in den ersten Jahrzehnten des 9. Jahrhunderts Paris belagert. Es ist berühmt wegen seiner Söhne, die England verwüsteten. Er soll vom angelsächsischen König Ella getötet worden sein, der ihn in eine Schlangengrube warf. Vor seinem Tod soll er noch Zeit gehabt haben, eines der Hauptwerke der skaldischen Poesie mit dem Titel *Krákumal* zu dichten, darin der berühmte Vers „Ich sterbe lachend".

13. Diesen Satz finde ich bei C. Cucina, *Il tema del viaggio nelle inscrizioni runiche*, Pavia 1989, S. 572.

14. Eine detaillierte Untersuchung darüber in: *La poésie scaldique*, Paris 1990.

15. Franz. Übs. in: *Sagas islandaises*, Kap. LXXVIII, S. 171 ff.

16. Es gibt zahlreiche Untersuchungen dazu, z. B. D. M. Wilson u. O. Klindt-Jensen, *Viking Art*, Minneapolis 1980, oder P. Anker, *L'Art scandinave*.

17. Der Stil von Urnes wie von Ringerike geht teilweise über die Wikingerepoche hinaus, vor allem soweit er einige Stabkirchen in Norwegen beeinflußte.

18. Die Beobachtung stammt von J. Graham-Campbell, *The Viking World*, S. 144.

19. Sämtliche Objekte in dem opulent bebilderten Katalog *The Vikings*, hrsg. v. J. Graham-Campbell u. D. Kidd, London, British Museum 1980.

20. Vgl. R. Boyer, „Le symbolisme des gravures rupestres de l'âge du bronze scandinave", in: *Le Mont Bego*, Actes du Congrès de Tende, Paris 1992.

21. Diese Techniken sind wunderbar dargestellt und erläutert bei B. Almgren, *Vikingen*, v. a. S. 200 ff.

22. Darüber R. Boyer, „De la carole à la folkvisa", in: *Influences. Relations culturelles entre la France et la Suède*, Actes publiées par G. von Proschwitz, Göteborg 1988, S. 7–21.

23. Eine vollständige Tabelle, allerdings nur für das 13. Jahrhundert, in *La vie religieuse en Islande (1116–1264) d'après la Sturlunga saga et les Sagas des Evêques*, Paris 1979, 2. Teil, Kap. II.

24. Es handelt sich um das Kap. X der *Saga von Þorgils und Hafliði*, eine der Gegenwartssagas in der *Sturlunga saga* genannten Kompilation.

25. Dazu R. Boyer, *Mœurs et psychologie des anciens Islandais*, Paris 1987. Das ethno-psychologische Porträt, das in diesem Buch ausgebreitet wird, habe ich hier nicht wiedergegeben, weil es sich ausschließlich und bewußt auf die sogenannten Gegenwartssagas gründet. Trotzdem könnte es vielleicht auch genauso für die Wikinger zutreffen!

26. Liegt nur teilweise in franz. Übs. vor: *Le Livre de colonisation de l'Islande (Landnámabók)*.

27. *Anthologie de la poésie nordique ancienne*, S.529.
28. Das Thema wurde sehr ausführlich behandelt in R.-
Boyer, *Le Mythe viking dans les lettres françaises*.

## Schluß

1. Dieser Scherz kommt sinngemäß in einer *islendigasaga* vor: In der *Saga der Söhne Droplaugs* wird dem Helden durch einen Schwerthieb die Unterlippe gespalten. Sein Kommentar: „Ich habe nie ein schönes Gesicht gehabt, aber dir es auch nicht gelungen, es zu verschönern."
2. Einzelheiten zu den Routen der Wikinger oder Waräger in *Die Wikinger*, S. 165 ff.
3. Zu diesem Schlüsselbegriff der Sagas vgl. *Les Sagas islandaises*, Kap. XI.
4. Kap. LXXV.

# Literatur

## Einige Überblickswerke

Almgren, Bertil u.a., *Vikingen*, Malmö 1967. Unentbehrlich. Stützt sich vor allem auf die Erkenntnisse der Archäologie. Auch franz.: *Les Vikings*, Paris 1972.

Graham-Campbell, J., *The Viking World*, London 1989. Mit hervorragenden Zeichnungen und Fotos.

Ders., *Viking Artefacts: A Select Catalogue*, London, British Museum 1980.

Ders. und D. Kidd, *The World of the Vikings*, London 1980.

Klindt-Jensen, O. u. S. Ehren, *The World of the Vikings*, London 1970.

Wilson, D. M., *The Vikings and Their Origins*, London 1977.

Foote, P. G. u. D. M. Wilson, *The Viking Achievement*, London 1970; zahllose Neuauflagen, wohl überhaupt die beste Untersuchung zum Thema; sie verbindet Archäologie und Philologie, und beides von höchstem Rang.

## Einführungswerke zur Geschichte und zur Archäologie

Arbman, H., *The Vikings*, London, rev. Neuaufl. 1962.

Jones, G., *A History of the Vikings*, Oxford University Press, 2. Aufl. 1984.

Musset, L., *Les Invasions. Le second assaut contre l'Europe chrétienne (VIIe–XIe siècle)*, Paris 1965.

Rœsdahl, E., *Viking Age Denmark*, London 1982.

Sawyer, Ph., *The Age of the Vikings*, London 1967.

Ders., *Kings and Vikings*, London 1982.

Boyer, R., *Les Vikings. Histoire et civilisation*, Paris 1992; dt. *Die Wikinger*, Stuttgart 1995.

Renaud, J., *Les Vikings et la Normandie*, Ouest-France 1989.

Hamilton, J. R. C., *Excavations at Jarlshof, Shetland*, London 1956.

Shetelig, H. und H. Falk, *Scandinavian Archaeology*, London 1937.

Ramskou, T., „Lindholm Høje I–III", in: *Acta Archaeologica*, XXIV, XXVI, XXVIII, 1953–1957.

Dolley, M., *Viking Coins of the Danelaw and of Dublin*, London 1965.

Chatelier, P. du u. L. Le Pontois, „La sépulture scandinave à barque de l'île de Groix", in: *Bulletin de la Société archéologique du Finistère* XXV, Quimper, 1908.

Stenberger, M., Forntida gårdar i Island, Kopenhagen 1943.

Almgren, B., *Bronsnycklar och djurnamentik vid övergången från Vendeltid till vikingatid*, Uppsala 1955.

Glob, P. V., *Ard og plog i Nordens oldtid*, Århus 1951.

Petersen, J., *Vikingatidens smykker i Norge*, Stavanger 1955.

Almgren, O., „Vikingatidens gravskick i verkligheten och i den fornnordiska litteraturen", in: *Nordiska studier tillägnade Adolf Noren*, Uppsala 1904.

*Dazu zwei unentbehrliche Nachschlagewerke:*

*Nordisk Kultur* I–XXX, Stockholm-Oslo-Kopenhagen 1931–1956.

*Kulturhistoriskt Lexikon för nordisk medeltid* I–XXII, Malmö-Oslo-Reykjavik-Kopenhagen-Helsinki 1956–1978. Unentbehrliches Arbeitsmittel.

## Spezialstudien

### Texte:

L'*Edda poétique*, frz. Übs. und Erläuterungen von R.-Boyer, Paris 1992 (Neuausgabe nach *Religions de l'Europe du Nord*, Paris 1974).

L'*Edda. Récits de mythologie nordique par Snorri Sturluson*, ins. Frz. übs. und mit Anmerkungen versehen von F.-X. Dillmann, Paris 1991. Teilübersetzung. Die beste vollständige Übs. von A. Faulkes, *Snorri Sturluson; Edda*, London 1987.

Boyer, R., *La Poésie scaldique*, Paris 1990.

*Anthologie de la poésie nordique ancienne*, frz. Übs. und Darstellung von Renaud-Krantz, Paris 1964.

Boyer, R., *Les sagas islandaises*, Paris, 3. Aufl. 1992

*Sagas islandaises*, frz. Übs. mit Anmerkungen von R. Boyer, Paris, 2. Aufl., 1991.

### Zu einigen Sagas, die spezieller von „Wikingern" handeln:

La *Saga de saint Óláfr*, frz. Übs. und Darstellung von R.-Boyer, Paris, 2. Aufl., 1992.

La *Saga de Harald l'Impitoyable*, frz. Übs. und Darstellung von R. Boyer, Paris 1979.

La *Saga d'Óláfr Tryggvason*, frz. Übs. und Darstellung von R. Boyer, Paris 1992.

La *Saga des vikings de Jómsburg. Jomsvikinga saga*, frz. Übs. und Darstellung und R. Boyer, Bayeux 1982.

Kristjánsson, Jónas, *Eddas and Sagas. Iceland's Medieval Literature*, Reykjavik 1988.

## Wikingerschiff:

*Le Chasse-marée* 30, 1987, S. 16–45.

Brøgger, W. und H. Shetelig, *The Viking Ships*, Oslo 1951.

McGrail, S., *Ancient Boats in North-West Europe*, London 1987.

Olsen, O. u. O. Crumlin-Pedersen, *Five Viking Ships from Roskilde Fjord*, Roskilde 1978.

## Religion:

Boyer, R., *Yggdrasill. La religion des anciens Scandinaves*, Paris, 2. Aufl. 1992.

Turville-Petre, E. O. G., *Myth and Religion of the North*, London 1964.

Ström, F., *Nordisk hedendom. Tro och sed i förkristen tid*, Göteborg 1961.

Olsen, O., „Hörg, hov og kirke", in: *Aarboger for nordisk Oldkyndighed og Historie*, 1965.

## Runen:

Musset, L., *Introduction à la runologie*, Paris, 2. Aufl. 1980.

Jansson, S. B. F., *The Runes of Sweden*, Stockholm 1987.

Page, R. I., *Runes*, London 1987.

Baeksted, A., *Målruner og troldruner. Runemagiske studier*, Kopenhagen 1952.

## Kunst:

Anker, P., *L'Art scandinave*, Bd. 1, La-Pierre-qui-vive, 1969.

Wilson, D. M. u. O. Klindt-Jensen, *Viking Art*, Minneapolis, 2. Aufl. 1980.

Kendrick, T. D., *Late Saxon and Viking Art*, London 1949.

# Glossar

| | |
|---|---|
| *ætt* | Familie im weitesten Sinne (Synonym: *kyn*) |
| Alfen | Naturgeister, wahrscheinlich Schutzgötter der geistigen Fähigkeiten |
| Asen | Götterfamilie, zu der auch Óðinn, Þórr und Baldr gehören, in Gegnerschaft zu den Vanen |
| *austrvegr* | Ostroute, östlicher Handelsweg der Wikinger (Waräger) |
| *berserkr* | wilder Krieger, der im Kampf von Mordlust besessen ist |
| *blót* | Opfer |
| *bœndr* | Plur. von *bóndi*, s. dort |
| *bœr* | Gehöft |
| *bóndi* | freier Bauer/Fischer/Grundeigentümer; bildet die Basis der Wikingergesellschaft |
| *brúðveizla* | Hochzeitsmahl |
| *búð* | provisorische Hütten beim *þing*, s. dort |
| Disen | wenig bekannte Gottheiten des Schicksals und der Fruchtbarkeit |
| „drakkar" | falsch gebildeter Name für ein Schiff der Wikinger |
| *draug* | Wiedergänger, Gespenst |
| *drekka minni* | trinken auf das Andenken von . . . |
| *drengr* | (Männerideal:) junger Mann, guter und treuer Freund |
| *drótt* | Leibwache des Anführers |
| *drottkvætt* | großes Metrum der skaldischen Dichtung |

eddische Dichtung, Eddas  Mit *Edda* werden zwei verschiedene Bücher bezeichnet, die beide auf die alte skandinavische Sagenwelt zurückgehen. Das erste, *Lieder-Edda* genannt, stammt aus dem 12. Jahrhundert; die Originalfassung ist verlorengegangen. Es enthält alle großen Gedichte aus altnordischer Zeit mit Themen aus Sagen, Sinnsprüchen, Moral, Magie und Heldenepos. Die Verfasser sind unbekannt; die Entstehungszeit der Texte liegt zwischen dem 7. und 12. Jahrhundert, und wir wissen nicht, wo die Originalfassungen entstanden sind. Das zweite Buch ist eine Art Lehrbuch der Poetik; es wurde um 1220 von Snorri Sturluson für junge Skalden niedergeschrieben. Diese *Prosa-Edda* erläutert und vervollständigt die *Lieder-Edda*.

*einherjar*  besonders tapfere Krieger

*felag*  Zusammenschluß von Personen für alle möglichen Zwecke (Handel etc.)

*felagi*  Mitglied eines *felag*

Felsmalerei  in Schweden, aus der Bronzezeit (ca. 1500 – 400 v. Chr.)

*festarmal*  Verlobungsfeier

*festaröl*  Verlobungsbier

*fóstbrœðalag*/Schwurbruderschaft  Zeremonie mit magischem Charakter, die die Beteiligten unverbrüchlich verbindet

*fóstr*  Adoption auf Zeit durch einen Freund oder eine bedeutende Persönlichkeit

| | |
|---|---|
| *fuþark* | die ersten Buchstaben des Runenalphabets, danach das ganze Alphabet |
| *fylgja* | Schutzgeist (Seele), der einer Person anhaftet („folgt") |
| gehacktes Silber | Münzen verschiedenster Herkunft, die zum Abwiegen zerhackt wurden |
| Germania | das gesamte Gebiet, das um 500 von Germanen besiedelt war |
| *glíma* | eine Art des Kampfes |
| *góði* | „Priester" |
| *heimanfylgja* | Mitgift der Ehefrau |
| *heiti* | Synonyme in der skaldischen Dichtung |
| *hirð* | Leibgarde des Anführers, „Haushalt" |
| *hneftalfl* | Gesellschaftsspiel, Typ „Mensch ärgere dich nicht" |
| Hochsitz | in der *skáli* (s. dort), für den Hausherrn |
| *húsbóndi* | Hausherr |
| *husfreyja* | Hausherrin |
| *jarl* | Adelstitel unbekannter Herkunft, niedriger als „König" |
| *jól* | großes Fest zur Wintersonnenwende, später durch das Weihnachtsfest ersetzt |
| *kenning*, pl. *kenningar* | Periphrase oder Metapher in der skaldischen Dichtung |
| *knörr*, pl. *knerrir* | das geläufigste Wikingerschiff |
| *konungr*, pl. *konungar* | „König", wird gewählt oder ausgesucht und herrscht über einen kleinen Landstrich an einem Fjord oder in einem Tal |
| *land* | Verwaltungseinheit |
| *landvættir* | Schutzgeister einer bestimmten Landschaft |
| *lúðr* | eine Art Alphorn |

| | |
|---|---|
| *misseri* | Halbjahr: Sommer oder Winter |
| *mundr* | Mitgift, Morgengabe |
| *nið* | magische Verfluchung |
| Nornen | Schicksalsgöttinnen, genauso zahlreich wie die Lebenden |
| *óðal* | unteilbares Erbe |
| *öl* | Bier |
| *öndvegi* | s. Hochsitz |
| *ragnarök* | Zeitenende; Niedergang der göttlichen Mächte, Götterdämmerung |
| Runen | germanische Schriftzeichen von angeblich magischer Bedeutung, in Wirklichkeit eine Schriftart |
| Runeninschriften | in der Regel auf Steinen; einziges Schriftzeugnis der Wikinger |
| Saga | Prosaerzählung von Heldentaten, entstanden zwischen 1150 und 1350, also nach der Wikingerzeit; in einigen Sagas treten Wikinger auf. Man unterscheidet: Isländersagas (*íslendingarsögur*), mythische Sagas (*fornaldarsögur*), Königssagas (*konungasögur*) und Gegenwartssagas (*samtiðarsögur*) |
| Skalde | höfischer Sänger-Dichter |
| skaldische Lieder | sehr kunstvolle Poesie der Skalden |
| *seiðr* | magisches Ritual mit prophetischem Charakter |
| *skáli* | Hauptraum des Bauernhofs |
| *skeið* | anderer Name des Wikingerschiffs |
| *smiðr* | Handwerker/Kunstschmied |
| *söguligr* | würdig als Stoff für eine Saga |
| *stófa* | Synonym für *skáli* |

*strandhögg*    Handstreich, Überfall auf das Land vom
                Schiff aus

*tún*           heiliger Bezirk im Gehöft

*Valhöll* und *Hel* zwei verschiedene Jenseitsvorstel-
                lungen

*vaðmal*        grober Wollstoff, als Zahlungsmittel ver-
                wendet

Vanen           Götterfamilie, zu der Freyr und Freyja
                gehören, in Gegnerschaft zu den Asen

Waräger *(væringjar)* Wikinger auf der Ostroute; auch
                Leibgarde des byzantinischen Kaisers

*vé*            heiliger Ort, das Heilige

*veizla*        Festmahl

*vertrnætr*     die drei Nächte zu Winteranfang (Ende
                Oktober)

*vinr*          Freund

*vísa*, pl. *vísur*   skaldische Strophe

*þattr*, pl. *þættir*  Erzählungen oder Spruchweisheit aus
                der Zeit vor den Sagas

*þing*          öffentliche Versammlung, mehrmals im
                Jahr

# Register

Alexander Frater:

## Regen-Raga

*Eine Reise mit dem Monsun*

Aus dem Englischen von Bettina Runge
368 Seiten, 1 Karte, gebunden, ISBN 3-608-93284-4

»Alexander Frater vermag das Reisen als eine Form von Lebenskunst darzustellen. Sein doppeltes Talent, zur glückhaften Reise und zu ihrer Beschreibung, macht »Regen-Raga« zu einer Sensation auf dem Gebiet der hierzulande leider viel zu gering geschätzten Gattung der Reiseerzählung.
*Tobias Gohlis / Die Zeit*


James Hamilton-Paterson:

## Seestücke

*Das Meer und seine Ufer*

Aus dem Englischen von Hans-Ulrich Möhring
324 Seiten, 7 Abbildungen, Leinen, ISBN 3-608-93672-6

»Seit Melville und Conrad hat das Meer keinen berufeneren Fürsprecher gefunden . . . Kaum ein Buch zuvor hat uns das unergründliche Meer so nahegebracht.«
*Ulrich Baron / Rheinischer Merkur»*


Barry Lopez:

## In der Wüste. Am Fluß

Aus dem Amerikanischen von Hans-Ulrich Möhring
202 Seiten, Leinen, ISBN 3-608-93332-8

»Wäre«, so meint ein Kritiker, »Castanedas Don Juan ein Schriftsteller, so würde er schreiben wie Barry Lopez. Beide wissen um die Magie von Orten, eine Magie, die jenseits des menschlichen Fassungsvermögens ist. Sie erinnert mich an Peyote, an Buddhismus, an Tanz.«

Klett-Cotta

# Nigel Barleys wunderbare Welt der Ethnologie

»Barley macht in seinen Büchern deutlich, daß das scheinbar
Selbstverständliche nur eine Möglichkeit ist, die Welt
zu interpretieren.«
*Handelsblatt*

## Der Löwe von Singapur
*Eine fernöstliche Reise auf den Spuren von*
*Thomas Stamford Raffles*
Aus dem Englischen von Elke Hosfeld
1996. 317 Seiten, gebunden, ISBN 3-608-93186-4

## Traurige Insulaner
*Als Ethnologe bei den Engländern*
Aus dem Englischen von Elke Hosfeld
4. Auflage 1995. 170 Seiten, gebunden, ISBN 3-608-93189-9

## Traumatische Tropen
*Notizen aus meiner Lehmhütte*
Aus dem Englischen von Ulrich Enderwitz
7. Auflage 1996. 249 Seiten, 1 Karte, gebunden,
ISBN 3-608-93125-2

## Die Raupenplage
*Von einem, der auszog, Ethnologie zu betreiben*
Aus dem Englischen von Ulrich Enderwitz
4. Auflage 1993. 191 Seiten, 1 Karte, gebunden,
ISBN 3-608-93124-4

## Hallo Mister Puttymann
*Bei den Toraja in Indonesien*
Aus dem Englischen von Ulrich Enderwitz
1994. 229 Seiten, 2 Karten, gebunden, ISBN 3-608-95974-2

## Klett-Cotta

# DIE HANDELSFAHRTEN DER WIKINGER

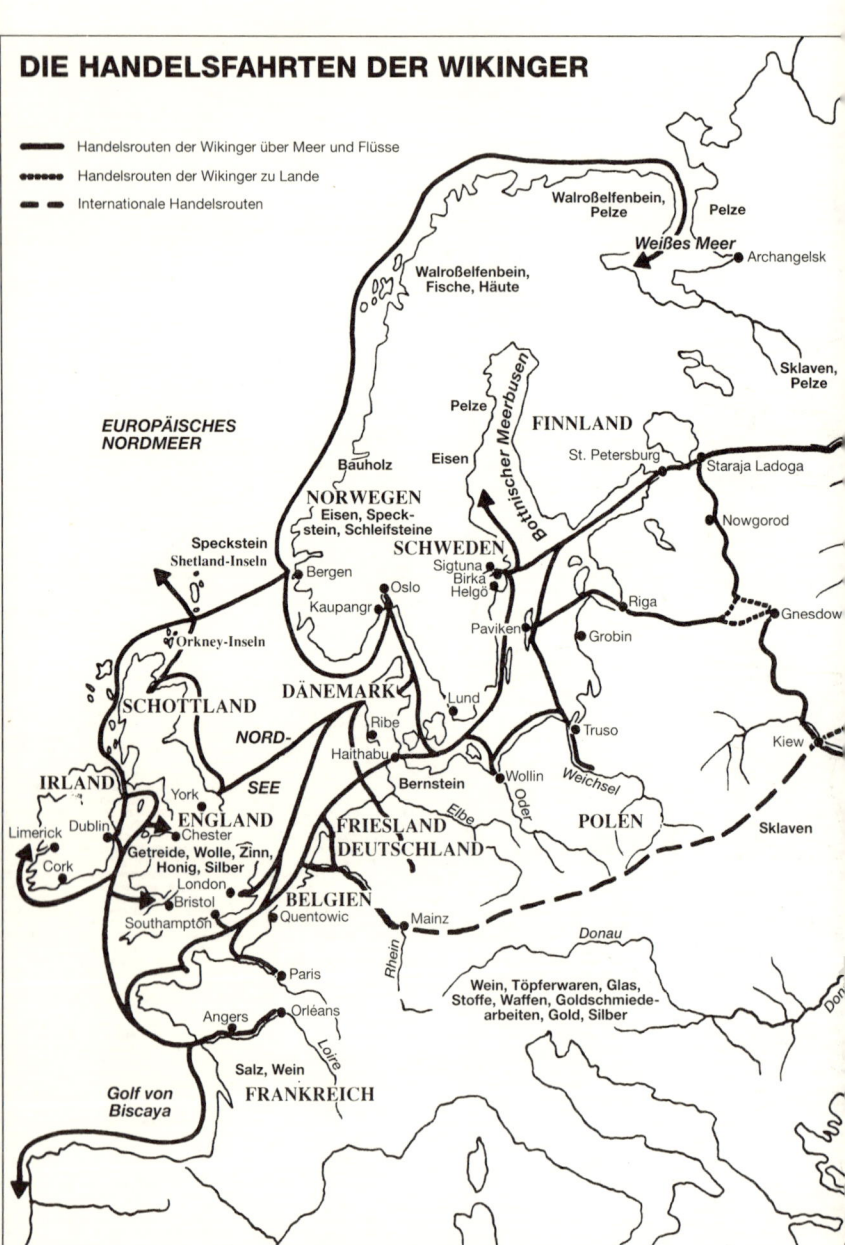

Handelsrouten der Wikinger über Meer und Flüsse
Handelsrouten der Wikinger zu Lande
Internationale Handelsrouten

Walroßelfenbein, Pelze
Pelze
Weißes Meer
Archangelsk

Walroßelfenbein, Fische, Häute

Sklaven, Pelze

EUROPÄISCHES NORDMEER

Pelze
Eisen
FINNLAND
St. Petersburg
Staraja Ladoga

Bauholz
Nowgorod

NORWEGEN
Eisen, Speckstein, Schleifsteine

Speckstein
Shetland-Inseln
Bergen
SCHWEDEN
Sigtuna
Birka
Helgö
Riga
Gnesdow

Orkney-Inseln
Kaupangr
Oslo
Paviken
Grobin

SCHOTTLAND
DÄNEMARK
Lund
Truso
Kiew

NORD-
Ribe
IRLAND
Haithabu
Bernstein
Wollin
Weichsel

York
SEE
Bottnischer Meerbusen
Oder

Limerick
Dublin
ENGLAND
Chester
FRIESLAND
POLEN
Sklaven

Cork
Getreide, Wolle, Zinn, Honig, Silber
DEUTSCHLAND

London
BELGIEN
Bristol
Quentowic
Mainz
Elbe

Southampton
Paris
Rhein
Donau

Angers
Orléans
Wein, Töpferwaren, Glas, Stoffe, Waffen, Goldschmiedearbeiten, Gold, Silber
Don

Golf von Biscaya
Salz, Wein
FRANKREICH
Loire

Nach J. Graham-Campbell, »The Viking World«, London 1980